·东北大学技术哲学博士文库·

(第七辑)

名誉主编 陈昌曙 远德玉
主　编　陈 凡 朱春艳

科技型小微企业创新文化研究

Research on the Innovation Culture of Small and Micro Science and Technology Enterprises

王　娜　著

东北大学出版社

·沈　阳·

ⓒ 王 娜 2022

图书在版编目（CIP）数据

科技型小微企业创新文化研究／王娜著． — 沈阳：东北大学出版社，2022.11
ISBN 978-7-5517-3189-8

Ⅰ．①科… Ⅱ．①王… Ⅲ．①高技术企业－中小企业－企业发展－研究－中国 Ⅳ．①F279.244.4

中国版本图书馆 CIP 数据核字（2022）第 237820 号

出 版 者：东北大学出版社
　　　　　地　址：沈阳市和平区文化路三号巷 11 号
　　　　　邮　编：110819
　　　　　电　话：024-83683655（总编室）　83687331（营销部）
　　　　　传　真：024-83687332（总编室）　83680180（营销部）
　　　　　网　址：http：//www.neupress.com
　　　　　E-mail：neuph@neupress.com
印 刷 者：辽宁一诺广告印务有限公司
发 行 者：东北大学出版社
幅面尺寸：170 mm×240 mm
印　　张：15.5
字　　数：237 千字
出版时间：2022 年 11 月第 1 版
印刷时间：2022 年 11 月第 1 次印刷
责任编辑：杨　坤　刘振军
责任校对：刘新宇
封面设计：潘正一
责任出版：唐敏志

ISBN 978-7-5517-3189-8　　　　　　　　　　　　定 价：60.00 元

东北大学技术哲学博士文库第七辑编委会

名誉主编 陈昌曙 远德玉

名誉编委 关士续 刘则渊

主　　编 陈　凡 朱春艳

编　　委（以姓氏笔画为序）

王　前　王　健　文成伟

田鹏颖　朱春艳　刘振军

张明国　陈　凡　陈红兵

罗玲玲　赵建军

秘　　书（以姓氏笔画为序）

陈　佳　赵　亮　程海东

总　　序

"东北大学技术哲学博士文库"在多方努力下终于出版了。这是东北大学文科建设史上的一件幸事，值得祝贺。

东北大学的科学技术哲学博士点自1994年开始招生以来，已有一批博士毕业。他们已经在《自然辩证法研究》《自然辩证法通讯》《科学技术与辩证法》等刊物上发表了一批文章，也有把论文补充修改成为专著出版的，但出书毕竟零散，机会也不多。文科博士论文的创新思想应当在刊物上发表，更为优秀者则应当作为专著出版。已经有不少大学出版了自己的博士文库。我们决定出版自己的博士文库，乃是步其后尘而已。

我们这个博士点是以技术哲学为主要研究方向的，因此名为"东北大学技术哲学博士文库"。出版这个文库的目的，一方面是为了保存和交流研究成果，经受社会检验，鼓励学术研究；另一方面也是为了博士生教育的制度化，推进学科建设。因此，并不是每一位博士的论文都可以成书进入本文库出版，进入本文库必须经过一定的评审程序。出于学科建设的需要，也将把博士生导师有关技术哲学的优秀研究成果纳入本文库出版，当然也须经过评审。

在中国，技术哲学的研究方兴未艾，已有一批博士的研究成果作为专著纳入本文库出版，这是一件令人高兴的事，但这仅仅是开始。希望有更多博士的研究成果面世，这是我们的期待。

出版博士文库需要有好的稿源和认真的编审，还需要有经费的支持乃至有人做组织工作。在本文库出版的时候，应该感谢佟晶石、丁云龙等同志，他们为筹措经费、搞好协调做了大量工作。东北大学出版社为文科学术研究的发展，在经费等诸多方面给予了大力的支持，在此一并表示我们的谢意。

陈昌曙　远德玉

2001年3月19日

主编序语

哲学是人类认识世界、改造世界的重要工具，是建设社会主义物质文明、政治文明、精神文明、社会文明、生态文明的重要理论武器，在认识世界、传承文明、创新理论、咨政育人、服务社会的伟大实践中具有不可替代的重要作用。

肩负繁荣发展我校哲学社会科学的历史使命，伴随东北老工业基地振兴的铮铮鼓点，"东北大学技术哲学博士文库"以高举远慕的心态，慎思明辨的理性，执着专注的意志，洒脱通达的境界，已问世二十载，蔚为大观。这是东北大学哲人"爱智之忱"的精神产儿，是东北大学学子苦心孤诣的汗中之盐。

叶茂缘于根深，流长因为源远。哲学之于东北大学，可谓根深、源远。早在20世纪建校之初，东北大学确立的办学宗旨即"研究高深学术，培养专门人才，应社会之需要，谋文化之发展"，并荟萃了梁漱溟、杨荣国等一批著名哲学大师在东大校园创办哲学系，执鞭育英才，使得东北大学因此成为当时东北地区哲学人才最多、研究水平最高的哲学研究中心和人才培养摇篮。逝者如斯，哲学文脉得传承；历史硝烟，东大学子哲思绵……

沐浴着共和国清晨的曙光，新中国成立后，以著名哲学家陈昌曙教授和远德玉教授为代表的一代哲人，"自强不息，知行合一"，承前启后，继往开来，把马克思主义哲学观运用于"人与技术的关系"领域，批判汲取欧美技术哲学和日本技术论的研究成果，紧密结合中国国情和技术实践，确立了具有东北工业特色和工科院校特点的科学技术哲学研究方向，开创了中国技术哲学研究之先河。特别是在技术本体论、认识论、价值论和方法论等方面，创立了独具特色的技术哲学理论，被学术界誉为中国技术哲学研究的"东北学派"。

回首历史转折之年，东北大学于1978年组建自然辩证法研究室，1984年建立科学技术哲学硕士点，1993年创建科学技术哲学博士点，2004年成为教育部"985工程"科技与社会（STS）哲学社会科学创新基地，2007年被批准为国家重点学科，并获得哲学一级学科博士后科研流动站资格，东北大学科学技术哲学的学科建设与时俱进，蓬勃发展。"宝剑锋从磨砺出，梅花香自苦寒来"。几十年斗转星移，辛勤耕耘、春华秋实：一代又一代专家学者在这片沃土上播种，一届又一届博士、硕士在这个摇篮里成长，一批又一批青年精英在这块园地中成才。如今奉献在学人面前的"东北大学技术哲学博士文库"即历年精英之所存,历届精华之所在。

为体现东北大学哲学文脉的历史传承和与时俱进的理论创新,展示中国技术哲学"东北学派"的代表性研究成果,为国内技术哲学理论工作者特别是优秀博士研究生提供学术争鸣的园地,促进中外技术哲学的学术交流,新世纪伊始,陈昌曙教授和远德玉教授亲自主持"东北大学技术哲学博士文库"(第一辑)的编纂和出版,极大地激发了广大青年学者的学术热情,促进了东北大学科学技术哲学的学科建设,提高了东北大学科学技术哲学博士点在国内的学术影响,增进了东北大学与国内外学术界的交流,谱写了学校哲学社会科学学科建设史上的新篇章。

二十年来,"东北大学技术哲学博士文库"已先后出版六辑,共60部。新一代东大学人继续编纂出版"东北大学技术哲学博士文库"(第七辑),旨在秉承陈昌曙教授提出的研究纲领,即突出特色——保持在全国同类学科中技术哲学的优势地位;加强基础——不断提高科学技术哲学研究的理论水平;促进应用——注重国家和地方经济社会现实问题研究;扩大开放——增强与国内外学术界的交流合作;不断创新——与时俱进,适应时代发展的新要求。我们将进一步发扬博采众长、汇融百家的开放精神和严谨求实、勤奋钻研的创新精神,展示东北大学青年才俊的学术风采,加强学科与学术队伍建设,促进新生学术力量的成长,使"东北大学技术哲学博士文库"的出版,能与东北大学哲学社会科学的学科建设和中国技术哲学研究的理论创新协同发展。

创造和培育哲学文化精神,需要历代哲人的学术传承与开拓创新;壮大和发展中国技术哲学研究的"东北学派",也需要东大学子的著书立说和与时俱进。东北大学科学技术哲学研究中心将进一步发扬光大"天行健,君子以自强不息;地势坤,君子以厚德载物"的传统文化精髓,努力为博士精英、青年才俊创造展示学术才华、发表真知灼见的学术园地,为繁荣我国哲学社会科学事业作出新贡献。

陈 凡　朱春艳

2021年10月于沈阳南湖

前　言

随着科学技术的迅猛发展，国际竞争日趋激烈，世界各国纷纷制定创新战略和创新计划，以占领创新制高点。为此，中国政府提出了建设创新型国家。创新取决于创新主体的创新能力。科技型小微企业作为我国重要的创新主体之一，是科技型大中企业的发源地，凭借其强烈的创新导向和创业精神，成为推动技术创新和经济发展的重要力量。科技型小微企业的独特性和生存环境的多变性决定了其创新的复杂性和动态性。科技型小微企业不仅是技术创新的主体，也是凝聚和传播求新求异创新文化的工具，为获得竞争优势迫切地需要技术与文化的深度融合，以适应环境的发展需求。虽然国内外学术界对科技型小微企业进行了有益的探索，但大多是从管理学、经济学或金融学的视角进行一般、线性和静态的研究，或是针对某个地域或某个产业进行研究。运用创新哲学，基于科技型小微企业创新文化所在的文化生态系统，从企业创新文化与生态环境适应角度进行开放性、动态性、系统性和非线性的研究还比较缺乏。

知识经济时代，科技型小微企业拥有知识、人才和技术等全部创新要素，却难以产生创新的力量，归根到底是创新文化的供给不足造成的。创新文化与生态环境相互依存、彼此嵌入，创新文化连接、整合与优化生态环境中的创新资源和文化要素，同时生态环境反哺和滋养创新文化自组织、自生长，两者在动态适应和辩证统一中构成一个文化生态系统。本书以文化生态适应论和文化生态系统论为支撑，通过分析科技型小微企业所赖以生存的企业创新文化生态系统，结合实际案例，揭示生态系统中企业创新文化的生长和演化规律，提出文化生态系统的优化路径和企业创新文化的培育原则，将有助于我国技术创新文化的政策建设和环境建设，也为创新哲学的发展提供更开阔的理论空间。

本书首先厘清了科技型小微企业创新文化的基本概念和相关理论，进而深入剖析科技型小微企业创新文化生态系统的概念、结构和功能。科技型小微企业创新文化生态系统是由创新文化个体、种群和群落构成的生命有机体：个体是指科技型小微企业创新文化；种群是指与行业相关的各部门或企业所构成的创新文化集合体；群落是指国家、区域政府或产业领域等构成的社会创新文化集合体。三者之间相互依存、相互适应、相互融合构成一个复杂的有机整体，其具有扩展文化价值、强化文化群落、整合创新资源、带动社会经济等功能。

其次，以深圳湾科技园区为例，运用文化生态适应论动态探讨了生态系统中科技型小微企业创新文化的生长。初创期，科技型小微企业创新文化在生态系统的滋养中萌发，形成了以企业家精神、创新生存文化和创新科技文化为内核的创新种子文化，带有强烈的个体特征。成长期，科技型小微企业创新文化为适应创新文化种群，形成了由内核延伸生长出来的创新产品文化、创新组织文化和创新商业文化，三者相互影响、相互作用，构成创新标识文化，并在社会化中逐渐成熟。发展期，生态系统整合中，科技型小微企业创新文化在微观、中观和宏观影响因素的作用下形成创新繁衍文化，其在与创新文化种群和创新文化群落的适应中融合与裂变、发展与跃迁。

再次，结合文化生态系统论，剖析了生态系统中科技型小微企业创新文化的演化，探讨了创新文化的演化动力、演化模式和演化机制：其创新文化的演化动力为企业家自我价值实现的需求、科技文化强化与拓展的需求、生态系统适应与平衡的需求；其演化模式为同化与异化的演化模式、渐变与突变的演化模式；其演化机制为创新文化同化演化的重组机制和异化演化的分解机制、渐变演化的协同机制和突变演化的竞争机制。由此可见，生态系统中科技型小微企业创新文化不断地进行开放的、动态的和非线性的演化。

最后，提出了优化中国科技型小微企业创新文化生态系统的路径，包括培育多元融合的创新文化基因、提供企业生存和发展的文化背景和条件、发挥生态系统的资源整合功能、形成滋养企业创新文化生长的环境。在此基础上，提出了中国科技型小微企业创新文化的培育原则，即鼓励创新为核心原则、个体与系统嵌套共生原则、协同与竞争动态平衡原则以及整体可持续发展原则。这样才能促进科技型小微企业的创新发展和文化"软实力"的提升。

王　娜

2022 年 7 月

目 录

第一章 绪 论 ... 1

第一节 问题提出与研究意义 ... 1
一、问题提出 ... 1
二、研究目的 ... 3
三、研究意义 ... 3

第二节 文献综述 ... 5
一、科技型小微企业的相关研究 ... 5
二、创新文化与创新文化生态相关研究 ... 11
三、企业创新文化相关研究 ... 17
四、已有研究的综合述评 ... 21

第三节 研究思路与方法 ... 23
一、研究思路 ... 23
二、研究方法 ... 24

第四节 创新点 ... 26

第二章 基本概念与相关理论 ... 27

第一节 科技型小微企业的概念与特征 ... 27
一、小微企业与科技型企业的概念与特征 ... 28
二、科技型小微企业的概念界定 ... 30
三、科技型小微企业的一般与本质特征 ... 32

第二节 文化生态的相关理论 ... 36
一、文化生态适应论 ... 37

    二、文化生态系统论 ·· 41
  第三节 科技型小微企业创新文化释义 ······························ 45
    一、一般意义上的创新文化 ·· 45
    二、作为生态系统存在的创新文化 ································ 47
    三、科技型小微企业创新文化的概念与特征 ····················· 50
    四、科技型小微企业创新文化的形态分类 ························ 53

第三章 科技型小微企业创新文化生态系统 ···················· 57

  第一节 科技型小微企业创新文化生态系统的概念与特征 ········ 57
    一、科技型小微企业创新文化生态系统的概念 ·················· 58
    二、科技型小微企业创新文化生态系统的特征 ·················· 59
  第二节 科技型小微企业创新文化生态系统的结构 ················ 61
    一、科技型小微企业创新文化生态系统的个体 ·················· 62
    二、科技型小微企业创新文化生态系统的种群 ·················· 67
    三、科技型小微企业创新文化生态系统的群落 ·················· 71
  第三节 科技型小微企业创新文化生态系统的功能 ················ 78
    一、扩展文化价值 ·· 79
    二、强化生态群落 ·· 80
    三、整合创新资源 ·· 81
    四、带动经济发展 ·· 84

第四章 生态系统中科技型小微企业创新文化的生长
  ——以深圳湾科技园区为例 ······································ 86

  第一节 研究案例与研究方法 ·· 86
    一、案例选取依据 ·· 86
    二、案例研究假设 ·· 90
    三、基于文化生态学的案例研究方法 ····························· 91
  第二节 初创期生态系统滋养中的创新种子文化萌发 ············· 94
    一、创新种子文化的内涵与构成 ·································· 94
    二、创新种子文化的特性 ··· 98
    三、生态系统对创新种子文化的滋养 ···························· 103

第三节　成长期生态系统适应中的创新标识文化成熟 …………… 107
　　　一、创新标识文化的内涵与构成 ………………………………… 108
　　　二、创新标识文化的特性 ………………………………………… 113
　　　三、在与生态系统适应中创新标识文化社会化 ………………… 117
　　第四节　发展期生态系统整合中的创新繁衍文化跃迁 …………… 121
　　　一、创新繁衍文化的内涵与特性 ………………………………… 122
　　　二、在与文化种群整合中创新繁衍文化融合与裂变 …………… 128
　　　三、在与文化群落整合中创新繁衍文化发展与跃迁 …………… 130

第五章　生态系统中科技型小微企业创新文化的演化 …………… 137

　　第一节　生态系统中科技型小微企业创新文化的演化动力 ……… 137
　　　一、企业家自我价值实现的需求 ………………………………… 138
　　　二、科技文化强化与扩展的需求 ………………………………… 140
　　　三、生态系统适应与平衡的需求 ………………………………… 145
　　第二节　生态系统中科技型小微企业创新文化的演化模式 ……… 149
　　　一、同化与异化的演化模式 ……………………………………… 150
　　　二、渐变与突变的演化模式 ……………………………………… 153
　　第三节　生态系统中科技型小微企业创新文化的演化机制 ……… 157
　　　一、同化演化的重组机制和异化演化的分解机制 ……………… 157
　　　二、渐变演化的协同机制和突变演化的竞争机制 ……………… 160

第六章　中国科技型小微企业创新文化的培育 …………………… 165

　　第一节　优化中国科技型小微企业创新文化生态系统的路径 …… 165
　　　一、培育多元融合的创新文化基因 ……………………………… 166
　　　二、提供企业生存和发展的文化背景及条件 …………………… 169
　　　三、发挥文化生态系统的资源整合功能 ………………………… 171
　　　四、形成滋养企业创新文化成长的氛围 ………………………… 176
　　第二节　培育中国科技型小微企业创新文化的原则 ……………… 179
　　　一、鼓励创新为核心原则 ………………………………………… 180
　　　二、个体与系统嵌套共生原则 …………………………………… 181
　　　三、协同与竞争动态平衡原则 …………………………………… 183

四、整体可持续发展原则 ……………………………………… 185

第七章　结　论 ………………………………………………… 188

　第一节　科技型小微企业创新文化是作为文化生态系统而存在的…… 188
　第二节　科技型小微企业创新文化在生态系统的滋养和适应及其
　　　　　整合中生长 ……………………………………………… 189
　第三节　生态系统中科技型小微企业创新文化不断地演化 ……… 191

参考文献 …………………………………………………………… 193

附　录 ……………………………………………………………… 216

　附录A　科技型小微企业创新文化调查问卷Q1（管理者专用）…… 216
　附录B　科技型小微企业创新文化调查问卷Q2（员工专用）……… 223
　附录C　科技型小微企业企业家访谈提纲 ………………………… 230

后　记 ……………………………………………………………… 232

第一章

绪　论

第一节　问题提出与研究意义

一、问题提出

创新决定企业发展的成败。随着移动互联网、物联网、大数据、云计算和人工智能等新技术的蓬勃发展，产品的生命周期逐渐缩短，技术、产品和服务的更新与升级速度越来越快。创新不仅决定企业的发展，甚至决定国家或地区在竞争中能否取胜。在新兴科技时代，世界经济格局和资源配置正在不断地演化，科技创新成为决定国家经济增长的核心驱动力。反思中美贸易摩擦，其关键就是科技创新能力的较量。美国试图通过科技创新上的优势遏制"中国制造2025"的实现，科技创新已经成为中国未来推进"五位一体"社会发展的"牛鼻子"[1]。

我国政府顺应世界经济发展潮流，遵循科技发展规律，结合我国的基本国情和创新战略需求制定了《国家中长期科学和技术发展规划纲要（2006—2020年）》，做出了建设创新型国家的战略决策，为我国科技发展指明了方向。毋庸置疑，企业是科技创新的主体，科技型企业特别是科技型小微企业，是科技创新最为活跃和最具经济发展潜力的群体，是科技型大中企业的始基。截至2018年5月，我国小微企业名录中收录的小微企业达8700多万户，创造了全国80%以上的就业岗位，贡献了60%以上的国内生产总值和50%以上的税收。[2]其中，科技型小微企业在企业群体中创新意愿最强。中小企业提供了全国约65%的发明专利、75%以上的企业技术创新和80%以上的新产品开发。[3]科技型小微企业正以强烈的创新动机和灵活的经营机制成为科技创新的重要力量,是国家创新体系的重要组成部分,在增加就业、改善民生、维护社会稳定、优化产业结构、推动科技创新与促进经济增长等方面发挥着越来越重要的作用。

科技型小微企业是科技创新和经济发展的重要主体,通过对我国科技型小微企业的调查发现其发展状况令人堪忧,经营环境复杂多变,不确定性日益增强,竞争程度越来越激烈,呈现出"长不大、活不长"和"更新率、死亡率"双高的现象。有统计数据表明,欧洲、日本中小企业的平均寿命为12.5年,美国中小企业的平均寿命是8.2年。[4]而在中国,根据民建中央发布的调研报告《后危机时代中小企业转型与创新的调查与建议》显示,中国中小企业的平均寿命不足3.7年[5]。相比较而言,欧、美、日等国家中小企业的成长状况要好很多,比如,美国硅谷拥有大量创新能力强、成长快的中小企业。众所周知,我国中小企业在发展的过程中也积极地借鉴,甚至模仿硅谷地区企业的发展模式,但在实践中没有取得明显的效果,最终得出的结论是"硅谷"是不可复制的。科技创新发展规律启示我们,科技成果是可以被重复使用的,企业运行模式也是可以被模仿的,那么,硅谷不可复制的到底是什么?一些研究者提出硅谷不可复制的是它的创新文化,硅谷科技型小微企业的成功,正是源于其独具特色的创新文化,而创新文化是具有地域性、情境性、历史性的,是很难被复制的。于是,如何培育出我国科技型小微企业的创新文化就成为必须面对的理论与实践问题。

创新文化是一种能够激发科技型小微企业的创新思想和创新活动,引导企业制定创新战略,帮助企业实现创新目标的高级文化形态。美国硅谷科技型小微企业的成功得益于其独特的创新文化。研究结果发现,硅谷科技型小微企业的创新文化不是作为单独的文化现象存在的,而是产生、生长、发育、完善于硅谷的创新中心。创新中心主要功能是将创新主体、创新资源、创新文化要素与创新生态环境进行集成与整合,促进科技型小微企业创新文化与创新文化生态系统良性互动。正是这种开放包容的创新文化生态系统成就了硅谷科技型小微企业的持续创新。[6]相比之下，尽管我国大部分科技型小微企业拥有全部创新要素，但这些要素大多处于静态的、线性的物理叠加和堆集状态，缺少与创新文化生态环境的相互适应与协同。进一步说，我国没有形成一个创新文化生态系统，无法有效地发挥其作用和效能。

创新文化在一定的生态系统中，是在与环境的适应中逐渐形成的。因此，基于文化生态系统的视角，探讨科技型小微企业创新文化是如何生长和演化的，如何优化生态环境，如何培育科技型小微企业创新文化，这些是值得从理论上进行深入探讨的问题。

二、研究目的

我国科技型小微企业的数量庞大、潜力巨大、活力十足，但其创新能力有限、创新动力缺乏、创新文化生态不良、竞争力不强、死亡率较高，这是亟待破解的困境。科技型小微企业从自身出发，整合静态的创新要素是难以产生创新力量的，只有在文化生态系统的滋养、供给和催化下，利用文化圈和文化链将创新要素进行连接、整合与优化，在与环境的适应中，形成一个开放的、动态的、非线性的整体有机系统，才能激发创新活力，进而影响企业的知识转化率、技术创新和企业绩效。

本研究结合文化生态适应论、文化生态系统论，对科技型小微企业创新文化进行研究，总结出科技型小微企业创新文化与其所依赖的创新文化生态系统相适应的一般规律，为科技型小微企业凭借创新文化"软实力"来提升其创新能力提供理论依据。

三、研究意义

1. 理论意义

第一，本研究拓展了科技创新理论。科技创新与文化关系的研究一直是科技创新理论研究的重要话题。以往研究大多是从一般意义上展开关于这一问题的讨论。有些研究尽管关注了企业创新与文化的关系，但较少从文化生态系统的角度针对某种特殊类型的企业——科技型小微企业进行研究。本研究以科技型小微企业为研究对象，从文化生态系统的角度探讨科技型小微企业创新文化的生长过程和演化机理，进而提出中国科技型小微企业创新文化生态系统的优化路径以及科技型小微企业创新文化的培育原则，对科技创新理论研究是一种拓展。

第二，本研究丰富了文化生态适应理论。国内外学者关于文化生态适应性的研究多是从历史学、社会学、人类学、民族学、区域文化、企业文化等视角进行的，缺少对企业创新文化的关注。当今时代科技创新的速度越来越快，科技创新环境不断变化，科技与文化紧密相连、相互作用。本研究剖析科技型小微企业创新文化所在的文化生态系统是由个体、种群和群落构成的相互依存、相互融合、相互适应的有机整体，其具有文化价值扩展、文化群落强化、创新资源整合、社会经济带动等功能。科技型小微企业创新文化在文化生态系统的滋养、适应与整合中逐渐生长与演化，这不仅丰富了文化环境适应理论，而且将多线进化理论、跨文化整合理论相融合，拓展了文化生态适应理论研究的广度和深度。

第三，本研究深化了科技文化生态系统的研究。通过对科技型小微企业创新文化个体、种群和群落的分析，利用文化生态系统的概念、方法探究企业创新文化在与文化生态环境的适应中，不断进行物质、能量和信息交换，进行同化与异化、渐变与突变的演化。科技型小微企业创新文化在同化演化的重组机制和异化演化的分解机制、渐变演化的协同机制和突变演化的竞争机制的作用下，逐渐形成科技创新文化生态系统，进而描绘出科技文化生态系统的形成图景。

2. 现实意义

第一，有利于我国科技型小微企业创新文化的培育。知识经济时代，我国科技型小微企业由于自主创新能力不强、创新动力不足、创新文化供给缺乏，在日益激烈的市场竞争中，难以获得竞争优势。科技型小微企业创新文化不是孤立存在的，而是与外部直接利益相关者的创新文化和社会创新文化不断地进行物质、能量和信息交换，是作为科技型小微企业创新文化生态系统而存在的。在研究科技型小微企业创新文化生态系统结构和功能的基础上，深入剖析生态系统中科技型小微企业创新文化的生长和演化过程。运用联系的、开放的、动态的、系统的观点研究科技型小微企业创新文化,有利于科技型小微企业创新文化的培育,从而提升企业文化的"软实力",推动企业实现技术创新和企业绩效。

第二,有利于解决我国科技型小微企业"成活率低"的现实困境。我国科技型小微企业之所以"长不大、活不长"的重要原因是得不到来自其所生存的文化生态系统的滋养和孕育。本研究通过对深圳湾科技园区创新文化生态系统的案例分析,归纳出良好科技型小微企业创新文化生态系统的样态、特征和形成机制。运用文化生态理论,分析在深圳湾科技园区创新文化生态系统中科技型小微企业各个成长阶段的创新文化诉求以及相应的条件,进而从文化生态适应的维度为科技型小微企业健康成长提供实现依据。

第二节 文献综述

一、科技型小微企业的相关研究

科技型小微企业是小微型企业和科技型企业的结合体,包括企业经营规模和科学技术含量双层内涵。国内外学者对小微企业、科技型企业和科技型小微企业进行了大量的理论和实践研究,不同领域的学者给出了不同的概念阐释。

1. 小微企业的概念与界定

由于世界经济发展不均衡,不同国家的经济环境和发展阶段不同,因此对中小企业的划分标准不统一,个别国家甚至没有微型企业的概念。在不同的国家,小微企业有着不同的衡量标准和定义,即使是在同一国家、同一地区、同一个行业,小微企业的具体标准在不同时期也会不同,但小微企业是一直都存在的。不同国家颁布的法律对小微企业界定的时间不同,体现的重视度和关注度不同。例如,《日本中小企业基本法》于1963年7月颁布,而我国的《中华人民共和国中小企业促进法》于2002年6月颁布[7]。第二次世界大战后,日本的中小企业高速发展从而带动日本经济,而中国相对滞后。

世界主要国家和地区对小微企业的划分标准不同。根据企业从业人员、营业收入、经济规模和资产总额等指标,结合行业特点对小微企业的界定不同。美国企业规模仅被划分为大型企业与小型企业,中小企业实际被小型企业所涵盖;欧盟将企业分为大型企业、中型企业、小型企业与微型企业,中小企业包括中型企业、小型企业与微型企业;南美国家的中小企业实际并不包括中型企业[8]。菲律宾区分企业规模的标准有两个指标,即资产总额和雇员人数。根据菲律宾1997年颁布的第8289号修正法案,微型企业指的是资产总额150万比索以下,雇员人数1~9人,而小型企业是指资产总额150万~1500万比索,雇员人数10~99人[9]。在德国,小型企业指的是雇员人数不超过49人,营业额低于200万美元或1年资产负债表总额低于150万美元;微型企业指的是雇员人数不超过9人[10]。

  我国在不同的经济发展阶段和历史时期,对企业划分的标准不同。从20世纪开始,我国对大中小型企业的界定进行了多次调整,且界定的标准不同,先后有:以职工人数为标准,以固定资产数量为标准,以年综合生产能力为标准,按照年产量和固定资产以及按销售收入、资产总额等为标准。根据《中华人民共和国中小企业促进法》,2003年在《中小企业标准暂行规定》中根据企业职工人数、销售额、资产总额等指标,结合行业特点制定中小企业界定标准。例如,工业企业中的小企业是指职工人数在300人以下或年销售额在3000万元以下,或资产总额在4000万元以下的企业;而商业零售企业中的小企业是指职工人数在100人以下或年销售额在1000万元以下的企业。[11]随着我国经济的快速发展和产业结构的变化,2010年国家开始对中小企业的扶持重点细化到小型企业、微型企业上。2011年6月18日,工业和信息化部、国家统计局、国家发展和改革委员会、财政部联合印发了《关于印发中小企业划型标准规定的通知》,并制定《中小企业划型标准规定》,根据企业的营业收入、从业人员数量、总资产等指标,结合行业特点正式将中小企业细分为中型、小型、微型企业三种类型,同时国家统计局配套制定了《统计上大中小微型企业划分办法》[12]。2017年国家统计局在此基础上进行了进一步修订,在保持原有的分类原则、方法、结构框架和适用范围的基础上,将所涉及的行业按照《国民经济行业分类》(GB/

T 4754—2011)和《国民经济行业分类》(GB/T 4754—2017)的对应关系进行相应调整,形成并发布了《统计上大中小微型企业划分办法(2017)》[13]。

国内外政府机构和学者从人员数量、营业收入、经济规模和资产总额等多维度对小微企业进行刻画,有助于对小微企业内涵的把握,为研究科技型小微企业奠定了基础。

2. 科技型企业的概念与界定

科技型企业的国际通用名称为高科技企业或高新技术企业,即拥有较高的科技含量的企业。"高科技"英文为"high technology",简称"high-tech",实际应该翻译为"高技术"。因为科学没有"高低",科学只有正确与错误的分别,技术有高低的区分,但其实际指向和内涵还是一致的。国内外学者对科技型企业的研究,主要从高科技企业和科技型企业进行界定。

第一,高科技企业。目前理论界和实践界对高科技企业的界定还存在分歧。1983年,"high-tech"一词正式被收入美国出版的《韦氏第三版新国际词典增补9000词》中,将高科技定义为"使用尖端仪器和包含尖端方法的技术"。[14]20世纪80年代,美国商业部提出了界定高科技企业的标准,即根据新产品研制过程中的投入产出比来界定,认为"高投入、高产出"是高科技企业的主要标志。我国学者吴兵对高科技企业的定义是:凡从事高新技术产品的研究、开发、生产、经营活动的企业称为高科技企业。[15]芮明杰、陈娟认为,高新技术企业最重要的特点就是以自主研发和创新能力为核心,突出自主知识产权的重要性。[16]覃荔荔认为,高科技企业的主要特征表现在知识技术密集度高、创新性高、风险大、高投入、高产出、高成长、高竞争、高智力等方面。[17]查成伟认为,高科技企业需要满足以下条件:企业的主要技术和生产的主要产品属于高技术领域;企业具有知识密集和技术密集的特性;企业科研人员的比例较高;创新研发费用占总收入的比例较高。[18]高新技术企业的特点是企业的创新生产导致大量工艺存在深层次的风险,而不断变化的风险数据库连接现代化的设备和技术。[19]

第二,科技型企业。20世纪初期,国外开始对科技型企业进行研究，经过几十年的探索与发展，20世纪七八十年代进入繁荣阶段。随着经济全球化和科学技术的变革，科技型企业进入快速发展期。而我国科技型企业起步比较晚，随着改革开放和市场经济的发展，20世纪80年代才逐渐涌现。对于科技型企业的概念，学界还没有统一的界定，下面对一些学者的观点进行梳理和汇总（如表1-1所示）。

表1-1 国内外学者对科技型企业概念的界定

科技型企业概念	学者
拥有出类拔萃的创新意识及创新机制，其产品的技术含量比较高，具有核心竞争力，能不断地推出适销对路的新产品，不断开拓市场[20]	饶文英（2018）
以企业知识员工的个人知识创造为基础的专业化知识的集合体，是通过协调个人知识和组织知识，完善组织机制和组织功能，通过知识创造活动赋予新知识以产品形态或者专门技术形态，以市场化手段实现市场价值的组织机体[21]	齐鑫（2018）
具有技术优势的资源作为主要要素，组织结构设置适应于技术创新的，主要从事科技产品（物化产品和智化产品）的研发、生产和技术服务的企业类型[22]	邢青霞（2016）
研发及销售高科技产品和服务的企业[23]	赵云辉（2014）
具有创新力，知识和技术密集度高，产品和服务来源于技术研发[24]	Chen Yun（2010）
从事高新技术产品的研制、开发、生产和服务的中小规模企业，是知识集约度高，谋求产品、服务等的高附加值，吸收高额资本的企业[25]	王旭、刘玉国（2003）
从事高科技产品研发、销售的企业，这类企业能够较为迅速地采用新技术，如电子通信类企业等[26]	Davenport、Prusak（1997）
以科学发展的最新成就为基础，以创造和发展新型的、具有较高商业价值的技术、产品及服务为目标，以研究、设计、开发、制造、咨询服务为基本手段的企业实体[27]	胡汉辉、萧渡（1993）

综合国内外学者关于高科技企业和科技型企业的研究，以产品、生产、服务、经营和风险特点为基础对科技型企业进行界定。可见，科技型企业是一个相对的、历史的、发展的、动态的并且具有生态群落特点的概念。因此，科技型企业不仅应与时俱进以及与国际接轨，还需结合我国的发展实际，形成区域效应、产业联盟和生态系

统从而保持动态协同发展,以切实满足我国经济社会的发展需要。对高科技企业和科技型企业概念的梳理是研究科技型小微企业的基础,为下一步研究科技型小微企业的概念和特征做了铺垫。

3. 科技型小微企业的界定与辨析

基于科技型企业和小微企业的界定与分析,全面认识科技型小微企业需要从"科技"的内涵和"小微"的概念两个方面进行把握,同时要重视"科技"与"小微"之间的内在联系和科技型小微企业的整体特点。科技型小微企业是我国高技术企业发展的重要载体和大中型企业的源头,加强对科技型小微企业的培育与扶植,有助于培育一批具有创新精神的企业家,有助于产生一批富有科技创新能力和较强竞争力的科技型大中企业。党的十八大报告中指出要促进小微企业发展,特别是科技型小微企业的发展,这为科技型小微企业的发展指明了方向,增强了动力。科技型小微企业丰富的内涵吸引了国内外学者的广泛关注,目前国内外尚无权威统一的界定,一些学者根据自己的研究方向,分别从科学技术角度、知识密集角度和企业经营规模角度给出了不同的理解。

第一,从科学技术角度进行的定义。在国外,奥德兹(Audretsch)认为,科技型小微企业是以特质性技术和知识为核心资源,具备一定科技创新实力;但囿于短暂的发展历程,大多缺乏管理经验,管理体系尚不健全、不规范,更多依靠灵活变通的非正式制度开展经营的小微企业[28]。奥特里(Autry)和高利克斯(Golicic)认为,科技型小微企业要想可持续发展,需要实施合作创新,以此企业不仅可获得短期创新收益,而且可以通过技术、知识、信息的交流和转移,整合自身知识和各方资源,不断提升技术创新能力。[29]在国内,秦瑶认为,科技型小微企业是从事高新技术研究与开发、高技术产品生产与经营、独立核算或相对独立核算的智力密集型企业,具有规模小、投资相对较少、人员素质高、人员普遍较为年轻、市场灵敏度高、时效性强等特点。[30]高新才、李炎亭认为,科技型小微企业是小微企业中代表高新技术发展方向和以科技创新及技术研发为主的特殊群体,在知识、技术密集型行业,以先进技术的研究开发、生产转化和销售经营为主体业务,为社会提供高新技术产品与服务，需要政府、金融机构、各类中介机构等社会力量共同协作，营造良好的生态环境，才能健康可持续发展。[31]李建林、赵玲认为，科技型小微企业是指以科技人员为主体，研发人员比例不低于10%，研发强度不低于6%，主要在电子信息、生物工程、新材料、新能源等产业领域从事科技研发、服务、咨询和高新产品生产及销售的智力密集型小微企业。[32]杜丹丽、姜铁成和曾小春认为，科技型小微企业是科技含量高、研发投入比例较大、注重技术创新的企业，从业人员由高学历的年轻一代组成。[33]仇荣国认为，科技型小微企业是致力于高科技、高附加值产品的研究、加工、销售以及相关咨询与服务，对产品核心技术拥有自主知识产权，企业营业收入主要依赖高科技产品的销售或服务，主要在生物医药、新材料、电子信息以及新能源等高新领域生存发展的小微企业。[34]刘丹、衣东丰和王发明通过研究并借鉴国外专家的观点认为，科技型小微企业是科技成果转化和自主创新的重要载体，但很难凭借一己之力，完成从机会识别到产品商业化全过程[35]，需要利用外部创新网络的互补性创新资源，通过构建创新生态系统，打造自身创新合作网络，从而实现创新资源重组[36]。这个创新生态系统是由多主体构成的合作网络[37]，企业家资源整合能力[38]、创新环境中的制度和结构[39]、中介机构以及社会网络拓展能力等要素都将对创新绩效产生重要影响。在全球网络化与开放式创新背景下，科技型小微企业原有的知识与经验已无法满足创新的需求，需要转向与外部网络关系合作获取所需知识资源的开放模式[40]。国内外学者对科技型小微企业进行界定，在重视科技含量和智力优势的同时，逐渐构建动态思维和网络格局，从创新资源、创新网络和创新生态系统视角更加深入地研究具有开放合作性的小微企业。

第二，从知识密集角度进行的定义。达文波特（Davenport）和普鲁萨克（Prusak）认为，科技型小微企业是基于知识形态、组成元素和存储主体来研发科技产品与服务的小微型企业。[41]刘洺、陈树文则将科技型小微企业定义为由科技人员自身或由少数科技人员参与和创立的，具有先进科学技术及一定知识产权的小微企业，这类小微企业主要通过科技创新的方式提供相应的产品和服务。[42]翟翠霞、蔡晓峰和郑文范认为，科技型小微企业的出现为科技生产力的充分发挥提供了一种制度创新，是"以知为本"的发展模式，具体体现为：知识决定转化的创新模式、知识支配管理的柔性化管理模式、知识支配分配的按知分配模式、知识决定合作的协同协作创新模式和知识决定援助的政府支援模式等。[43]张秋月、李凯旭和初凤荣认为，科技型小微企业包括小型、微型企业，也就是营业收入在500万元及以下的从事高科技产品的研发、生产、销售与服务的知识密集型企业。[44]学者们普遍从高科技产品的研发、生产、销售与服务的知识、技术密集型视角，对科技型小微企业进行界定，认为知识动态地贯穿于企业的创意、研发、管理、运营、分配和合作等全过程。

第三，从企业经营规模角度进行的定义。晏绪飞、陈鑫认为，科技型小微企业是以科技人员为主体，人数规模在300人以下，研究开发类的科技人员占员工总数的比例在10%以上，企业销售额不超过3000万元，资产总额不超过4000万元，每年用于高新技术产品研究开发的经费不低于销售额5%的企业。[45]蔡娇丽和赵宏中认为，科技型小微企业一般趋向小型化，从业人员少则几人、十几人，多则50~150人，从业人员结构多以科技人员为主体，其中具有大专以上学历的科技人员占职工总数的比例不低于30%，科技人员超过50%，直接从事研发的科技人员占职工总数的10%以上，技术领域涉及广泛的企业。[46]王子林将科技型小微企业定义为企业规模小，人员数量偏少，依靠高素质、创新能力强的人才，通过科技创新的方式提供产品且具有较强的生存能力和市场竞争力的高科技企业。[47]可见，科技型小微企业是科研人员比例高、学历层次高且经营规模小的一种企业形式。

综上所述，目前国内外没有统一的标准，研究的侧重点不同、方向不同、视角不同，其内涵也不同。国内外的专家和学者从科学技术、知识密度和经营规模等不同维度，探索其内涵，为研究科技型小微企业创新文化打下良好的基础。

二、创新文化与创新文化生态相关研究

创新文化包含"创新"与"文化"，是以"创新"为核心的文化形态，因此，理解创新文化需要从词源、概念和内涵上把握什么是创新，什么是文化，才能更好地理解创新文化。随着创新文化的发展，在文化与环境的互动关系中，人们开始用开放的、动态的、系统的观点研究创新文化生态。

1. 创新的相关研究

1912年，熊彼特（Schumpeter）在《经济发展理论》一书中提出了创新理论，成为创新理论的开拓者。创新理论关注的是技术、组织和制度的共同演化。熊彼特提出的"经济周期""创造性破坏""精英民主"等理论都是创新理论的发展、演绎、运用和深化。他提出了包括新产品、新生产方式、新市场、新材料及其来源和新组织形式在内的五种创新模式，企业通常需要组合几种不同类型的知识、能力、技能和资源来实现创新[48]。熊彼特提出创新理论之后，许多专家和学者对"创新"进行了深入分析。伊诺思（Enos）认为，创新是发明选择、资金保证、组织建设、计划制订、员工招录、市场开辟等多种行为的综合。[49]德鲁克（Drucker）认为，创新是组织的一项基本功能，是管理者的一项重要职责，是有规律可循的实务工作。[50]

我国知名学者、清华大学教授傅家骥发表的学术专著，从技术创新的视角对创新进行了深入诠释，认为技术创新是企业家抓住市场的潜在盈利机会，以获取商业利益为目标，重新组织生产条件和要素，建立起效能更强、效率更高和费用更低的生产经营系统，从而推出新的产品、新的生产（工艺）方法，开辟新的市场，获取新的原材料或半成品供给来源及建立企业的新的组织，它是包括科技、组织、商业、金融等一系列活动的综合过程。[51]傅家骥教授结合中国开展技术创新的具体实践，系统性地研究技术创新的理论、过程、机制、要素、方式、战略、组织、作用和政策等理论，对后来的创新研究发挥了相当重要的作用。

进入21世纪，学者们研究的思路越来越广阔，开始从多学科视角展开研究。随着我国市场经济的逐步确立，企业面临的经营环境发生了巨大的变化，单个创新的传统范式无法满足顾客的需求。许庆瑞和郭斌认为，成功的企业应采取一种新的创新范式——组合创新，成功地实施工艺创新与产品创新的组合，是企业获得持续竞争优势的核心。[52]金吾伦教授从文化环境和社会条件对科技进步和技术创新的影响出发，认为好的文化氛围有利于创新思想的产生；好的文化环境有利于创新思想转变成创新产品，从而实现其社会经济价值。[53]宋刚、张楠从创新理论沿革及创新双螺旋作用下创新生态培育的角度对创新2.0的理论进行探索，将创新2.0总结为以用户创新、大众创新、开放创新、共同创新为特点的，强化用户参与、以人为本的创新民主化。[54]曾国屏、苟尤钊和刘磊基于创新生态系统的概念、框架和模型，探讨创新生态系统的动态性、栖息性与生长性，进而建设和完善创新生态、落实创新驱动发展战略。[55]刘平峰、张旺认为，创新生态系统是一个非线性耗散自组织共生系统，三大栖息者研究群、开发群和应用群交织成相互竞争、协同演化的多边多向交流的生态系统，结合种群共生演化规律，实证预测中国创新生态系统正处于成熟期后半阶段，演化模式为互利共生，预计2030—2050年为饱和时期。[56]

综合以上研究可知，学者们对创新与管理学、经济学等不同学科的关系有着不同的看法，深化了对创新的理解。不仅有企业家创新、技术创新，还有制度创新、政策创新、科学创新、文化创新、管理创新、产业创新、金融创新和生态创新等一系列创新。有研究结果表明，最早的与创新相关的研究工作就是创新与文化的关系研究。

2. 文化的相关研究

从汉语词源上看，文化是"文"和"化"的有机结合，而不是"文"和"化"的简单相加。文是指色彩交错的图形或纹理、花纹。《周易·系辞下》曰："物相杂，故曰文。""化"字本义为变易、生成、造化。《礼记·乐记》说："和，故百物皆化。""文"与"化"两字组合使用，体现出"以文教化"的思想。在人类学中，"文化"（culture）一词来源于拉丁文colo，意为耕耘，指耕耘土地、饲养动物，还暗示培养正确的道德与心智[57]。

在西方，泰勒（Tylor）给"文化"下的定义被认为是十分明确且全面的，1871年他在《原始文化》中，把文化定义为包括知识、信仰、艺术、道德、法律、习惯以及作为社会成员的人所获得的任何其他才能和习性的复合体。[58]20世纪30年代，美国历史学派强调用当时的历史方法研究人类的文化，认为历史事件是不可能重复发生的，几乎全部否定文化发展有规律性和共性，认为文化具有差异性、独特性与特殊性。而史徒华（又译斯图尔德）（Steward）通过大量的考古、民族志研究和田野调查，认为不同文化区的社会之间一再重现的各种形式、功能与变迁上的规律，表明文化发生、发展规律的科学性。[59]1953年，巴内特（Barnett）指出，文化内涵影响个体和整个社会的创新活动[60]。1998年，谢弗（Schafer）认为，文化是一个社会和社会集团的精神和物质、知识和情感的所有与众不同、具有显著特色的集合总体，除了艺术和文学，它还包括生活方式、人权、价值体系、传统以及信仰。[61]美国人类学家墨菲（Murphy）认为，文化与环境之间存在一种动态的、富有创造力的关系。[62]随着社会环境的变化，文化的内涵越来越丰富。霍夫斯泰德（Hofstede）等通过研究归纳，提出五个衡量文化的维度，即权力差距、不确定性规避、个人主义与集体主义、男性化与女性化、长期导向性与短期导向性。[63]不同群体、地域或者国家造成的差异使得其管理者的心理过程有很大差别，而正是文化造就了特定环境中人的"心理过程"。[64]文化不仅有作为概念的文化、作为结构的文化，而且还有作为实践的文化而存在，文化是将知识和旨趣融为一体的一种人类实践的方式。[65]人类学家本尼迪克特（Benedict）曾指出，文化是一种"隐性"的社会行为规范，会影响人类的意识与行为，进而影响整个社会发展。[66]

在我国，《中国大百科全书·哲学》中将文化定义为：广义的文化包括人类的物质生产和精神生产的能力，物质和精神的全部产品；狭义的文化指精神生产能力和精神产品。[67]刘进田认为，文化总体上是由思维方式、价值观念和审美方式等因素及其关系构成的，从文化的外化和接受过程来看，可以分为观念文化、制度文化和物质文化；从文化的地位来看，可以分为主文化和亚文化；从文化的感性和理性关系来看，可以分为雅文化和俗文化。[68]李少惠认为，文化的因素既影响总生命网，也受生命网的影响，文化与环境的关系表现为各种因素的交互作用，表现为极其复杂的安排。[69]现代科技在文化领域的广泛运用,不断创新、催生新的文化业态,成为文化产业新的增长点,具有文化与科技相互融合、文化业态自身之间融合、以文化创意和创新为基础的集群化发展等特点。[70]专家和学者对文化内涵和文化理论的研究逐渐深入,开始关注文化的实践形态。随着文化"软实力"在一国综合竞争力中的地位不断凸显,把握好文化实践发展过程中的矛盾关系,有助于我们更加深入和全面地把握文化的本质和发展规律,从而增强文化建设的自觉性。[71]我们要从我国的国情出发,积极吸取有利于国家发展的一切文化思想,在"扬弃"的基础上,不断完善文化建设,不断增强我国的文化"软实力",进一步提高我国的国际地位。[72]

通过梳理国内外专家和学者对文化概念、内涵和实践的研究,可见文化是在组织环境中形成的内在物质形态和外在精神形态的统一体。文化与环境相互作用会影响个体和整个社会的创新活动。文化"软实力"的提升有利于国家综合竞争力的凸显。

3. 创新文化的相关研究

在国外,创新文化研究缘起于经济学,是在熊彼特的创新理论基础上发展起来的,主要集中在创新文化的价值研究、创新文化的典型案例研究、组织层面的创新文化研究等方面。最初的"创新文化"主要指的是企业文化。2003年,美国国会议员瑟隆伯利(Thornberry)提出,完善人事政策、技术创新和职业教育等有利于人们适应信息时代的要求,以应付日益复杂的世界,但这四个步骤既困难又费时。因此,必须创造一个有利于国家安全的创新文化。[73]罗宾逊(Robinson)和卡曾斯(Cousins)将创新文化类比生物学DNA,是组织内部最为关键的精神密码。[74]卡兹安琪(Khazanchi)、刘易斯(Lewis)等研究指出,创新支持型文化显著影响了企业的流程创新和组织价值。[75]胡(Hu)和洪(Horng)等实证研究结果显示,团队创新文化有利于组织知识分享,而知识分享行为导致了更高的创新绩效。[76]贾思敏卡(Jasminka)认为,创新文化表现为个体创新相关特质,例如经验、广泛的兴趣爱好和创造性等。[77]卡斯特罗(Castro)等认为,创新文化是指促进产品创新过程的共有价值观、信念以及假设,当一个组织鼓励员工开发创新能力、容忍风险、支持个人成长与发展,可以将该组织的文化或氛围定义为创新文化。[78]

在国内,创新文化研究主要从创新文化定义开始,主要考察文化对创新的作用和如何营造有利于创新的文化氛围两个方面的内容,研究视角的不同也造成了对创新文化理解的差别。水常青、许庆瑞认为,创新文化是指能够激发和促进企业内部创新思想、创新行为和创新活动的产生,有利于创新实施的一种组织内在精神和外在表现相统一的综合体,主要包括有利于创新的价值观念、行为准则和制度等。[79]杜跃平和王开盛认为,创新文化的核心是激励探索、包容个性、鼓励创新、宽容失败,是能够最大限度地激励人们去创新的文化,是推动创新和科技进步的内在力量。[80]连冬花认为,创新文化是由多种因素(要素)相互交织、相互作用而形成的一个文化系统,是能不断进行创造的开放性文化形式,是推动社会不断发展进步的物质和精神驱动力,具有形而上和形而下两个层面。[81]王平聚、曾国屏认为,创新文化是指使可支配资源和力量得以有效组合的理想、价值观和信念,需要借助其表现形式才能把握。[82]高锡荣、胡小娟等认为,创新文化是"人们对待创新的一种心理状态",这种心理状态可以滋生创新意识,进而促进创新行为。[83]康海轩认为,创新文化是指对文化发展起着推动作用的创新氛围,即在创新观念、创新制度的推动下,文化获得发展和更新。[84]

综合国内外专家和学者的研究成果,可见对创新文化的研究逐渐由静态性趋于动态性、由片面性趋于全面性。随着研究的深入,人们认识到创新文化的重要作用与价值。创新文化作为在创新活动中形成的共有价值观、信念和精神,有利于组织技术和知识分享,是推动创新的物质和精神力量。

4. 创新文化生态的相关研究

随着对创新、文化和创新文化研究的深入,创新型国家战略的推广和对文化"软实力"提升的迫切需求,近几年国内的专家和学者倾向于对创新文化生态的研究。厉无畏认为,美国新经济之所以兴盛,正是因为具有强大的被佛罗里达(Florida)称为"创意性社会结构"(the social structure of creativity)的生态环境作支撑。[85]赵建英和梁嘉骅认为,创新力受到诸多组织内部生态因子的影响,如企业家创新意识、企业家创新能力、创新资金投入、创新文化和组织结构等，其是影响创新力的重要生态因子，其中企业家创新能力、创新文化和对创新的资金投入是影响企业创新力的三个最关键因子。[86]陈红兵和吴萍基于生态文化对系统性的肯定，认为创新文化建设应突出系统性原则和环境友好性原则，应加强创新文化观念建设、科技创新活动的开展和政府创新制度建设。[87]丁承学认为，创新文化体系如同系统一样，是由若干相互联系、相互作用的要素（如创新观念、思维意识、制度规范、行为模式等）组成的，要素通过逻辑关联作用，提升组织竞争力，促进组织可持续、健康成长和发展。[88]何群认为，要使我国文化产业提质增效，只有通过建立一个契合文化产业发展特点的创新生态系统才能真正获得。只有整体的文化产品质量提升了，才能产生更多的优秀作品，促使文化产业大发展，从而实现文化产业提质增效的目标。[89]特别是近几年随着移动互联网、物联网和大数据等创新科技而产生的共享经济和虚拟经济等，需要人们转变创新态度、创新立场和创新观念，更加速了人们的网络思维观念和生态系统观念的提升。由此可见，创新文化生态是创新文化与其所在的生态环境中诸多观念、思维、制度、态度和心理等文化生态因子相互作用形成的生态网络，能够产生整体性的创新力量和竞争力量。

三、企业创新文化相关研究

企业创新文化是继企业文化发展之后逐渐发展起来的，得到国内外学者的高度关注，主要从企业创新文化的概念与价值、企业创新过程中的创新文化和企业创新文化的典型案例三个方面开展研究，使企业创新文化的内涵和外延逐渐深化。

1. 关于企业创新文化的概念与价值研究

在国外，随着环境的变化，人们的思维方式不断更新，加快了技术创新的步伐，对企业创新文化的研究引起了广大学者的浓厚兴趣。博罗纳特（Boronat）最早基于行为视角对企业创新文化进行界定，认为企业创新文化是以一种初始方式，在某一特定时期为了满足企业创新思想的需要而培育的一种行为模式。[90]琼潘纳斯（Trompenaars）等辨明了企业文化和其所在国的文化之间的关系，认为一个企业的文化是建立在其所在国传统文化的基础上的，只有当新式的"创新文化"犹如为自身原有文化的自发产物，才能规避引进带来的风险，才有可能形成真正适合自己企业的创新文化。[91] 巴克勒（Buckler）认为，随着企业的发展壮大和逐渐成熟，企业文化成为进行更高层次创新所必需的氛围基础，根据一项成熟企业保持恒久创新力的研究结果，这些企业中存在着明显的共性：对创新起着基础性作用的企业文化的存在，而这个特点相对研发组织或市场更为重要，只有它是研发组织或市场生存活力的保障。[92] 弗罗曼（Frohman）从价值观视角进行研究，认为创新文化更多的是培养一种鼓励创新、敢于尝试的价值观念，这种观念能够激发员工的工作热情和个体创造力。[93] 丹尼斯（Dennis）认为，硅谷之所以成为硅谷，是因为它在区域内形成了一种高度互信、竞争合作的创新文化网络。[94]

在国内，宋培林认为企业创新文化是指在一定的社会历史条件下，企业在创新及创新管理活动中所创造和形成的具有本企业特色的创新精神财富以及创新物质形态的综合，包括创新价值观、创新准则、创新制度和规范、创新物质文化环境等；企业创新文化一旦形成，就会对企业成员产生影响，触发其创新动机，并诱导其形成创新行动，有助于创新效率的提高和创新成果的取得。[95] 张朗峰和李耀士认为，基于传统文化的创新文化要立足于中国传统文化，从传统文化之中复苏创新精神，"泯中西之界限，化新旧之门户"，既有效地汲取西方创新文化的精髓，同时保存传统文化的精华，走一条具有中国特色的企业创新文化塑造之路。[96] 王方烈认为，企业创新文化是属于"精神家园"的良性感知，是激励人们最大限度地进行创新的文化，是有利于创新活动的道德观念和行为。[97] 穆健康认为，企业创新文化是企业创新活动的原动力，一个创新型的企业必须以创新文化为驱动力科学构建企业的创新体系，构建创新型的企业文化、价值导向，领导行为和员工素质是基础，制度行为和环境是关键。[98] 吕玉辉运用理想状态下的企业文化要素模型，系统地分析了企业文化影响企业创新活动的机理，找出企业文化中影响创新的主要因素，即企业战略、企业家精神、激励创新的管理理念、企业组织结构、保障机制,说明了各要素之间的相互依存关系,为建构企业创新文化提供理论依据。[99]

2. 关于企业创新过程中的创新文化研究

大多数学者研究创新文化都是从研发、生产、分配和销售等技术创新过程中研究的。比如,盛亚指出企业文化与企业技术创新之间存在着相互促进、相互制约的关系,提出搞好我国企业技术创新工作关键在于处理好文化创新和技术创新的关系。[100]张钢、许庆瑞认为,技术创新总是在特定的文化背景和组织结构中发生,不同的文化类型和组织结构决定了技术创新的不同性质。通过分析不同企业文化类型的物性、组织结构的演变以及它们之间的协同关系,他们指出文化类型与技术创新之间的有效匹配是企业依靠技术创新走内涵发展道路的根本保证。[101]李海军、刘先涛和乔德民认为企业文化对企业的技术创新有着不可忽视的影响力,可以为技术创新提供动力和智力支持,能够增强企业凝聚力,激发企业活力,有助于企业技术创新的开展。[102]束军意认为在创新过程中,企业创新文化是一种"创新"行为,是创新的价值观念与行为准则,必须围绕企业的创新目标而变,跟随企业创新目标而动。[103]张莉提出研究假设、构建概念模型并通过实证检验,认为企业在获取外部知识和提升创新绩效过程中,应重视创新文化在企业创新过程中所起到的作用,改善创新文化的生态环境,引导创新文化要素向企业集聚,培育出一种引导创新、支撑创新的特色文化,促进企业的可持续发展。[104]

3. 关于企业创新文化的典型案例研究

从事管理学、经济学和文化等方向研究的学者结合具体案例进行创新文化研究,发现创新文化的作用与价值。陈衍泰、何流和司春林通过来自江浙沪闽四地的241家中小高新技术企业的数据,结合结构方程模型(SEM)进行实证研究。高新技术企业的组织开放式创新文化支持度与基于组织文化的市场导向观具有一致性,高新技术企业的市场导向通过创新程度的中间变量对企业绩效起作用。[105]王玉芹和张德通过对45家企业的512名员工进行问卷调查,采用路径分析法验证创新型文化、文化强度对企业绩效的影响,研究发现创新型文化通过影响企业新产品和新服务的开发速度,对企业财务绩效、总体竞争力有显著正向效果。[106]刘锦英以我国287家光电子企业为样本,实证分析发现"鼓励冒险、宽容失败""相信创新是重要的""交流思想的意愿"创新文化特征与企业的创新绩效显著正相关。[107]张炜从浙江杭州、萧山、温州、宁波、义乌、嘉兴等地区的高新技术开发区及产业园区中随机选取了85家中小企业,发放260份调查问卷,运用多层次组织行为问卷对创新文化多维结构特征的概念构思进行了实证测度,并检验了创新文化与组织绩效的关系机制,认为创新文化对组织绩效具有显著的积极效应。[108]胡赛全、詹正茂和钱悦等通过对国内127家企业的问卷调查,研究发现企业创新文化能直接影响创业导向,因为创新文化强调企业应有更强的创新意愿和更开放的创新态度,这能促使企业获得更多具有创新性的信息和想法,并愿意承担更多风险。[109]王平聚、曾国屏以深圳创新文化系统为案例,深入核心层阐述起指导和决定作用的价值观、理想与信念,揭示其发展的阶段性、连续性以及要素间的交互作用,研究认为深圳30多年间由"科技沙漠"变成"创新绿洲",很大程度上是创新文化引导和推动,创新文化与创新活动相互作用、相互促进的结果。[110]丁宇认为,企业创新文化是形成企业竞争优势的重要前因变量,他以Apple、Google、IBM三家创新领先企业为案例,从企业价值观念和激励机制两个方面阐明了企业创新文化对企业成长的作用机理,证实了创新导向的价值观念和创新导向的激励机制是企业成长的重要途径。[111]

国内外专家和学者对企业创新文化进行了系统性的思考与探索。基于对企业创新文化的概念、企业创新过程中的创新文化和企业创新文化的典型案例等方面的研究,认识到企业创新文化不是孤立存在的,而是通过一种无形的力量嵌入复杂的创新系统中,对企业技术创新和企业绩效具有正向作用。创新文化不仅仅是一种虚拟的价值和氛围,而是作为软件在创新系统中发挥着引导和激励作用。企业创新文化需要扎根并适应社会文化环境,在创新文化与技术创新的互动中推动整个社会创新理念的凝练、创新习惯的养成、创新能力的提高、创新制度的完善、创新氛围的塑造、创新环境的形成和创新系统的构建。

四、已有研究的综合述评

近几年,关于科技型小微企业的研究受到学术界的广泛关注,但是理论界尚未从创新文化生态的视角对科技型小微企业进行深入、全面的研究。对科技型小微企业文化的研究都是从企业内部静态的文化要素进行分析,缺乏动态而系统的剖析。科技型小微企业的创新文化是在与环境的适应和反馈中逐渐生长的。因此,对科技型小微企业创新文化的探究需要将其置于文化生态系统中。这不是宽泛意义上的,而是专门指其所生存的这个科技型小微企业创新文化生态系统。

现有的研究缺乏从文化与环境适应的视角,对科技型小微企业创新文化生长过程的审视,缺乏系统性地探讨科技型小微企业创新文化的演化研究。就目前掌握的文献来看,已有的研究存在以下几个方面的不足。

第一,对科技型小微企业研究得不够全面,未捕捉到制约其发展的瓶颈问题。党的十八大报告强调:要"推动服务业特别是现代服务业发展壮大……支持小微企业特别是科技型小微企业发展"。党的十九大报告强调:"深化科技体制改革,建立以企业为主体、市场为导向、产学研深度融合的技术创新体系,加强对中小企业创新的支持,促进科技成果转化。倡导创新文化,强化知识产权创造、保护、运用。培养造就一大批具有国际水平的战略科技人才、科技领军人才、青年科技人才和高水平创新团队。"彰显出国家对科技型小微企业发展的重视。科技型小微企业是近几年才出现的新名词,众多科技型小微企业如何在日益激烈的市场竞争中脱颖而出,如何在强手如林的企业集团中独领风骚,如何在保生存、谋发展中转型升级,如何在提升核心竞争力中创新驱动并最终发展成为小而强、小而久的企业,是国内外学者研究的焦点。但是研究的视角普遍围绕人力资源管理、融资机制、成长性、商业模式、风险管理等方面,尽管已有的研究有利于科技型小微企业的完善和发展,但不能从文化的深层次直接促进科技型小微企业快速发展的问题,不能够激发企业的创新活力,不能够有针对性地助推科技型小微企业快速、健康、稳定地发展。研究的内容不够全面,缺乏从创新文化生态的视角进行深入、全面、系统的理论分析来助力科技型小微企业的发展、壮大。

第二，对科技型小微企业创新文化的研究缺乏生态性和系统性的创新思维。目前国外对于文化生态方面的研究，主要观点有文化环境适应论、文化多线进化论、跨文化整合论和文化生态系统论等，把"文化生态"的理念融入文化发展和进化里，寻找文化与环境的适应、协同；倡导文化与自然环境、气候以及生产方式等因素密切相关，是一个涉及许多因素的创新网络；文化在与环境互动中构成一个"超级有机整体"，具有自组织、自适应、自调节的特点，不断地与环境进行物质、能量和信息的交换，从而形成一个开放的、动态的、非线性的文化生态系。在国内，研究文化还处于尝试阶段，国内一些学者运用文化生态思维研究中国传统文化、城市文化、古村落文化、民间艺术文化、产业集群文化、旅游文化和网络文化等，缺乏运用生态性和系统性思维，探寻科技型小微企业创新文化的生长和演化过程。从文化生态性和系统性的思维去研究科技型小微企业创新文化，可跳出传统的、机械的、静态的、线性的思维模式，有利于在更广阔的文化背景下，探讨企业的生存和发展。

第三，对科技型小微企业创新文化研究缺乏从科技哲学的视角进行系统的理论分析和逻辑思考。科技哲学的研究视角强调联系的、动态的观点。熊彼特提出的创新理论关注的是技术、组织和制度的共同演化。熊彼特从古典经济学包括马克思的论述中汲取动态的观点，还"承袭德国历史学派强调历史方法的传统，并用新古典微观基础的研究方法，解释个人行动的相互作用，进而对整个经济层面进行推演，形塑经济演化的过程"。但是，熊彼特的观点还停留在技术、经济与文化的关系层次，没有看到文化的创新要素在一定的文化生态系统中演化具有一定的规律。当前学者的研究大多对大型成功企业成熟的创新文化进行研究，忽视了科技型小微企业初创期企业家和员工自带的创新文化基因和企业创新文化生态系统中的创新要素，缺乏对企业不同发展阶段创新文化的形塑、演化和内在规律的思考和分析。

综上所述，运用生态性和系统性的思维对科技型小微企业创新文化进行的研究还比较缺乏，对于企业实践研究和理论研究来说，是一个新的应用视角。中国目前开展的创新型国家战略，唤起了中国人，特别是年轻人的创新精神、海归人员的创新热情和科技型公司员工的创新激情。自主创业和裂变创业助推无数的科技型小微企业在各个领域中兴起。因此，面对中国的现实和世界环境，对科技型小微企业创新文化进行研究具有重要的现实意义。另外，通过文献综述，发现对科技型小微企业创新文化进行研究，从其所生存的科技型小微企业创新文化生态系统中，发现科技型小微企业创新文化的生长过程和演化规律，不仅可以填补这一领域理论研究的不足，而且可以从本质上寻找解决科技型小微企业创新文化的问题，也将为解决科技型小微企业创新文化发展的现实困境提供对策。

第三节 研究思路与方法

一、研究思路

本书从对现有研究成果的归纳总结入手，从创新哲学视角，运用文化生态适应论和文化生态系统论对科技型小微企业创新文化进行研究。本书内容一共分为七章。

第一章，绪论。主要介绍选题背景、研究目的、研究意义、文献综述、研究方法以及研究思路等，通过对国内外相关研究的文献综述推导出本书具体的研究问题，厘清本书的具体研究方法以及逻辑思路。

第二章，界定基本概念和相关理论。首先对小微企业、科技型企业和科技型小微企业进行界定和辨析。通过对文化生态适应论和文化生态系统论的深入剖析和阐释，探索文化与环境的适应性与互动性；寻找文化生态理论与科技型小微企业创新文化研究的契合点，由此获得生态系统中科技型小微企业创新文化的动态生长性与演化性，为开展科技型小微企业创新文化研究奠定基础。

第三章，剖析科技型小微企业创新文化生态系统。研究视角摆脱过去从企业内部静态的、孤立的、机械的观点分析，而是从科技型小微企业生存的这个文化生态系统出发。在探讨科技型小微企业创新文化生态系统概念与特征的基础上，认识到其是由创新文化个体、种群和群落构成的：个体是指科技型小微企业创新文化；种群是指与行业相关的各部门或企业的创新文化集合体；群落是指国家、区域政府或产业领域的社会创新文化集合体。三者之间相互依存、相互融合、相互适应构成一个有机整体，具有扩展文化价值、强化文化群落、整合创新资源、带动社会经济的功能。

第四章，以深圳湾科技园区为案例，结合文化生态适应论，探讨生态系统中科技型小微企业创新文化的生长。初创阶段科技型小微企业创新文化如何在生态系统的滋养中萌芽并扎根，这一阶段的创新文化内核具有什么样的个体特征。成长阶段科技型小微企业创新文化如何适应文化种群，形成由创新文化内核延伸生长出来新文化。在科技型小微企业创新文化的发展阶段，面对更广泛的创新文化群落的影响，如何进一步生长和繁衍。

第五章，探讨生态系统中科技型小微企业创新文化的演化规律。首先分析其演化动力，其次探讨其演化模式，最后探讨其演化机制。基于对科技型小微企业创新文化演化动力、演化模式与演化机制的剖析，揭示科技型小微企业创新文化在与环境的适应中形成一个开放的、动态的、非线性的复杂有机系统。

第六章，从理论视角回到中国现实，提出科技型小微企业创新文化的培育原则。在提出中国科技型小微企业创新文化生态系统优化路径的基础上，结合我国区域发展不平衡的现实，提出科技型小微企业创新文化的培育原则和具体对策。

第七章，结论。科技型小微企业创新文化是作为文化生态系统而存在的。科技型小微企业创新文化在文化生态系统的滋养、适应与整合中生长、发育，不断进行开放的、动态的、非线性的演化。

二、研究方法

1. 概念分析法

从创新哲学的视角界定了科技型小微企业和科技型小微企业创新文化，构筑了本书的逻辑起点。从文化生态的视角将科技型小微企业创新文化纳入创新哲学领域。在剖析科技型小微企业创新文化生态系统的概念、特征、结构与功能的基础上，开展生态系统中科技型小微企业创新文化生长和演化的动态过程性分析，克服了以往研究的一般性、线性和静态性。通过概念分析，奠定了本书开展科技型小微企业创新文化研究的基石。

2. 文献研究法

搜集与科技型小微企业、创新文化和创新文化生态研究相关的国内外文献资料，对其进行系统梳理和分析，了解到企业创新文化、创新文化生态等前沿理论和实践在国内外目前的发展情况，认识到科技型小微企业创新文化研究的不足以及文化生态视角研究的局限性，寻找科技型小微企业创新文化研究的新视角，为之后的研究工作打下坚实的基础。

3. 系统分析法

以小微企业、科技型企业和科技型小微企业的概念和界定为逻辑起点，分析文化生态适应论和文化生态系统论等基本理论，从文化生态视角对科技型小微企业创新文化进行释义，进而分析科技型小微企业创新文化生存的文化生态系统的概念、结构与功能。结合具体案例，探索生态系统中科技型小微企业创新文化的生长过程；剖析其演化动力、演化模式和演化机制；在提出中国科技型小微企业创新文化生态系统优化路径的基础上，提出科技型小微企业创新文化的培育原则，建构了一个符合中国创新需求的科技型小微企业创新文化生态系统图景和理想的科技型小微企业创新文化样态。

4. 案例分析法

采用相关的典型案例，通过问卷调查和人物访谈进行资料搜集和分析，来辅助理论的阐述。选择深圳湾科技园区进行案例阐释，结合深圳湾创新文化生态系统和生态系统中的典型科技型小微企业创新文化，来佐证企业创新文化与其所处的文化生态系统的关系，以及科技型小微企业创新文化在生态系统中的生长过程和演化规律。在此基础上，提出中国科技型小微企业创新文化生态系统的优化路径和科技型小微企业创新文化的培育原则。

第四节 创新点

第一，在厘清科技型小微企业创新文化基本概念和相关理论的基础上，认识到其不断地与外部的利益相关者创新文化和社会创新文化进行物质、能量和信息的交换，在与环境的适应中是作为文化生态系统而存在的。科技型小微企业所赖以生存的文化生态系统是由个体、种群和群落构成的，三者之间相互依存、相互适应、相互嵌套，构成一个复杂的有机整体，具有扩展文化价值、强化文化群落、整合创新资源、带动社会经济的功能。

第二，以深圳湾科技园区为案例，运用文化生态适应论，探讨了生态系统中科技型小微企业创新文化的生长问题。初创阶段，科技型小微企业创新文化自文化生态系统中萌发，形成了以企业家精神、创新生存文化和创新科技文化为内核的创新种子文化；成长阶段，科技型小微企业创新文化以适应创新文化种群为主要特征，形成了自创新文化内核延伸生长起来的创新产品文化、创新组织文化和创新商业文化，三者相互作用构成创新标识文化，在社会化中逐渐成熟；发展阶段，科技型小微企业创新文化在文化生态系统的整合中形成创新繁衍文化，在微观、中观和宏观影响因素的作用下，推动创新文化融合与裂变、发展与跃迁。

第三，运用文化生态系统论，剖析了科技型小微企业创新文化的演化规律。企业家自我价值实现的需求、科技文化强化与拓展的需求以及与生态系统适应与平衡的需求，构成了企业创新文化的演化动力；概括了生态系统中科技型小微企业创新文化同化与异化、渐变与突变的演化模式，以及同化演化的重组机制和异化演化的分解机制、渐变演化的协同机制和突变演化的竞争机制，认识到企业创新文化在文化生态系统中不断地进行开放的、动态的和非线性的演化。在提出中国科技型小微企业创新文化生态系统优化路径的基础上，提出科技型小微企业创新文化的培育原则。

第二章

基本概念与相关理论

从近几年的年度报告数据来看，科技型小微企业呈现出"出生率高""死亡率高""寿命短"和区域发展不均衡等特点，成为学术界关注和研究的焦点。面对这种现象，"创新文化"成为从深层次解决科技型小微企业发展困境的"良药"。现有的研究成果基本都是从静态的、线性的角度探讨科技型小微企业创新文化，难以产生创新的力量。实际上，科技型小微企业创新文化不是静止的文化形态，而是在与环境适应中的动态生长过程，应该遵循文化生态适应规律和文化生态系统演化规律。因此，对科技型小微企业创新文化的探究需要将其置于文化生态系统中，但这里的文化生态系统不是宽泛意义上的文化生态系统，而是专门指科技型小微企业创新文化生态系统。基于此，为在创新哲学领域打开"黑箱"，深入研究生态系统中的科技型小微企业创新文化，需要厘清小微企业、科技型企业和科技型小微企业之间的关系，明确科技型小微企业的本质特征。同时，通过对文化生态适应论和文化生态系统论的挖掘和阐释，找到文化生态理论与科技型小微企业创新文化的内在契合性。

第一节 科技型小微企业的概念与特征

科技型小微企业，即小微企业中的科技型企业，表面上包含小微企业和科技型企业两层含义，实质上包含科技性、创新性、知识性、文化性和小微性等丰富的内涵。因此，认识科技型小微企业需要在厘清小微企业和科技型企业概念的基础上，分析科技型小微企业的概念界定、一般特征与本质特征。

一、小微企业与科技型企业的概念与特征

小微企业主要从企业规模的角度出发对企业进行界定,而科技型企业主要从企业性质和内涵角度出发对企业进行划分,科技型小微企业是小微企业和科技型企业概念的叠加和内涵的升华。

1. 小微企业的概念与特征

2011年6月,中国首席经济学家郎咸平教授提出小微企业的概念,认为小微企业(small and micro-sized enterprises,SMEs)是小型企业、微型企业、家庭作坊式企业和个体工商户的统称。[112]不同国家对小微企业的划分标准不同,同一国家不同行业领域划分标准也不同,有的按照企业规模进行划分,有的按照企业特点进行划分,有的按照营业收入进行划分。例如,在美国,有学者认为小企业是雇员少于20人,微型企业是雇员少于5人,小微企业和微型企业具有刺激经济增长的潜力,也是摆脱贫穷的潜在途径,其发展道路与大型企业的发展道路具有本质上的不同。[113]在爱尔兰,有学者从创业导向、市场导向和国际化视角出发进行研究,认为爱尔兰小微企业占企业总数的90%左右,具有灵活性,能够适应环境的变化。[114]在巴西,有学者认为小微企业可以定义为年收入低于1,157,500美元(3,600,000雷亚尔)的企业。[115]在我国,国家统计局制定《统计上大中小微型企业划分办法(2017)》(国统字〔2017〕213号),将从业人员设置为X,营业收入设置为Y,结合不同领域对小微企业的认定标准进行界定,例如,在工业领域,小型企业为$20 \leqslant X<300$、$300 \leqslant Y<2000$,微型企业为$X<20$、$Y<300$;在信息传输领域,小型企业为$10 \leqslant X<100$、$100 \leqslant Y<1000$,微型企业为$X<10$、$Y<100$;在软件和信息技术服务领域,小型企业为$10 \leqslant X<100$、$50 \leqslant Y<1000$,微型企业为$X<10$、$Y<50$等。[13]不同行业小微企业的划分标准不同,但其为提高我国国民经济、扩大就业、繁荣市场、维护社会稳定和满足人民群众多种需求等方面发挥的重要作用是相同的。

随着我国小微企业的发展,其特征逐渐凸显。第一,我国的小微企业数量多且以劳动密集型为主。小微企业基本涵盖了国民经济的各个行业,其密集程度与城乡居民收入水平呈正相关关系,在就业容量和就业弹性方面与大中型企业相比有明显优势,大多集中在

第二、第三产业，70%以上的小微企业从事批发零售业、工业、租赁和商务服务业等[116]。第二，我国的小微企业发展分布不均衡。由于各个地区在经济发展水平、人口数量、市场活跃程度、政策支持性、观念开放度、资源供给程度和营商环境等方面存在差异，造成小微企业在沿海与内地、东部与中西部、东北与东南部等地区之间发展不均衡，一线、二线城市与三、四线城市之间发展不均衡，以及城乡之间发展不均衡等现象。第三，我国的小微企业集群效应显著。小微企业尤其是其中的家族企业和个体工商户，一般规模小、投资少、灵活多变、管理简单且易受周围环境影响，主动顺应市场需求并快速调整经营模式和战略决策，因此容易形成小微企业"蚁蜂"式战略联盟和集群效应。

由于我国经济社会的种种非理性因素，相比大型企业的成熟完善，小微企业面临成本高、税负高、用工难、融资难、风险高和创新难等生存与发展的困境。为减轻小微企业负担，促进其健康发展，国家推出一系列重要举措，如多样化的金融服务，减免税收服务，免征管理类、登记类、证照类行政事业性等多项收费服务，增信服务和信息服务等，以此帮助小微企业缓解资金压力、增强抗风险能力、适应生态环境变化，以便及时把握市场机遇、抓住发展机会。在国家政策的扶持下，地方政府和相关机构多策并举、多管齐下，通过提高小微企业服务水平、信息渠道和优惠政策等，帮助小微企业群体茁壮成长。

2. 科技型企业的概念与特征

科技型企业又称高科技企业或高新技术企业，通常是指企业的科技含量比较高、知识密度比较大、科技人员比例高，主要从事高新技术、科技产品或科技服务的研究、开发、生产和经营等活动的企业。科技型企业涵盖的技术领域主要有电子与信息、移动互联网、高技术服务业、新能源与环境、新材料、生物医药、光机电一体化、核应用技术、节能资源、农业农村、航空航天、海洋工程等。科技型企业与传统企业有着本质的区别，持续的技术创新是其生存和发展的理性选择，鼓励创新的企业文化是其可持续发展的内在灵魂。

20世纪二三十年代，美国的电子类企业开始萌发，如惠普等揭开了硅谷创业的序幕。第二次世界大战期间，洛克希德等军工企业的国防支持和军事采购，政府的鼓励和扶植，带动了硅谷地区科技型企业的快速发展。第二次世界大战后，冷战成为电子业发展的动力源[117]。随着1951年斯坦福大学成立科技园区，逐步形成政府、大学和科技型企业紧密合作的运行机制，给硅谷插上了腾飞的翅膀，一场席卷全球的高新技术产业化风暴由此刮起。[118]硅谷从国防工业、半导体产业和电子产业到个人计算机、软件设计、互联网，再到近年来的移动通信、大数据、云计算、人工智能、生物技术、纳米技术和清洁能源技术等，出现了一批以先进技术和商业模式颠覆传统产业的科技型企业集聚效应，如惠普、英特尔、IBM、苹果、特斯拉、3D打印、太阳城市、谷歌、雅虎、脸书、推特、微软、甲骨文、优步、空中食宿和亚马逊等。硅谷已成为全世界高新技术产业的"领头羊"，形成了一种产业、一种现象、一种生态、一种精神、一种文化，逐渐向全球辐射。世界各国的科技园区都是在效仿美国硅谷中发展起来的，规模比较大、比较典型的主要有英国剑桥科技园区、日本筑波科技园区、印度班加罗尔和海得拉巴科技园区、以色列的特拉维夫科技园区、中国的北京中关村科技园区和深圳湾科技园区等，推动了全世界科技型企业的蓬勃发展。

知识经济时代，知识创新逐渐成为经济发展的内在基础，以知识为基础的科技型企业日益凸显，具有促进经济增长的重要功能。[18]科技型企业在国家创新战略和经济发展中具有越来越重要的作用，在国家的高度关注与支持投入下技术创新越来越活跃。科技型企业与传统企业相比，特征越来越明显，其呈现出科技含量比较高、智识人才比例高、创造力比较强、研发经费支出多、无形资产比重高、员工素质比较高、经营风险比较高、信息交流比较多、资金需求不稳定、组织结构灵活、市场需求复杂多变、知识创造风险较高、创新文化氛围较浓、企业家和员工创新精神较强、生命状态突变性较强等特征。

二、 科技型小微企业的概念界定

近年来，国内外学者对科技型小微企业进行广泛研究，但尚无权威统一的概念与界定。一些学者根据自己的研究方向，分别从科学技术角度、知识密集角度和经营规模角度给出不同的理解，普遍认为科技型小微企业从事的是高科技产品的研究与开发，属于技术、知识和智力密集型的小微企业。但是，学者缺乏从哲学视角对科技型小微企业进行本质的揭示和系统的探究。

1. 科技型小微企业的概念

本书从科技创新哲学的视角概括地说，科技型小微企业是指以科技创新为灵魂和生命，以科学技术和科学知识为资本，受环境的影响和干预较大，经济规模和创新文化尚处于发展中的小型和微型企业。

第二次世界大战后，科技型企业在美国逐渐兴起，为引领科技创新和推动社会进步发挥着重要作用，随后向全世界蔓延。科技型的小企业是美国硅谷和斯坦福创新体系共同作用的衍生品，是在美国政府对硅谷的扶植中产生的，是在斯坦福对产学研合作的倡导中孕育的。在美国，科技型小微企业的发展与政府的扶植密不可分。联邦政府通过制定法律法规和科技政策、政府采购、设立政府实验室和发展研究中心以及对地方研究活动提供直接资助等方式，鼓励和促进小企业的发展。例如，美国联邦政府采购合同给予整个小企业的份额不低于39%。美国制定的《小企业创新发展法》《加强小企业研究发展法》《技术创新法》等法案，使科技型小企业享受低息贷款、税收优惠和政策支持等，为企业的生存和发展提供了很大帮助。[119]斯坦福倡导大学、产业和研究中心形成一种协同共生的关系，鼓励大学教授、教师和学生们尝试创业，将前沿技术通过资本市场形成产业化。硅谷和斯坦福的创新模式、创新体系、创新技术、创新环境和创新文化形成了集聚效应，吸引了全世界的智识分子。不同文化交流、碰撞、融合，使科技型企业不断裂变、繁衍，极大地推动了科技型小微企业的发展。世界各国纷纷学习效仿硅谷模式，科技型小微企业如雨后春笋般涌现，在各个国家受到极大重视。

2. 科技型小微企业的界定

科技型小微企业是科技型企业和小微企业的结合体，既是注重科技创新和产品创新的小微企业，又是科技型企业或高科技企业中资产规模及员工规模都相对较小的企业。科技型小微企业以创新为生存的基础和前提，其创新力决定着生命力，是新技术或新市场的率先实践者与探索者，是创新文化的培育者和传播者，其活力和潜力不可估量。与一般企业相比，科技型小微企业在整个发展过程中始终强调创新思维和创新理念，注重与利益相关者的交流与合作。科技型小微企业的规模小，且灵活多变，对环境的依赖较强，受环境的影响和干预较大。作为技术、知识密集型的科技型小微企业是高新技术企业发展的重要载体，在产业链上下游的交流、合作中裂变、繁衍，有助于形成集群效应，产生大量富有创新力和竞争力的大中型高科技企业。在研发、生产、销售和管理的整个过程中，科技型小微企业重视将创新行为与创新科技紧密结合，同时创新风险与创新收益并存。

三、科技型小微企业的一般与本质特征

随着经济和科技的快速发展，科技型小微企业研发领域逐渐拓宽，除传统领域外，人工智能、电子信息、大数据、云计算、供应链、网络科技、节能环保和高新材料等领域逐渐兴起。科技型小微企业在生存和发展中，逐渐呈现出区别于其他传统企业的一般与本质特征。

1. 科技型小微企业的一般特征

科技型小微企业的一般特征主要表现在科技、人才、资金、市场、风险和规模等方面，具体包括如下几个方面。

第一，科技含量高，经济收益高。科技型小微企业是知识密集型和技术密集型企业，其研发和生产的产品或服务具有较高的科技含量。企业为确保在市场竞争中获得核心优势，需要拥有自主知识产权来保护科技成果，需要及时更新技术以满足消费者的需求。科技型小微企业成功的创新会给其研发的产品或服务带来较高的附加值和回报率。科技型小微企业的独特魅力，在于其颠覆了传统的价值增值模式，将"创新"引入了生产函数，使得高新科技得到融合，创造出新的价值增值空间。

第二，企业规模小，人才素质高。科技型小微企业规模小、人员少，人才是企业创新发展的主体。大多数企业家是科研人员出身，受教育程度高、创新能力强，同时企业的研发人员比例高且思维活

跃。科技型小微企业高度重视人才，在人才的甄选、吸纳和培养等各个环节都蕴含着创新基因、创新精神与创新理念。只有拥有高素质的复合型科技研发人才和管理人才，才能凝聚更多的知识、技术和智力，从而更好地推动科技创新。科技型小微企业视创新为企业的生命，通过高素质的智识人才研发新技术、新产品或新服务，从而在市场竞争中超越对手，获得竞争优势。

第三，资金投入高，依赖性较强。科技型小微企业专注于高新技术的研发，每一个创新产品或创新服务在前期研发、中期测试和后期推广等各个环节，都需要投入大量的资金。企业创新活动的开展，除了基础办公、研发场地、生产设备、科研设备和市场推广等方面的投入，还需要高薪聘请创新人才。科技型小微企业的资金投入非常大，在短期内难以看到回报，对资金的依赖性比较强。在我国，银行在进行信贷时，对企业技术创新和发展前景把握不准，出于审慎性原则考虑，很多银行不会选择提供相关的信贷支持，造成科技型小微企业面临融资少、融资难、融资贵等"瓶颈"问题。因此，没有一定的创新资金投入和政府融资扶持环境，科技型小微企业难以实现持续健康的发展。

第四，市场潜力大，适应性不强。互联网、大数据、云计算和人工智能等新技术的快速发展，给高新技术企业带来了很多机遇与挑战。高新技术的迅速发展和人民生活水平的提高，促使市场上对高新技术产品和服务的需求越来越多，因此科技型小微企业具有很大的市场潜力。面对风云变幻的市场环境和技术环境，科技型小微企业发展的时间短、经验不足，另外来自科研院所和高等院校的研发人员组成的科研团队不能很快地适应快速变化的市场需求，因此企业适应性不强、死亡率高。

第五，企业风险高，无形资产比率高。科技型小微企业的规模相对较小，与大型科技企业相比，其抵抗风险的能力低。科技型小微企业受人才、市场、环境、研发资金等不确定性因素的影响比较大，其研发专利或科技成果一旦不被市场接受，将会带来巨大损失。由于对知识产权的监管和保护还不够完善，如果企业研发的科技成果达不到目标市场的需求或新研发的技术被竞争者模仿、替代，都会使现有技术急剧贬值,从而面临极大的知识产权风险。科技型小微企业属于"人脑加电脑"的轻资产结构,拥有在新材料、新能源、新技术等领域相对数量较高的知识产权,因此和传统企业相比,无形资产在企业总资产中所占的比例更高。

第六,企业成长性强,淘汰率高。企业成长性是通过不断挖掘企业内部和外部的可利用资源,持续实现价值增值和核心竞争力提升的过程,是多种因素相互作用的复杂性适应系统。科技型小微企业成长性遵循企业的成长规律,在内生要素和外生要素之间相互作用、相互耦合,突破成长困境,形成企业成长演进的复杂系统。企业在与外部环境不断调节适应的过程中,逐渐地动态性成长,从而促进自身和整个生态系统的进化。由于科技型小微企业的规模小、抵抗力弱、影响因素多以及所处环境复杂,其整个成长的过程充满了不确定性,任何影响因素的变革都会给企业带来巨大的影响,将制约企业对环境的适应,因此,企业在成长和竞争中具有淘汰率高的特点。

2. 科技型小微企业的本质特征

科技型小微企业与传统企业不同,不仅体现在创新主体、科技含量和企业规模上,而且深入挖掘会发现其具有一些本质的区别与特征。从科技创新哲学视角,科技型小微企业的本质特征主要有以下几点。

第一,以科技创新为文化基因并遗传和繁衍。科技型小微企业的科技性和创新性是企业生存和发展的核心,其从属于人并通过人来表征。科技型小微企业自初创期,企业家和员工就自带不同的创新文化基因而融入企业。基因是具有遗传效应的DNA片段,而科技创新文化基因是在科技创新活动中具有遗传功能的文化因子,这些因子综合作用形成创新的力量,是创新的基础[120]。科技型小微企业作为生命有机体,科技创新文化基因类似于生物基因,支持着企业的基本构造与性能,储存着企业生命的萌芽、生长、发育、衰落和灭亡等过程的全部信息。科技型小微企业生命周期中的一切生命现象都与基因有关,是关系企业生命健康的决定因素。科技创新文化基因逐渐植入企业的知识、人才、技术、环境、制度和资源等创新要素中，随着企业的成长不断地遗传、生长、发育和繁衍，演绎企业生命的创新过程。创新文化基因的差异是科技型小微企业创新能力存在差异的最根本、最深层的原因。科技型小微企业中，企业家是企业创新文化的缔造者和倡导者，企业家的创新文化基因是企业创新文化基因的核心，企业家精神是企业科技创新文化的始基。

第二，以创造性的科技知识来获得生存价值。科技型小微企业是通过科技知识的创造性来创新科技产品而获得生存价值、经济价值和社会价值的。科技型小微企业倡导以知为本，通过挖掘隐性知识、吸纳异质性知识、融合多元性知识等来增强知识的创造性和共享性。当科技型小微企业拥有的知识具有合规律性与合目的性的二重性特点时，可选择技术创新，从而适应知识经济时代产品批量小、品种多的生产特点，迅速解决企业在技术创新过程中遭遇的内部问题和外部环境适应问题，及时开发市场上急需的新型技术，实现"快鱼吃慢鱼"的发展战略[43]。科技型小微企业运用科技知识的创造性来设计和研发创新产品或服务，将会造成市场需求旺盛或技术垄断，从而产生较高的超额利润，推动企业发展。以对创造性的科技知识占有为主要特征的科技型小微企业，一旦成功进入资本市场，将会带来巨大的经济利益，从而获得生存价值。

第三，以引领新技术的产业化为发展目标。科技型小微企业是以技术创新为使命和生存手段的企业。在创新实践过程中，科技型小微企业面临创新形式的多样性、创新需求的不确定性和创新过程的复杂性，迫切需要开放式、跨界式和系统式的协同创新。灵活多变、抵抗能力弱的科技型小微企业为克服自身规模劣势，抵制大企业的竞争威胁，将自主创新和协同创新相结合，趋向于"抱团取暖"的产业化、集群化发展形式。众多企业集聚在一个地区，经济联系频繁、信息交流便捷，互相竞争又互相学习，使协同创新成为一种特有的文化氛围，激励企业不断追求和积累新知识和新技术，以实现产业化的发展目标[121]。科技型小微企业通过与其他企业的正式和非正式交流，形成彼此信任、共同认可的文化和习惯，加速知识、技术的创造、溢出和扩散。区域内的企业在互动与协作中很快地采用新技术，进而激发新思想、新方法的涌现，形成产业集群效应。

与传统企业相比,科技型小微企业的规模小、人员少、体制活、流程少和创新力强等,更有利于推动企业自主创新、原始创新和破坏性创新。为满足消费者多样化、个性化和定制化的消费需求,多档次、多品种、小批量生产的技术需求,科技型小微企业需要快速应变、按需定制和小规模生产。为适应技术创新环境,科技型小微企业需要引领新技术的产业化,以创新的确定性来应对未来的不确定性。

第四,以强烈的竞争意愿寻找最适应的生态环境。近几年,对创新的研究更加深入。关于创新演进的相关研究结果表明,创新范式从1.0版本的线性范式,到2.0版本的创新体系范式,现已演进至3.0版本的创新生态系统范式[122]。科技型小微企业难以产生创新的力量,本质原因是创新文化的供给不足。科技型小微企业的成长和发展,需要"活"的创新文化生态环境来孕育和滋养。科技型小微企业通过与外界的沟通、交流、合作与竞争,逐渐认识到其强烈的竞争意愿和创新激情,在最适应的生态环境中,才能使这种创新文化得以生长和发育,才能推动企业的发展。科技型小微企业强烈的竞争意愿只有与生态环境相适应,才能进行物质、能量和信息的互动与交换,从而达到稳定状态。例如,美国的硅谷是典型的"热带雨林"式创新文化生态系统,复杂多样的文化因子在生态系统中生长,内部的开放性不断地吸引外部的思想、人才、资金、技术和文化等要素源源不断地涌入。同时,在"热带雨林"中,各种文化因子密切交互,文化与环境相适应,才能促进文化个体的生长发育和文化生态系统的整体演进。

第二节 文化生态的相关理论

文化生态理论是人类学、文化学和生态学交叉融合后,于20世纪中期逐渐形成和发展起来的学科体系和研究领域,是借用生态科学的概念、理论、观点和方法研究文化现象的理论。[123]文化生态理论是研究文化适应生态环境的过程,主要问题是要确定这些适应是否引起文化变迁或进化变革。[124]文化生态理论将文化视为一个开放的有机体,将其外部的环境视为一个生态系统,在文化与生态系统的互动中,来探索和考察文化的样态。随着斯图尔德文化生态适应论的诞生,文化生态理论陆续得到人类学、文化学、生态学、地理学、系统学等相关领域专家和学者的关注和重视,逐渐被认同、学习和发展。适用科技型小微企业创新文化研究的文化生态理论主要有文化生态适应论和文化生态系统论。

一、文化生态适应论

自1955年美国文化人类学家斯图尔德编著的《文化变迁理论》中首次提出"文化生态适应论"后,此理论就受到了广泛关注。文化生态适应论的主要观点有文化环境适应论、文化多线进化论和跨文化整合论。

1. 文化环境适应论

文化环境适应论是文化变迁中最有创造性的过程之一,指的是人们在个别的环境中修正其具有历史渊源之文化的适应过程。[125]文化环境适应追求的是存在于不同区域之间的特殊文化特质与模式的解释,而并非可应用于所有文化——环境之状况的通则。[59]文化环境适应的基本思想是考察文化对其环境的适应过程,发现文化与环境之间的因果关系,并系统论证其对于人类社会组织的作用、类型与意义,文化变迁就是文化适应。文化环境适应论是研究特定的生态环境与文化之间相互平衡和相互依存的过程[126],尤其是确定区域"文化内核"是与生存和经济行为关系最密切的那部分文化,是极具前瞻性的。

第一,文化与生态环境密不可分。斯图尔德曾从事美国西南地区的考古发掘,还调查过大盆地的肖肖尼人、普埃布洛人,做过大量的田野调查和民族志研究。[127]他认为人类文化的形成在很大程度上取决于其所处的环境。[128]各种不同文化生态的形成和发展在很大程度上是环境适应的结果,并自觉地随着环境的改变而发生着变化,因此,斯图尔德将文化与生态环境结合起来。斯图尔德认为文化与其所处的生态环境是密不可分的,它们之间相互影响、相互作用、互为因果。[129]文化环境适应理论给予环境和文化充分的重视,强调了文化自身及环境发展的规律以及二者之间的互动关系。[130]

第二,文化环境适应是推动文化进化的动力。人类创造文化作为一种生存手段，文化的创造与利用受到人所生存环境的影响。文化环境适应是文化对物理环境的变化或内部刺激（如人口、经济和组织）的变化做出反应的过程，文化会根据环境的变化进行适当调整[131]。文化对环境的适应与改变，使文化产生差异性和相似性，推动文化的变迁与进化。文化之间的差异是由社会与环境相互影响的特殊适应过程引起的，这个适应过程完全是由生态学过程决定的[132]。文化核心的性质是由长期文化历史的复杂技术和生产安排决定的，文化与环境之间具有动态并富有创造力的互动关系和因果关系，文化对环境的适应是"因"，在适应中呈现的文化模式或形态是"果"。通过这种互动和因果关系来推动文化的进化、变迁。

第三，文化在与生态环境的适应中演化。任何一种文化都是一个动态的平衡体系，在文化的自我演化中，总是要适应所处的生态环境，使其文化专用化，以更有效地利用生态环境[133]。在相似的生态环境下，文化沿着相似的道路发展和演化，复杂多样的生态环境使文化形成不同的演化路径。生态环境的相似性使文化在发展上呈现出相似性，发展阶段也大致相同。在不同的生态环境中，文化表现出的特质是不一样的，环境发生改变时，旧的文化特质会根据环境的改变而相应地调整，从而产生新的文化特质，并形成在功能上相关联的文化体系。当新的文化特质出现，并产生新的文化核心，就演变成另一类型的文化，这就是文化演化的规律。

2. 文化多线进化论

斯图尔德认为泰勒、摩尔根（Morgan）等人倡导的文化单线和普遍进化观点广义和一般化，不能解释特殊的发展顺序，从深层次来看，文化的发展是随着时间的推移而不断变化的[134]。为此，斯图尔德明确提出了文化多线进化思想，把多线的方法解释成为一种通过对广泛分布在各个地理区域的平行发展顺序进行比较来论述文化差异和类似的方法论[135]。文化多线进化指的是文化在类似的技术与环境的关系条件下，可能以类似的道路发展，但文化的具体方面却不会以单一发展规律的顺序，出现于人类的一切群体中，而是可能出现多线性[127]。文化发展的规律是技术、环境与社会制度之间的因果关系，文化发展是多元的、多样的，不会呈现出单调的景象。文化多线进化是一种自我克服与自我排序的持续、螺旋进程。

第一，文化多线进化是一套方法论。文化多线进化是建立在两个重要的假设基础之上的，即"形态与功能的雷同可发生于数个没有历史关联的文化传统或阶段中；这些雷同可以用同一因果规律在不同个别文化中的独立运作来解释"，多线进化的方法论"是科学的而非历史的，是追求共性的而非追求个性的"，它"关注的是不同文化地区一再重现的平行发展与类似特质，而非独特与发散的模式或文化特质"，其任务是"努力寻找出一再重现的模式与过程，并努力于以法则来论述现象间的交互关系"[59]。文化多线进化对文化发生、发展、变化和变迁规律的探讨使人类学的研究朝着一个科学的方向发展。

第二，文化多线进化实质上是一种平行发展说。文化多线进化所追求的相似性或规律只是某几个文化之间的相似，而不是全人类社会的相似或规律。在类似的环境条件下，运用相似的技术和利用相似的文化生态资源，就可能产生出相似发展的社会文化结构以及变迁规律。文化本身具有动态性，各组织都在追求与自身文化所处现实情境相一致的文化系统，系统中各文化要素在平行的协同中达成全新的稳定和有序状态。[136]当一种文化类型的进化路线在别的环境与技术配合后，其社会文化进化可能遵循另一条进化路线。

第三，文化多线进化是建立在社会文化整合水平之上的。斯图尔德提出，依据社会文化整合的层次来看文化结构体系，即文化的变迁由社会文化整合层次决定。一个社会整合水平较高的社会必然会表现出高度的社会异质性文化，相反，社会整合水平较低的社会则表现出明显的同质性文化[125]。在探索社会文化的结构与变迁进化的过程时，以社会组织的复杂性为标准，将人类社会文化的进化分为若干层次，如核心家庭层次、部落层次（或民俗社会、社区）和国家层次。每个层次都包括了一个以上的"文化类型"，因此一个社会的演化不是从一个阶段演化到另一个阶段，而是从一个阶段的某一个文化类型演化为下一个阶段的某一个文化类型，因此称之为文化多线进化。社会文化整合层次把所有的人类社会加以排比分类，然后加以比较，推演出文化发展变迁的阶段。

3. 跨文化整合论

20世纪70年代后期，跨文化管理在美国逐步形成和发展起来。由于企业的员工拥有多元文化背景，由不同民族文化和不同组织的人共同参与，因此，跨文化整合在企业管理中显得日益重要。跨文化管理是指与企业有关的不同文化群体，在交互作用过程中出现矛盾和冲突时，在企业管理的各个职能中加入对应的文化适应和整合措施，以有效地解决这种矛盾和冲突，从而高效地实现企业管理，提高企业的经济效益和竞争优势[137]。

文化变迁的三大动因是"特殊历史"过程、对生态环境的"适应"和"文化传播"，并将社会整合的复杂程度划分为家庭、群落和国家三个层次的跨文化整合提升。[138]这三种文化类型中，家庭的文化整合水平是最低的，群落次之，国家最高。[139]在其发展和变迁中，文化类型会越来越趋于整合水平高的形式，变得越来越复杂，会慢慢演化，比如群落从部落演化成了村落、社区等，但家庭和群落这种简单的文化类型不会彻底消失。社会文化系统中的内在整合，可以为发现规律性创造条件。斯图尔德在田野调查和民族志调查中发现文化核心有特殊、独特的特点，文化不会孤立存在，与其他文化相互影响、相互传播，具有跨文化的意义。

斯图尔德认为文化类型是基于共时的、功能的、生态的因素以及为一个特定的、历时的或发展水平所代表的文化特征。文化类型是由一些核心特征组成的，这些特征由文化生态适应的跨文化规律所决定，并体现社会文化整合的相似水平。[140]他提出"文化涵化"的概念，认为"一体"文化与"多元"文化可以长期并存、延续，即"主流文化"和"亚文化"之间和谐兼容、并存。文化的复杂化与简单延续处于辩证统一中，文化的"同化"是并存文化中的某些部分实现了趋同，文化的其他部分则长期保持下去直到永远。跨文化整合的过程中，文化差异的解决是一个复杂而动态的过程，建立员工认同的文化体系，需要化解文化冲突和文化风险，推动跨文化的整合创新。跨文化整合创新是企业中异质文化之间通过相互接触、交流、吸收、渗透，继而融为一体，形成新的具有跨文化特色的管理模式过程[141]。经过跨文化的整合创新，原有的企业文化逐渐失去了自身的文化特质，从异质文化中吸收了一些新的文化特质，从而形成一种新的企业文化体系，其在价值目标、行为规范以及人际关系的氛围等方面都会表现出一些新的特点。

综上所述，文化生态适应论中的文化环境适应论、文化多线进化论和跨文化整合论，通过实证研究和田野调查发现文化与环境之间的互动关系和演化规律，给未来文化人类学、文化生态学研究乃至整个社会科学研究以启示，并为文化的进一步发展带来了生机和活力。文化生态相关理论对于解读文化生态系统中的科技型小微企业创新文化生长和演化，提供了很好的理论分析工具。

二、文化生态系统论

1935年7月，英国生态学家坦斯利（Tansley）明确提出生态系统的概念，指在一定时间和空间范围内，由生物群落及其生存环境通过物质循环和能量流动共同形成的一个相互影响、相互作用并具有自调节功能的动态平衡整体。这个概念逐渐得到广大专家和学者的充分认可和广泛关注，成为生态研究的核心概念。生态学家把"生态系统"界定为一个松耦合、域群集且有物种聚居的环境，每种生物为了保护自身的利益，都会主动地适应所处的环境。[142]在进行文化研究时，艾略特（Eliot）把文化比喻成生长的有机体，把关系相连的多种文化比拟成一个生态系统，把文化之间的关系比拟成生物的共生关系，并使用了文化生态学一词。[143]文化在对环境的适应中逐渐生成，文化不仅受自然因素或社会、政治、经济因素的影响，而且受自然与社会构成的复杂生态系统的影响。随着社会发展，文化生态问题的研究变得越来越复杂。文化生态系统论是一种宏观、动态、系统和大尺度的研究思路。文化生态系统内任意文化要素的变化都不是孤立的，各个文化要素之间相辅相成、相互依存、协同发展。文化生态系统论的主要观点有文化生态系统整体论、文化生态系统守恒定律和文化生态系统层级理论。

1. 文化生态系统整体论

生态哲学家萨克塞（Sachsse）说："生态学的考察方式是一个巨大的进步，它克服了从个体出发的、孤立的思考方法，认识到一切有生命的物体都是某个整体的一部分。"[144]艾略特认为，一个稳定、健康的文化生态系统首先应该具有整体性，文化生态的整体性首先源自文化、政治和经济的相互关联性，谈论其中任何一个时，如果不考虑其他两个方面，都不恰当，是荒谬的[145]。"整体大于部分之和"是系统科学的核心观点。文化生态系统的特征不能仅用组分来解释，文化生态系统远远超过组分之和，具有独特的整体性特征。这个特征是文化生态系统生长和发育时，高度有效利用文化要素增长、信息和网络增长的根源。文化生态系统是一个由多样的文化生态要素相互作用、动态变化形成的整体，这些组分连接成一个互相协调、相互制约、共同合作的文化生态网络。人类的文化和行为与所处的社会环境之间互相作用形成一个互动的整体，这种互动的结果使得人类文化不断演化、发展[146]。文化是人类生存实践的产物，是在满足人类需要的生存实践中形成的动态生命有机体。人类的各种文化，如政治文化、经济文化、社会文化、民族文化、宗教文化、道德文化等，在与环境的适应中交流、互动、碰撞、融合形成不同的文化种群、文化群落、文化圈和文化链，从而构成具有一定结构和功能的复杂、动态的有机整体。文化生态系统类似于自然生态系统，是远离热力学平衡的开放系统，对物质、能量和信息开放，在给定的外界环境下不断生长、发育。可见，文化生态系统是一个"超级有机整体"，是文化生态系统在受到环境条件的限制和约束时，为了生存、生长和发育而做出的努力[147]。人类社会高度依赖文化生态系统，人们都在利用文化生态系统提供的各种服务。文化生态系统及其文化多样性用以维持和满足人类生存的需要，其中文化服务（如精神、智力、创新、审美、心灵启发和休闲娱乐等）使世界成为人类愿意生存的地方。[148]

2. 文化生态系统守恒定律

生态系统在给定的外界环境下必须遵循热力学定律和生物化学组成规律，通过稳定的生长和发育来保证生态系统生生不息。[149]和其他生态系统一样，文化生态系统是一个开放系统，从环境中输入能量（物质），向环境外输出能量（物质），其物质和能量守恒。文化生态系统在循环中会遇到突变或干扰从而出现不平衡，这种不平衡需要被解决，解决方案也要遵循守恒定律。物质和能量不可能被消灭或创造，只能被转化，因此应该用其他不会引起文化不平衡的能量形式来替代当前的文化。文化生态系统的生长和发育主要有三种形式：文化要素的增长、生态网络的增强和信息量的增加。文化生态系统囊括了所有环境变化的集成，随着文化生态系统的逐渐发展，文化信息量不断增加，使系统和环境的信息产生相互作用，促进环境和系统不断发展和进化。

文化生态体现文化与环境之间的互动关系，文化通过同化和异化不断与环境进行物质、能量和信息的交换以实现新陈代谢。文化生态系统是由文化系统和环境系统构成的体系。文化存在于类似生态系统的一个体系之中，不同文化、思维、精神、观念与行动互相滋养、互相作用，推动着人的全面发展和文化的不断演化。人类所创造的每一种文化都是一个动态的生命体，是人类文化整体的有机组分，为维护整个人类文化的完整性发挥着自己独特的作用。人类是文化生态系统的主体，其思维方式和行为方式作用于自然生态系统，同时自然生态系统以物质、能量、信息等方式反馈给人类以影响其再活动的方式，通过能量守恒来影响文化生态系统。文化生态系统具有自我调控的功能以保持系统内各种文化要素的平衡，系统失衡将影响文化生态系统内各文化要素的生存与发展。

3. 文化生态系统层级理论

生态系统是一个极为复杂的，由多要素、多变量构成的层级系统，在环境的影响下具有自维持、自调控功能；具有动态的、生命的特征；具有健康、可持续发展的特性等。[150]文化生态系统是由不同层级结构组成的，具有"圈层梯度"特点的有机整体。文化生态变化或干扰会在较重要和较高的层级水平上相对减弱，在机能失常时易于进行调整和修复，等级水平越高受环境的干扰越小，本体的开放度更容易被利用。更高水平的空间尺度必然比低水平的范围广，空间尺度决定物理开放度，因此，开放度也决定了层级水平时间和空间尺度的动态过程。在文化生态学中，通过较高生态层级水平赋予较低生态层级水平意义，使层级复杂化。一个特定的文化层级水平由相互合作和相互影响的文化要素组成，此层级水平又是更高组织水平的整合组分。在同一个层级水平上的文化要素，其相互作用为文化生态系统的整体产生了不可或缺的活性,也就是说一个较低层级水平上的动态产生了较高层级水平上的行为。整个文化生态层级水平所发生的变化明显小于各部分层级变异的加和,但是单一层级水平的自由性受限于较高层级水平的反馈调节,从而产生一定的梯度。文化生态系统内各种文化层级及各层级整体特性和系统功能都是文化与环境长期协同进化的产物,都处于不断进化的过程中。

文化生态系统中一个文化层级水平的变异或干扰会在下一个文化层级水平上被消除或减弱,呈现出梯度效应。文化层级结构是一个制约系统,能够将文化生态系统调节至稳定的状态。每当文化生态系统发生突变或转换时层级结构就会被破坏,通过文化生态系统的反馈调节逐渐实现新的平衡。基于文化生态系统层级理论和文化生态系统的异质性与多样性,使文化在形成过程中经历各种文化的相互渗透、转化、融合、碰撞与共生,推动文化生态层级呈现水平静态结构。文化生态系统中各层级的文化要素之间互相作用、互相影响,其中政治文化、经济文化、道德文化、科技文化、伦理文化、民族文化和宗教文化等互相联系,在文化圈和文化链的作用下,共同推动文化生态系统进行动态演化。格雷布内尔(Graebner)在1911年出版的《民族学方法论》一书中使用文化圈概念,认为文化圈是一个空间范围,在这个空间内分布着一些彼此相关的文化丛或文化群[151],推动物质、能量和信息在文化生态系统中横向动态传递。文化链是文化生态系统中文化传播的路线,推动文化群落间物质、能量和信息的纵向动态传递。[152]

近年来,随着市场经济和信息技术的迅猛发展,创新环境发生根本性转变,文化生态研究受到越来越多的关注。文化生态的发展趋势表明其始终处于理论创新之中。通过梳理文化生态相关理论的发展史,可见其研究思路不断拓宽、研究方法不断创新、研究领域不断扩大。对文化与环境适应与互动关系的研究,文化生态开放、动态、整体和系统的研究,人类生活境遇与自然环境关系的研究以及人类生产方式与社会文化环境的研究等,对解决当前人类面临的环境危机、文化危机和生态危机,有着极其重要的意义,也为我们在文化生态系统中考察科技型小微企业创新文化提供了良好的理论资源。

第三节 科技型小微企业创新文化释义

基于对科技型小微企业基本概念和文化生态相关理论的认知，认识到科技型小微企业发展瓶颈的本质和核心是创新文化供给不足，因此，需要对科技型小微企业创新文化进行深入研究。

一、一般意义上的创新文化

一般意义上的创新文化是一种培育创新的文化，创新离不开文化的熏陶。创新创造改变生活，而创新文化是一切创新创造的精神源泉，是创新驱动发展的根基。一切创新活动都离不开创新文化的支撑和引领。理解一般意义上的创新文化，需要从创新、文化和创新文化三个方面出发。

1. 创新的内涵

"创新"起源于拉丁语，其原意包含三个层面的意思：第一，更新；第二，创造新的东西；第三，改变。[153]熊彼特从经济学视角提出"创新"的概念，他认为创新是一种生产要素与生产条件的重新组合，其目的在于获取潜在的超额利润。[154]熊彼特的经济理论以对资本主义分析为主体，对"创新"的定义注重新产品的产生。澳大利亚学者马尔柯勒姆·史密斯（Malcolm Smith）将"创新"的含义归纳为组织的无序性扩大，创造性的破坏，创新＝发明＋发明的应用，组织采纳一种新的思想或行为四个方面[155]。我国学者傅世侠认为创新主要有革新之意，是指有新的发现，提出新的见解，开拓新的领域，解决新的问题，创造出新的事物，或者对既有成果进行创造性的运用等，它主要强调的是主体行为的结果[156]。综合以上观点，本书认为创新指的是利用现有的物质、知识和思维，为满足社会、技术和市场需求，创造或改进新的事物、方法、元素、服务、制度、路径或环境等，并能获得一定有益效果的行为。

2. 文化的内涵

美国人类学家怀特认为："一种文化由技术的、社会的和观念的三个子系统组成。技术系统是决定其余两者的基础，技术发展是一般进化的内在动因。因而可以视一种文化为三个层次的序列：技术层为基础，观念层最高，社会层居中。"[157]在中国的《周易》里，古人就有"观乎天文，以察时变；观乎人文，以化成天下"的说法。据此产生的"人文化成"应该是汉语言中"文化"一词最早的形态。"人文化成"，即用人文的道理来造就人的世界；"文化"则表示用人的标准和尺度去改变对象的行为过程及其结果。李德顺教授认为："文化就是'人化'和'化人'。文化的核心、本质即'人化'。'人化'是人按照自己的方式改变天然的、自然的东西，使它带有人的烙印，使它适合和反映人的生存发展。'化人'是'人化'的一部分，人在改造自然的同时还在改造自己，就是拿人类改造自然的全部实践经验和成果来哺育人、培养人、提升人，使人更'人'。"[158]文化具有多种类型，并具有地域性和时代性：带有地域特征的中国文化、印度文化、阿拉伯文化和西方文化等不同的文化模式；带有时代特征的古希腊文化、罗马文化、中世纪基督教文化、近代理性主义文化和现代多元文化等不同文化层面[159]。随着经济的发展和科技的进步，真正占主导地位的资源以及具有决定意义的生产要素，既不是资本，也不是土地和劳动，而是文化[160]。因此，从广义上说，文化是指人类所创造的物质财富和精神财富的总和；从狭义上说，文化是指包括语言、文字、知识、艺术、信仰、道德、法律、习俗和一切意识形态在内的精神产品。

3. 创新文化的内涵

继1912年熊彼特从经济学视角提出"创新"之后，创新文化逐渐发展起来。美国著名心理学家西尔瓦诺·阿瑞提在《创造的秘密》一书中指出，创造力的根源在于人的本质，一个社会是否具有创造力需具备两个必要的条件，即这个社会是否具有创造基因的文化和创造基因的个人[161]。任何一项人类社会所进行的伟大事业的背后都存在着一种能影响这一事业成败与否的无形的精神文化气质。[162]创新文化是由创新价值观、创新激励制度和创新氛围等所构成的文化整体，旨在倡导创新精神，鼓励创新，从而使创新活动得以在一定范围内形成气氛。[163]创新文化作为精神层面的事物，没有优良制度的支撑就不可能维持。[164]创新文化能够唤起一种无法估量的能量、热情、主动性和责任感,帮助组织达到一种非凡的成就。[93]

综合以上观点,本书认为创新文化是在组织的技术创新和管理创新活动中,形成的内在创新精神形态和外在创新物质形态的统一体。创新文化有利于人们充分发挥智慧和能力,有利于创造新产品、新发明、新服务、新组织和新制度等,有利于形成开放自由、崇尚创新、包容失败、敢于冒险、诚实守信和公平正义的创新生态环境。

二、作为生态系统存在的创新文化

创新文化可以看作以"创新"为内核的文化体系,我们可以把文化体系看作生态系统一样的有机体。深入理解作为生态系统存在的创新文化,我们需要从生态、生态系统和创新文化生态系统四个方面出发。

1. 生态的概念

"生态"一词源于古希腊语OIKOS,原意指"住所"或"栖息地"。1865年赖特(Reiter)合并两个希腊字logs(研究)和oikos(房屋、住所)构成生态学(oikologie)一词。德国生物学家海克尔(Haeckel)首次把生态学定义为"研究动物与有机及无机环境相互关系的科学",标志着近代生态学诞生[165]。生态学经日本,于清末传入我国。经各国专家和学者不断地研究、丰富和完善,"生态"一词涉及的范畴也越来越广,现已发展成研究领域相当广泛的一门科学。

生态的产生是从研究生物个体开始的,指生物的生理特性和生活习性,是在一定的自然环境下生存和发展的状态。我国早在3000多年前的西周时期制定的《伐崇令》,是保护生态与资源的法令,是迄今所知世界上最早关于水源、动物与森林资源的保护法令,古老的生态学思想随之而来。我国是农业大国,农业生产关键在于人能因时、因地制宜经营管理,使天尽其利,地尽其力,物尽其用,人尽其才,以获取最佳生态经济效益[166]。生态是通过同化和异化作用,生物与环境之间不断地进行物质、能量和信息的交换以实现新陈代谢,是生物与环境之间的互动关系。[145]不同文化背景的人对"生态"的定义会有所不同,多元的世界存在多元的文化,正如自然界的"生态"所追求的物种多样性一样,以此来维持生态系统的平衡发展。

2. 生态系统的内涵

生态系统是生态学领域的一个主要结构和功能单位，属于生态学研究的最高层次。生态系统是指在自然界的一定空间内，生物群落与无机环境相互作用所构成的统一整体，在一定时期内处于相对稳定的动态平衡状态。[167]其中，生物群落在生态系统中，既适应环境，又反作用于无机环境，改变着周边环境的面貌；无机环境是生态系统的基础，直接决定生态系统的复杂程度和生物群落的丰富度。在这个生态系统中，生物群落同其生存环境之间以及生物群落内不同种群、物种之间相互作用和相互影响，不断地进行物质、能量和信息的交换。生态系统的能量流动推动着各种物质在生物群落与无机环境间循环。生态系统各个成分的紧密联系，使生态系统成为具有一定功能的有机整体。生态系统类型众多，一般可分为自然生态系统和人工生态系统。自然生态系统包括森林生态系统、草原生态系统、海洋生态系统、湖泊生态系统、池塘生态系统和河流生态系统等，而人工生态系统包括文化生态系统、城市生态系统、组织生态系统、企业生态系统和创新生态系统等。

在当代科学哲学研究中，科学哲学家们将隐喻语言在科学理论陈述中进行运用，把隐喻看作描述科学理论构成模式的一种带有启发性的范式[168]。每一种隐喻都有适用边界，在达到一定程度之后，这个边界有可能被打破，文化生态系统、组织生态系统和创新生态系统等人工生态系统的隐喻同样如此。生态系统的隐喻广泛地应用于文化研究中，自然生态系统与文化生态系统既有共性，又有区别。两者的共性主要有：第一，两类系统都是一种复杂的适应系统，文化和生物体类似，作为复杂适应系统的主体，都带有适应性；第二，两类系统都具有动态的稳定性，对环境具有部分依赖性，系统内部通过资源和能量的流动，保持一种动态的平衡；第三，两类系统中各类行为主体之间以及主体与环境之间互相作用和影响是系统演进的主要动力，系统内部的主体之间是共生发展的，某一个体的未来发展取决于它所在的整个系统的状况[169]。自然生态系统与文化生态系统存在着多方面的差异，结合已有的研究进行归纳、对比分析，结果如表 2-1 所示。由此可见，两者最大的差异是主体的差异，文化生态系统中的行为主体具有较高的智能性，能够有意识地做出决策，推动系统进行不断演化；文化生态系统的外部环境是不断变化的，这需要文化不断创新才能与之相适应。

表 2-1　自然生态系统与文化生态系统的区别

对比维度	自然生态系统	文化生态系统
系统环境	系统的环境相对是静态的，在连续的时间内变化不大	系统的环境相对是动态的，外部环境在持续快速变化
系统主体	主体大部分是无意识的、被动的，通过遗传、变异等方式进化	主体具有智能和意识，能够一定程度上预测并规划未来，能通过学习、创新等手段保持生命力
系统特性	很难控制，系统通过生存竞争、自然选择的方式进行自我调节	属于人工系统，系统带有目的性和可控性
系统目标	系统存在的目的是保持生存	系统存在的目的是创新，保持或增加系统的生产力

3. 生态位的内涵

生态位是指在自然生态系统中，一个物种在特定时间、空间上的位置及与其他相关联物种之间的功能关系。[170]生态位是生态学中的重要概念，如关于群落中物种的生存位置，物种对环境因子的适应以及生物之间竞争与共生关系的研究等，都是以生态位为基础的。生态位既表示特定生存时间、空间的特性，也包括与其生物群落中生物的关联特性、机能作用和营养关系等。通俗地说，生态位是生物在进化过程中，在一定时空内通过与环境的适应，而获得生存资源，并由此形成的最大生存优势。在生态系统中，两个拥有相同生态位的物种，其中一个终究要灭亡；同时由于其拥有各自不同的生态位，可以避免竞争，从而保证生态系统的稳定。在形成自身生态位的过程中，物种会遵循趋适原则、竞争原则、开拓原则和平衡原则。文化生态系统与自然生态系统十分相似，不同的文化都有自己的"生态位"，从而形成多种多样的文化共同生存和发展。文化生态位是定位文化生态层级的重要标尺，将文化生态圈内的诸多文化群落划入相应的文化生态层级体系中，形成一个自上而下、结构清晰的文化生态有机整体。

4. 创新文化生态系统的内涵

1995年，乔治·玻尔（Por George）在发表的论文《寻求组织智能》中，初次引入系统的概念和模型，以研究复杂的文化运动过程，探索知识创新、知识维护、组织学习的社会关系及行为方面的研究[171]。人类所创造的每一种文化都是一个动态的有机体，因此文化存在于类似生态系统的一个体系之中。创新文化生态系统指的是创新文化因子相互作用形成一个动态的系统，各种创新文化在其中吐故纳新、交流互动形成不同的创新文化群落、创新文化圈、创新文化链，具有自身价值的每一个创新文化群落作为人类文化整体的有机组成部分，为维护整个人类文化的完整性发挥着自己独特的作用。不同的创新文化观念、创新思维、创新行动与所处的环境互相作用、互相滋养，推动着创新文化不断地演化和人的全面发展。

创新文化生态系统作为动态的开放系统，与社会环境紧密联系起来，不断地与社会环境进行物质、能量和信息的交换。我们把创新文化体系类比为生态系统，目的在于正确处理创新文化要素、创新文化群落和自然系统、社会系统、文化系统等创新文化环境以及创新主体的价值观念、思维方式、心理特征之间的关系。从创新主体、创新文化和创新环境构成的整体探讨创新文化演化、发展的未来，有利于揭示创新文化和生态环境协调发展的规律性，以制定合理的发展战略及对策。

三、科技型小微企业创新文化的概念与特征

科技型小微企业创新文化不同于一般意义上的企业创新文化，由于科技型小微企业拥有科技性、创新性、知识性和文化性等，且一直存在于其文化生态系统中，因此，科技型小微企业创新文化具有独特的概念与特征。

1. 科技型小微企业创新文化的概念

科技型小微企业创新文化是指科技型小微企业在科学探索、技术进步、知识转化、市场开发、发明创造和思想创新等方面，将企业内外的文化要素相融合，在与环境的适应中动态调整，逐渐形成的创新价值观、规章制度、行为习惯和文化心理等文化现象的总和，主要包括创新观念文化、创新制度文化和创新器物文化。科技型小

微企业创新文化是一种培育创新的文化，其能够唤起一种不可估计的能量、动力和热情，来支撑企业家克服困难、勇于创新、敢于挑战、执着创业，来激励组织彼此信任、凝聚力量、合作创新，来帮助组织达到一种非常高的战略目标。科技型小微企业创新文化是一切创新的基础和源泉，能够推动企业技术创新的实现；能够形成创新活力和创新精神，推动企业可持续发展；能够增强企业的创造力、凝聚力和竞争力，塑造良好的企业形象；能够激励员工勇于创新、敢于创新、乐于创新、勤于创新，塑造良好的创新生态环境，促使企业获得竞争优势和企业绩效。

科技型小微企业是科技创新活动中最具潜质、最具活力、最具效率、最为开放、最为灵活的群体，与传统小微企业、中小企业、科技型企业相比具有显著的不同。科技型小微企业从创立之日起就与创新文化相伴而生，只是由于企业的规模小、人员少，属于无意识的创新文化、隐性创新文化或默契文化，没有被察觉，但一直是企业发展的重要精神支撑。随着企业的成长，科技型小微企业创新文化逐渐显性化、规范化、常态化，成为企业的灵魂和生命，决定企业的兴衰成败。科技型小微企业创新文化的培育离不开企业创新文化要素的整合与优化，离不开组织自上而下正确而有效的引导。为提升科技型小微企业的创新能力、竞争能力和综合实力，在其创新文化自组织的同时，需要采取措施加强人工干预，构建以市场为主导的"人工文化生态系统"，在文化与环境的互动中培育具有鲜明个性的企业创新文化。

2. 科技型小微企业创新文化的特征

随着国家对营商环境的重视，对科技型小微企业的政策支持，其创新文化得到越来越多的关注，文化"软实力"的竞争成为企业获得竞争优势的关键。科技与知识密集型的科技型小微企业，其创新文化体现了科技与文化的融合，与传统企业相比创新性、竞争性、冒险性、进取性等特征相对比较突出。

一是创新性。创新融入科技型小微企业的每一个细胞，只有崇尚创新、尊重创新、引导创新、鼓励创新和包容创新，才能推进创新价值观在企业成员中达成共识。创新是科技型小微企业的核心，科技型小微企业只有拥有创新的确定性才能应对明天的不确定性。创新文化中的科技性提升了科技型小微企业的科技含量，同时增强了科学技术的文化气息。文化创新与科技创新"双轮驱动"融合发展，推动了科技型小微企业创新文化的发展和科学技术的进步。

二是竞争性。科技型小微企业因创新意愿强、技术含量高、员工少和创业风险性高等特点，其创新文化更加注重竞争性。提高效率是企业获得竞争的有效手段，面对市场的变化能够快速作出反应，可以节省时间、节约成本、缩短技术研发的周期，以推动企业占有创新优势。科技型小微企业只有积极提倡竞争，才能不断适应市场日新月异的变化，不断满足消费者多样化、个性化的消费需求，才能激励企业在竞争中谋求生存，更好地应对技术创新和市场创新的需要。

三是冒险性。科技型小微企业存在"长不大""活不长""出生率高""死亡率高"等现象。面对其较高的创业风险，企业家和员工需要拥有敢于冒险的价值观念和文化心理。科技型小微企业规模小、抗风险能力差，只有敢于冒险才能抵抗风险、化解困难、开拓创新。任何企业的新技术研发不可能顺畅，风险与挑战并存，需要具有抗挫折能力和冒险精神，才能有所作为。因此，科技型小微企业的管理人员要包容失败，鼓励员工敢于冒险；员工要具有挑战精神，要开拓创新、敢闯敢试、敢为人先，才能打破思维惯性，实现破坏性创新。具有风险意识的企业文化不仅要鼓励冒险，敢于冒险，也要引导员工学会化解风险，降低风险带来的损失[172]。

四是进取性。科技型小微企业并不是仅以创办一个企业为目的，它们可能在尚处于微小之时，就窥见引领未来的行业发展前景，而积极地为此奋斗。选择在科技型小微企业工作的科技人才都是与企业创新价值观相匹配的。企业的创新文化鼓励科技人才积极进取、张扬个性、大胆创新，在员工的大胆创新和企业的包容失败氛围下，员工得到支持和信任，从而拥有荣誉感和成就感，形成良性循环。坚持以人为本，鼓励追求个人价值和成就感的进取型创新文化，使科技人才感受到被尊重、被信任和被激励，从而激发其积极性和创造力，促进员工成就感和获得感的实现。

四、科技型小微企业创新文化的形态分类

艾略特把文化比喻成生长的植物,他说:"文化是某种必须不断生长的东西,你不可能制造一棵树,你只能栽种一棵树苗,看管它,等待它在适当的时候成熟。"[143]在植物生态系统中,带有不同基因的种子在适宜的阳光、空气、水分和土壤中就会逐渐扎根,生长出生机勃勃的不同幼苗;在环境中吸收不同的营养就会成长为不同的植物;茂密的植物彼此提供适宜的生存空间,就构成奇妙的植物生态系统。文化生态系统类似于自然生态系统,科技型小微企业的生存和发展逐渐呈现出同类聚集性和产业链聚集性,其创新文化在与环境适应中的空间分布,犹如植物在自然生态系统中的形态。结合罗玲玲、张嵩两位学者关于创意产业空间形态分布的观点[173],本书将科技型小微企业创新文化的空间形态分为以下两种:草本植物形态的创新文化和木本植物形态的创新文化。

1. 草本植物形态的创新文化

在文化生态系统中,科技型小微企业草本植物形态的创新文化属于初创期的创新文化,一般组织规模小、简单、灵活、生命力强。带有不同文化基因的种子融入生态环境中,吸收少量的阳光、空气、水分、矿物质等营养就能存活,形成成片的草本植物形态的创新文化。科技型小微企业草本植物形态的创新文化主要表现在以下几个方面。① 根系:根不深且少而细,不需要太多的人才、技术、知识等创新资源;② 叶茂:企业规模小、人员少,但生命力旺盛,创造的产值和利润都较少;③ 分层:层级简单,干、茎、枝、花和叶不分主次,团队成员分工合作、不分等级;④ 蔽荫:各种文化要素相互包容、聚集生长,就犹如一片草地或一片花丛,每一株都很小,需要自然生长的环境,各种专业人才的聚集,产生聚集效应才会被关注。如深圳湾科技园区里拥有以科技型小微企业为主的近500家企业,每家企业的创新文化犹如自然生长的一片草本植物,花花草草,形态各异、灵活随机,在文化的交流、碰撞与融合中产生创新灵感,在与环境的适应中逐渐生长。深圳湾科技园区2014年分期建成投入使用,陆续吸纳多领域、多样化、多规模的科技型企业,多数是小微企业或创新团队,使科技人才扎堆,引发聚集效应,在文

化与环境的适应中形成文化生态系统。深圳湾科技园区通过创新战略规划和产业布局设计，坚持全方位对外开放，不断提高"引进来"的吸引力和"走出去"的竞争力，使深圳湾骤然上升为广东省最典型的科技园区、国家级创新生态示范园区。

2. 木本植物形态的创新文化

在文化生态系统中，科技型小微企业木本植物形态的创新文化一般组织比较复杂，产业链比较长，不确定性比较多。木本植物形态的创新文化带有不同文化基因的种子融入生态环境中，由于在"土壤"中吸收的营养不同、根系发达程度不同、枝叶的样貌不同以及给文化生态系统带来的影响不同，因此，木本植物形态的创新文化可以分为乔木形态的创新文化和灌木形态的创新文化两种。

第一，乔木形态的创新文化。科技型小微企业乔木形态的创新文化属于发展期的创新文化，其主要表现在以下几个方面。①根系：带有创新文化基因的种子在"土壤"中孕育的时间比较长，需要吸收大量的营养与能量，如科技人才、技术资源、知识资源和资金等。企业家创业的意愿强烈，创新文化扎根比较深且根系发达。②叶茂：企业体量比一般小微企业大，需求的科技人才创新能力强、人数多，企业追求高科技、创造高产值、收获高利润。③分层：组织机构分层级，如树干、树枝和树叶，层级的重要性逐渐递减，犹如原始创新或突破性创新的研发人才、部分创新或细节创新的科技人才、简单创新或技术改造的一般技术人员。④蔽荫：企业逐渐发展壮大，成长为木本树种的科技型大中企业，树荫下可繁衍一群科技型小微企业，其成长和发展需要彼此交流、通力合作。科技型小微企业乔木形态的创新文化，如研发网络游戏的企业创新文化，初创期企业创新文化扎根的时间较长，企业核心人才集中精力研发，需求的创新文化资源较多。创新文化的成长需要游戏脚本的策划、游戏设计、游戏研发、游戏运营、游戏推广等不同环节文化的交流、碰撞和融合，其创新文化在同类行业聚集和产业链上下游聚集下，由种子形态成长为乔木形态的具有影响力的高科技企业创新文化。

第二，灌木形态的创新文化。科技型小微企业灌木形态的创新文化属于成长期的创新文化,其主要表现在以下几个方面。① 根系:带有创新文化基因的种子在"土壤"中孕育的时间相对乔木形态的短,需求营养与能量较少,对人才、技术、知识和资金等创新资源要求不太高,企业家尽管有创业意愿和创新精神,但创新文化扎根不太深且根系不太发达。② 叶茂:企业体量小,专业化程度高,需求的科技人才较少,企业追求创造高产值、收获高利润。③ 分层:没有分层,没有树干、树枝和树叶的区别,都是同类枝条的聚集成簇。④ 蔽荫:没有树荫,没有能力孵化小企业,都是同类企业创新文化的复制和繁衍。如软件创业园,都是同类或同行业的专业性比较强、规模差不多的软件企业聚集,彼此合作,共同发展,产生同类灌木形态的创新文化,逐渐发展为企业总数可达几百家的科技型中小企业。

综上所述,科技型小微企业是集科技性、创新性、知识性和文化性于一体的复杂小微型企业,是小微企业和科技型企业的集合体。通过对科技型小微企业相关概念与特征的梳理和分析,尤其对其一般特征与本质特征的深入剖析,认识到科技型小微企业的丰富内涵、重要作用和社会地位。随着科技型小微企业界限和外延的扩展,企业若要获得持续竞争优势,就必须关注与其生存和发展密切相关的竞争者、消费者、政府部门、科研院所和中介机构等利益相关者的创新文化,在文化与生态环境的相互适应、相互反馈中进行动态分析。

随着美国文化人类学家斯图尔德文化生态适应论的诞生,文化生态理论逐渐被认同与关注。与科技型小微企业创新文化研究相关的文化生态理论主要有文化生态适应论和文化生态系统论。一方面,文化生态适应论主要强调文化与环境之间动态并富有创造力的互动关系,文化在与环境的适应中进行多线进化,并具有跨文化适应与整合的意义。文化不是孤立存在的,而是在与环境的互动中进行自组织、自调节和自适应而逐渐生长的。文化的发展是多元的、多样的,不会呈现出单调的景象,而是进行动态的、多线性的进化。人类不同文化在接触与交流中,进行心理适应和社会适应,这种跨文化适应是一个错综复杂、动态变化的过程,逐渐达到一种平衡。异质文化之间通过相互接触、交流、吸收、渗透，继而融为一体，经过跨文化整合，使"主流文化"和"亚文化"之间和谐兼容、彼此并存，从而形成一种新的文化体系。另一方面，文化生态系统论主要强调任何文化要素的变化都不是独立的，各个文化要素之间相互交流、碰撞、融合形成不同的文化种群、文化群落、文化圈和文化链，在与环境的适应中构成具有一定结构和功能的复杂有机整体。文化生态体现文化与环境之间的互动关系，文化通过同化和异化不断与环境进行物质、能量和信息的交换以实现新陈代谢，从而使文化生态系统达到平衡。生态系统是具有层级结构的，一个特定的文化层级水平由相互合作和相互影响的文化要素组成，此层级水平又是更高组织水平的整合组分。各组分分等级地组织起来的有序网络和制约系统，能够将文化生态系统调节至稳定的状态。由此可见，文化生态适应论和文化生态系统论与研究科技型小微企业创新文化具有契合性，文化生态适应论、文化生态系统论将成为研究和探索文化生态系统中科技型小微企业创新文化生长过程和演化规律的重要理论支撑。

结合文化生态相关理论，在文化与环境的适应与互动中运用开放的、动态的系统性思维，从整体上研究和探索科技型小微企业创新文化。将科技型小微企业创新文化研究置于一个广阔的文化生态系统中去考察，可以提供一些新的学术观点和解决现实问题的新思路，能够推动科技型小微企业产生无法估量的创新力量，从而形成持续的创造力和创新绩效。

第三章
科技型小微企业创新文化生态系统

研究科技型小微企业创新文化,首先要对其所生存的文化生态系统,即科技型小微企业创新文化生态系统(以下简称文化生态系统)有一个深刻的认识。从生态学的角度来看,生态系统是指生物群落、非生物环境及二者动态相互作用构成的综合系统[174],包括生物个体、种群、群落等不同层次的生命体系[175]。生物种群是在一定空间中同种个体的集群,而群落是具有直接或间接关系的多种生物种群的有规律组合。艾略特把文化比喻成一个有机体,多个群体文化形成一个文化群落,多个文化群落形成一个文化生态系统[176]。结合自然生态系统的结构,本书在研究和分析科技型小微企业创新文化生态系统概念与特征的基础上,将文化生态系统的结构分为文化的个体、种群和群落,其中个体是指科技型小微企业创新文化,种群是指与行业相关的各部门或企业的创新文化集合体,群落是指国家和区域政府的制度创新文化、行业和产业的市场创新文化、科技研发领域的知识创新文化、深层次的创新文化观念所构成的社会创新文化集合体。科技型小微企业创新文化生态系统中的个体、种群和群落之间相互依存、相互适应、相互融合,并构成一个有机整体,具有一定的促进功能。

第一节 科技型小微企业创新文化生态系统的概念与特征

科技型小微企业从诞生之日起就存在创新文化,但从个体来说,由于企业规模小、人员少,企业为了生存而一味地追求经济利益,没有意识到或者忽视了创新文化的存在。实际上,科技型小微企业创新文化不仅存在,而且与竞争者文化,消费者文化,其他利益相关者以及国家、区域或产业等社会文化不断地进行交流、碰撞、融合,在文化与环境的适应中进行物质、能量和信息交换,从而构成一个动态的有机整体。科技型小微企业创新文化不是孤立存在的,而是作为文化生态系统而存在的。因此,对科技型小微企业创新文化的研究,要深入其文化生态系统中,既研究其内部静态的创新文化生态要素,又要从整体出发进行开放、动态和系统的考察与分析。

一、科技型小微企业创新文化生态系统的概念

科技型小微企业创新文化生态系统指的是在一定的时间和空间内,科技型小微企业内部的创新文化生态要素与外部利益相关者的创新文化生态要素构成一个有机整体,它们通过交流、互动、碰撞、融合形成不同的创新文化种群和群落,在与环境的适应中不断地进行物质、能量和信息的交换,从而形成自组织、自适应和自生长的复杂开放系统。

文化伴随着自然的人化而产生,是人类发展的沉淀,逐渐形成了包含多种要素且相互联系的庞大体系。文化生态系统是由文化资源构成的,保护文化生态系统与保护自然生态系统一样至关重要[177]。人类所创造的每一种文化都是一个动态的生命体,各种文化吐故纳新、交流互动,并形成不同的文化群落、文化圈和文化链,具有自身价值的每一个文化群落作为人类文化整体的有机组成部分,为维护整个人类文化的完整性发挥着自己独特的作用[171]。人、文化与物质环境相互作用构成文化生态系统,其系统中的各部分以受制整体又牵制整体的方式发生作用,其稳健度由"文化生态位"来表征。文化生态系统是某一族群为了适应生存于其中的自然环境而对其进行长期的改造、加工而形成的具有特定人文特点的人工生态系统,是由自然环境系统、经济文化系统、社会组织系统、精神文化系统组成的复合体[178]。企业文化生态系统犹如自然生态系统中的物种一样,在企业文化中倡导主次有序,各种文化要素相融相生的关系,每一名员工和利益相关者都是系统中的一部分,与企业同呼吸共命运形成生态链,从而构成良性循环的有机统一体[179]。

综上所述,科技型小微企业创新文化作为一个生命体,始终处

于一个生态网络中,因此要用开放的、动态的和非线性的思维去看待文化与环境要素之间的关系。将科技型小微企业创新文化看作一个以市场为导向的"人工生态系统",把企业内部的创新文化生态要素和外部利益相关者的创新文化生态要素都纳入文化生态系统中,同时关注内部的整合性和外部的适应性。科技型小微企业创新文化如有生命的物种,在"基因"的遗传作用下进行生长和发育,在创新意愿、创新精神和创新激情推动下形成创新种子;由"基因"形成的"种子"进一步生长需要"土壤",即创新理念和创新战略得以实施的众多利益相关者共同构成的环境载体;需要"阳光"似的服务,政府和中介机构等提供政策支持、信息服务和技术指导等;需要"雨露"的滋润,风投、众筹、天使投资类金融组织帮扶以解决融资难题。科技型小微企业创新文化生态系统通过企业内外的交流互动,能够激发和促进创新思想、创新行为和创新活动的产生,能够逐步调整以适应复杂环境的变化,能够促进技术交流和知识共享,通过技术创新和知识创新来创造经济价值、人文价值和生态价值。

二、科技型小微企业创新文化生态系统的特征

随着科技型小微企业创新文化生态系统在创新文化与生态环境的适应、互动中形成,其特征逐渐凸显,主要有开放性与互动性、整体性与多样性、和谐性与共生性、复杂性与演化性、交流性与自组织性、同类聚集性与产业链聚集性。

一是开放性与互动性。开放性是一切生态系统的共同特征,科技型小微企业创新文化不能与其他文化分离,其边界应该是开放的。通过对外开放,企业创新文化与环境不断地进行物质、能量与信息的交换,获得新的资源和信息,有利于开拓思维、更新知识,有利于知识转化为技术,进一步推动创新。文化生态系统内各文化要素之间始终处于动态的交流、互动中,通过与外界的互动使系统本身不断发展。文化互动是文化发展的基本动力,在文化的涵化和整合能力作用下,科技型小微企业创新文化与其他不同文化相互渗透、碰撞,通过比较或反思、认同或扬弃,从其他文化特质中吸收新的精神、获得新的知识、借取新的信息,从而推动企业创新文化的变

迁和文化生态系统的演化。

二是整体性与多样性。文化生态系统是由诸多文化要素组合而成的有机整体，整体性是生态系统最基本的属性。文化生态系统并不是各文化生态要素的物理叠加，而是各个要素的独特组合，以及它们之间相互嵌套的关系联结而成的，是一个"活"的、功能齐全的"生态体系"。创新文化整体性与多样性的辩证统一具有保持文化生态系统稳定、健康、和谐与发展的功能。对文化生态系统而言，保持文化个体、种群、群落的独特性、纯洁性和差异性以及彼此之间的有机联系，才能实现文化生态系统的整体平衡。多样性带来了文化生态系统的"和而不同"，推动生活方式和消费领域的丰富性[169]。文化多样性推动文化圈和文化链的形成，是实现文化自组织的前提条件，为其文化适应环境的不确定性起着一定的缓冲作用，能够推动文化生态系统的价值创造、功能发挥和良性循环。

三是和谐性与共生性。科技型小微企业创新文化生态系统是一个复杂的有机系统，系统中各创新文化个体、种群和群落以及内部的创新文化生态要素之间层层嵌套，存在多层次的和谐共生关系。生态系统中科技型小微企业创新文化个体与创新文化种群和创新文化群落，形成具有嵌套结构、彼此联动的生命有机整体。创新文化生态要素之间不仅有竞争合作的模式，也有共同进化的模式，它使整个生态系统变得更加和谐与平衡[180]。科技型小微企业创新文化生态和谐的本质即达到各文化要素的相互嵌套、合作共赢、协同共生，同时是系统整体性、相关性的内在表现。文化生态系统中的竞争与共生是既对立又统一的矛盾体，竞争引发共生，共生抑制旧的竞争，产生新的竞争，新的竞争又引发新的共生。共生具有极大的包容性、互动性和协调性[181]。多元的创新文化生态要素在交流、渗透与碰撞中产生竞争和冲突，在选择中刺激系统高水平地运行，加速了低水平的瓦解，促进要素之间嵌套共生、和谐联动，系统整体共同进化。

四是复杂性与演化性。科技型小微企业创新文化通过与竞争者、消费者和其他利益相关者的创新文化交流、合作，以及与所处的生态环境适应、互动，从而形成多层次、多要素、纵横交错的复杂生态系统。科技型小微企业与其他利益相关者进行交流、互动中，多样性和异质性的创新文化要素不断地碰撞、融合，形成文化圈和文化链，在文化与环境的适应中不断地进行物质、能量和信息的交换，推动文化生态系统不断演化。

五是交流性与自组织性。科技型小微企业注重与同行业或产业链上下游企业的交流与合作，主动寻求交流会、分享会和展览会等机会，学习领先的前沿技术，了解行业的最新信息和发展趋势。在交流和学习中，创新要素能够更好地碰撞、融合与裂变，以此开阔视野、扩充思路、激发创意、修正创新理念，促进文化生态系统中创新要素的动态流动。文化具有自组织的特征，由于创新环境动态变化，为与之相适应，企业创新文化不断地自组织、自适应、自生长，从而不断进化。对于科技型小微企业创新文化生态系统来说，只要条件满足，创新环境不断变化，自组织就不会停止。

六是同类聚集性与产业链聚集性。科技型小微企业具有资源的依赖性，在资源的流动与共享中企业协同共生、合作共赢形成吸引效应与集聚效应，聚集性是企业快速成长的理想选择[182]。在科技型小微企业创新文化生态系统中，同类科技型小微企业需求相似的创新文化要素和创新环境，会形成彼此认同的相似创新观念文化，因此产生同类聚集性的产业集群，如软件产业园、物流产业园和信息产业园等。产业链上下游科技型小微企业创新文化相互依存、协同共生、合作共赢，为了生存产生相互合作的价值观念，为了发展产生相互竞争的创新模式，在竞合共生中形成产业链聚集性，如创新产业基地、产业链联盟、产学研联盟和供应链联盟等。

第二节 科技型小微企业创新文化生态系统的结构

任何系统都是由一定的要素构成的，这些要素按照某种方式结合起来，就形成了系统的结构。企业创新文化作为复杂的"生物"，依靠环境资源生存与发展，其发展状态取决于企业个性及企业的内部生态。只有形成适当的企业创新文化生态系统，创新文化才能持续生长和发育。本书将科技型小微企业创新文化生态系统的结构分为创新文化的个体、种群和群落，其中个体是指科技型小微企业创新文化，种群是指与行业相关的各部门或企业的创新文化集合体，群落是指国家和区域政府的制度创新文化、行业和产业的市场创新文化、科技研发领域的知识创新文化、深层次的创新文化观念所构成的社会创新文化集合体,三者之间相互依存、相互融合,构成一个复杂的有机整体(如图3-1所示)。

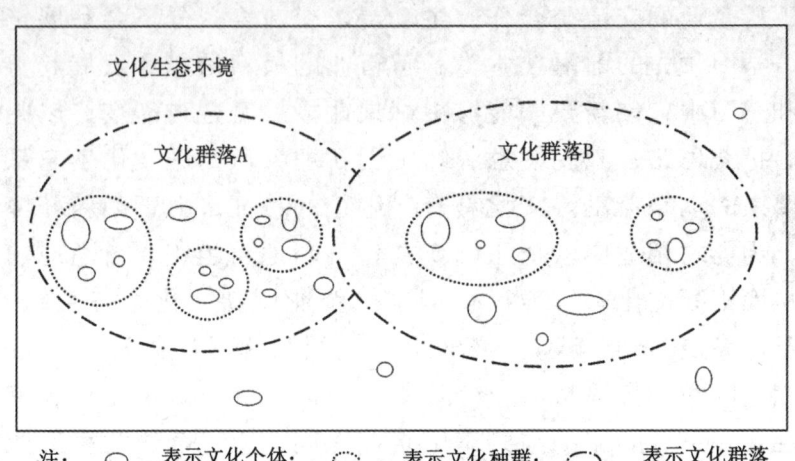

图3-1 文化生态系统结构图

一、科技型小微企业创新文化生态系统的个体

任何生态系统都是由若干个体构成的,个体是生态系统的一部分,是最基本的单元。文化生态系统是文化个体按照某种方式组合后形成的具有一定结构和功能的单位,是文化个体与生态环境相互联系、相互作用形成的一个复杂有机整体。在科技型小微企业创新文化生态系统中,研究科技型小微企业创新文化,需要将其视为个体,研究其内在要素以及彼此的关联性,文化个体与生态环境的适应过程。那么,作为个体的科技型小微企业创新文化又是通过哪些载体体现出来的呢?

1. 以创新人力资源呈现的创新主体

人类创造了文化,文化反过来自当"反哺"人类,文化是"人化"和"化人"的实践过程。[183]科技型小微企业的创新主体是人,人力资源是企业的第一资源、第一资本,是企业实施创新战略的保证。人的进化与文化的进化密切相关,文化与环境相互适应,人和环境的需要是文化进化与发展的动力[132]。科技型小微企业的创新驱动，实质是人才的驱动。以创新人力资源呈现的创新主体有企业家和员工，主要会受到创新文化基因和智力要素的影响。

第一，创新主体是创新文化基因的承载者。如生物基因的遗传，人类社会发展的文化系统也存在基因要素，即文化基因，其决定文化系统的传承与发展。创新文化内部深层次的影响因子统称为创新文化基因，创新文化基因决定企业的成长样态[184]。创新文化基因是技术创新过程中产生的人类所特有的意识形态，是创新者迸发的创新观点、创新思想以及挑战传统、激发创新的洞见。戴尔（Dyer）、葛瑞格森（Gregson）等认为，通过"质疑—观察—交流—实践—联想"这一模式，可以造就创新者的DNA，每个人只要掌握创新者特有的五种发现技能，就能激活埋伏在体内的创新基因。[185]创新文化基因通过创新人才来传播，逐渐内化为接受者的创新文化基因，从而进行遗传和繁衍。

第二，创新主体是智力要素的拥有者。创新主体不仅拥有创新文化基因，同时拥有敏捷、机智地识别他人难以洞悉的创意，拥有将零散创新点进行集成的系统性思维。这就是科技型小微企业创新主体具备的智力要素。智力是创新主体认识、理解客观事物并运用知识、经验等解决问题的能力，包括思维力、观察力、注意力、记忆力和想象力等，其中思维力最为重要。[186]科技型小微企业的创新人才需要拥有创造性思维能力，就是将各种智力要素有机地整合，形成一种复杂的有机性系统创新思维，从而主导科技创新活动。

科技型小微企业创新主体拥有的创新文化基因和智力要素不是简单的、机械的物理叠加，而是相互联系、相互适应，有机地结合在一起。如果创新主体缺乏或丧失某一创新要素，便会影响其他要素的发展，从而影响创新主体的创新能力发挥。创新能力不仅是由创新主体的主观能动性支配的，而且是其创新文化基因和智力要素与文化生态系统适应、交互的结果。

2. 以科技成果体现的创新知识要素

随着信息技术的发展，知识成为影响企业竞争优势的重要要素之一。[187]科技成果得以体现的本质是知识的获取、转移、转化和应用。科研院所和高等院校属于技术创新的发源地，掌握着科技成果的核心知识且存量丰富。[188]由于科技型小微企业的创新机制灵活、创新意愿强烈和创新合作积极主动，因此成为科研院所和高等院校科技成果转化为生产力的首选实现地。科技型小微企业的生存和发展需要不断活用创新知识要素，以推动企业持续创新发展。科技型小微企业以科技成果体现的创新知识要素主要有创新技术、创新产品和创新服务。

第一，创新知识可以转化为创新技术。创新技术是研发或制造一种产品或服务而带来经济效益的系统性创新知识，这种知识会反映在一项发明、一项外形设计、一项实用新型、一份技术情报或者一种植物新品种等方面。虽然我国拥有的知识产品较为丰富，但其所具有的文化附加值却不高，缺少核心的自主创新技术，存在复述他人知识和重复他人知识的缺陷。[189]在文化生态系统中，创新知识可以转化为创新技术，按照技术的创新程度不同，可分为四种类型：创造发明、实用新型、工艺或流程创新以及合理化建议。[190]

第二，创新知识可以转化为创新产品。创新产品是知识转化的最基本创新成果，包括改变一种产品的用途、生产技术、市场形象、价格、服务或其他产品要素和产品属性所形成的产品。通过知识要素的整合与转化所形成的科技产品，可以洞见企业的创新理念及审美情趣。[191]科技型小微企业由创新知识转化的创新产品，主要有通过改变产品功能而创造出的创新产品、通过提升产品质量而研发出的创新产品、通过更新产品形象而研发出的创新产品等。

第三，创新知识可以转化为创新服务。创新服务不是以实物的形式，而是以提供创新性的知识、劳动或方案等形式来满足消费者某种特殊需要的。创新服务能够潜移默化地体现出科技型小微企业的创新价值观、创新理念和创新意识。由创新知识转化的创新服务是企业的重要创新成果，对于提高客户满意度、提高企业声誉、提升文化软实力、扩大市场份额、提高市场竞争力等具有重要作用。通过创新知识要素整合、转化而形成的创新服务主要有创新服务方法、创新服务范围、创新服务对象和创新服务时间等。

3. 以创新物化条件表现的硬件系统

在文化生态系统中，通过创新物化条件表现的硬件系统，属于科技型小微企业创新文化的硬支撑要素。科技型小微企业把创新观念文化赋予器物后，器物文化的承载功能得以彰显，有利于企业创新观念文化的传播。以创新物化条件表现的硬件系统主要有品牌标识和建筑设施。

第一，以创新物化条件表现的品牌标识。科技型小微企业的品牌设计从名称、商标、标识、包装、广告及文案等方面更注重文化性，融入大量的文化元素，凸显企业的创新价值观和创新理念。品牌逐渐从传统的功能价值向文化价值和情感价值进行传播和升级。将哲学的文化生态观融入企业品牌标识的生态性塑造，将会提高消费者的品牌情感、品牌认同和品牌信任，帮助企业建立独特的创新优势，刺激和吸引消费者的购买冲动，提升品牌标识的潜在价值。[192] 品牌不仅由品牌名称和品牌标识组成，而且是有形资产与无形资产、商业价值与文化价值的整合。提升品牌溢价能力与价值最大化的根本在于品牌文化"软实力"的塑造与提升。企业标识中蕴含着丰富的文化要素，通过企业的商标、牌匾、宣传栏、广告和网站等不同的载体得以表现。

第二，以创新物化条件表现的建筑设施。建筑设施是科技型小微企业以物化条件表现的科技创新场所与设施，包括企业的楼宇、研发基地、实验室、仪器设备、创新场所和营销场所等。将文化生态性、科技性、创新性与科技型小微企业共融，将展现企业科技创新的崭新姿态，使企业建筑设施文化性内涵得到拓展和延伸。科技型小微企业的建筑设施在为研发、管理和运营等提供方便、实用的场所的同时与企业创新文化生态理念互动，有利于企业培育鼓励创新、包容失败、开放自由和敢于冒险的创新文化。在科技型小微企业的建筑设施和公共空间塑造上，应体现创新性、包容性和开放性，以吸引和激励更多人从事创新实践活动；应体现复合性、多元性和灵活性，以增强企业创新文化对建筑环境的适应性。科技型小微企业建筑设施是企业创新观念文化、制度文化和器物文化表达的有效载体，是创新文化生态理念传播的工具，其科技性设计、创新性塑造和文化性融入将激活企业创新基因，提升企业的创新活力。

4. 以组织制度及法律法规显现的软件系统

科技型小微企业创新文化的构建需要以组织制度和法律法规显现的创新制度文化作为软件系统。这种创新制度文化不仅为科技型小微企业提供有效的激励机制和动力机制，而且为创新主体构建一个稳定的社会环境和运行机制。

第一，以组织制度显现的制度文化。在春秋战国时期，激烈的战争造就了强烈的奖励制度，导致新制度取代旧制度，推动了军事组织、征税、官僚和民间的技术革新[193]，可见组织制度对技术创新的重要作用。为帮扶科技型小微企业摆脱发展瓶颈，国家制定了金融扶植制度、创新激励制度、税收减免制度等，以激发企业的科技创新热情，提升企业的自主创新能力。实施科技创新和制度创新"双轮驱动"，是提升科技型小微企业创新制度体系软支撑的重要力量，是提升企业制度文化整体效能的重要战略。组织制度是观念文化的助推器，应充分遵循和利用国家的制度体系，将企业的组织制度与其有效衔接，建立"以人为本"的柔性组织制度，以激发创新的积极性和主动性，确保科技创新活动顺利实施。

第二，以法律法规显现的制度文化。法律法规是指现行有效的法律、行政法规、司法解释、地方法规、地方规章及其他规范性文件以及对于法律法规的不时修改和补充。为规范科技型小微企业的经营行为，激励企业创新发展，我国颁布了一系列针对科技型小微企业的法律法规，主要有《中华人民共和国中小企业促进法》《科技型中小企业评价办法》《关于推动科技型中小企业融资工作有关问题的通知》《关于新时期支持科技型中小企业加快创新发展的若干政策措施》《关于促进中小企业健康发展的指导意见》等。这些法律法规对科技型小微企业的健康发展产生了积极影响，但多以条例和指导性文件为主，具有针对性的法律法规较少，缺乏对企业的知识产权、财产、商业秘密和人身安全等的有效保护。加快科技型小微企业的法律法规建设势在必行，针对企业制定财政、金融、税收和信用等方面的配套法律体系和具有权威性和约束力的法律法规，有利于保护企业的知识产权等合法权益，以更好地塑造良好的营商环境和市场秩序，推动企业规范发展。

二、科技型小微企业创新文化生态系统的种群

自然生态系统中的生物种群是指同一时间生活在一定自然区域内，同种生物的所有个体。种群中的生物并不是机械地集合在一起，而是彼此可以交配，并通过繁殖将各自的基因传给后代。同一种群的所有生物共用一个基因库，生物数量的变化与种群内生物之间的关系，将会带来种群的变化。文化种群与生物种群相似，在一定的时空内文化个体相互联系、相互作用形成具有相同或相近的价值观念、思想意识、制度体系和行为习惯等的有机统一体，即文化种群。同一文化种群内的文化个体拥有相同或相似的文化基因。科技型小微企业创新文化生态系统的种群是指在企业与其利益相关者所塑造的直接文化环境中，企业创新文化与其利益相关者创新文化交流、碰撞、融合，在物质、能量和信息的交换中形成相同或相近的文化集合体，主要有消费者文化、竞争者文化和其他利益相关者文化。其中其他利益相关者文化包括供应商文化、合作者文化、政府相关部门文化、研发机构文化和中介机构文化等（如图3-2所示）。

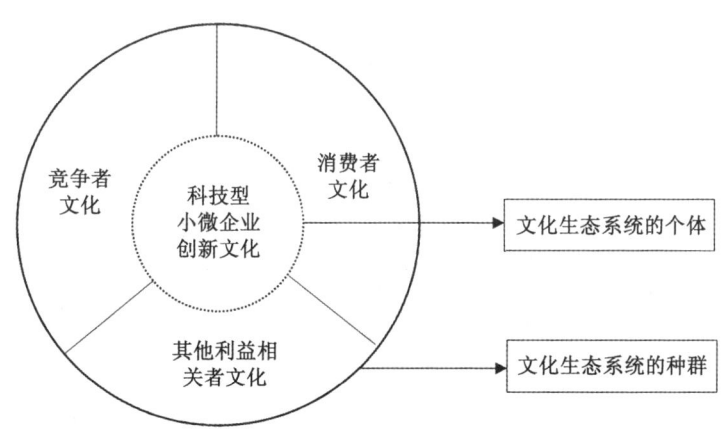

图3-2 文化生态系统个体和种群的结构图

1. 与科技型小微企业生存相关的消费者文化

"消费者是上帝"很好地解释了企业生存与消费者的密切关系。文化生态系统中的消费者文化是消费者在购买科技型小微企业技术、

产品或服务过程中所形成的价值观念、思想意识、消费偏好、消费心理、行为习惯和道德品质等的总和。科技型小微企业在研发、生产、销售等创新实践活动中，越来越重视消费者文化，通过满足消费者不断变化的物质和文化需求来获得竞争优势。文化生态系统中科技型小微企业创新文化与消费者文化不断地进行物质、能量和信息的交换，彼此相互作用、相互适应、相互影响。

第一，企业创新文化的生态位宽度大、影响力大，将引导消费者文化的发展方向。如果企业创新文化在与消费者文化互动中处于优势地位，将激发消费者的购买欲望和消费黏性，提高消费者的文化品位。科技型小微企业通过广告、品牌、口碑和营销策略等渠道，向消费者传播企业创新文化，根据不同地区的消费者文化，适度调整新技术或新产品投入市场的营销策略，以规避市场风险，提升市场扩散的成功率。[194]科技型小微企业密切关注消费者的消费倾向和消费心理，通过研发创新、生产创新、品牌创新和营销创新等，不断满足消费者个性化、时尚化和定制化的消费需求。通过探索消费者的潜意识文化，不断调整其创新文化，通过推出智能、时尚、个性、新颖、另类的科技创新产品来满足消费者的好奇心，召唤消费者情感，引领科技潮流和文化品位。

第二，消费者文化的生态位宽度大、种群的密度大，将激发企业提升创新能力、培育创新文化。随着经济的发展和科技的进步，消费者文化更加多元化、复杂化，其种群的密度增加、影响力增强，激励企业创新文化不断提升。市场经济愈发达，商品流通中的文化价值愈显珍贵，所占份额也愈高。[195]文化环境及其所表现的多元化特征，使人民的生活方式、消费领域和消费类型发生变化，消费者文化在与环境的适应中不断提升。消费者更加追求科技含量高、文化品位高、品牌价值高、美学含量高的创新产品或服务，要求科技型小微企业创新文化融入研发、生产和销售中，提供多品种、多层次、多样性、多档次并富有文化内涵的创新产品或服务。

2. 与科技型小微企业胜出相关的竞争者文化

文化生态系统中的竞争者文化是与科技型小微企业存在竞争关系的组织在研发、生产、销售等过程中形成的价值观念、思想意识、道德素养、制度体系、文化环境和文化心理等的总和，其是维护竞争机制、尊重竞争规则的一种共识和氛围。每一个企业都处在一个竞争的动力场中，竞争者文化是在与科技型小微企业创新文化的竞争与互动中，在与环境的适应中形成的文化形态，主要有大中型高科技企业文化、国有企业文化、私营企业文化等。它们之间的这种竞争不但是一种经济现象，而且是一种文化现象。竞争者文化与科技型小微企业创新文化相互作用、相互影响、彼此推动。

第一，科技型小微企业创新文化在竞争中处于优势地位，将能引领竞争者文化的发展方向，推动竞争者文化提升。科技型小微企业积极培育创新文化，将其融入企业的创新实践活动中，将推动企业的技术创新、市场创新和企业绩效，使企业在激烈的市场竞争中胜出。科技型小微企业创新文化在与环境的互动中塑造良好的创新氛围，然而竞争者文化也不甘落后，激励竞争者和员工形成具有积极性、创造性和想象力的创新文化，从而推动竞争者文化不断提升，以适应市场竞争的发展需求。

第二，竞争者文化在与科技型小微企业创新文化的竞争中处于优势地位，将推动企业增强创新的紧迫感和提升文化"软实力"的积极性。科技型小微企业创新文化在强势竞争者文化的影响下，为了在竞争中胜出以保生存、求发展，逐渐认识到需要通过培育创新文化提高企业竞争力。科技型小微企业高度警惕并限制竞争行为对自身的损害，为了在竞争中胜出只能通过创新的确定性来应对明天的不确定性。科技型小微企业创新文化在与竞争者文化的交流和碰撞中，强势的竞争者文化激励企业积极培育创新价值观、创新精神、制度文化和品牌文化等，以提升企业的文化"软实力"和市场竞争力。

3. 直接参与企业孕育的其他利益相关者文化

文化生态系统中的其他利益相关者文化，指的是在一定的社会历史条件下，与科技型小微企业具有直接利益关系的科研院所、供应商、政府相关部门和中介机构等，在与企业交流合作中形成的价值观念、思想意识、道德规范、行为习惯、制度体系和文化心理等的总和。科技型小微企业创新文化与其他利益相关者文化相互联系、相互影响、相互推动。直接参与科技型小微企业创新文化孕育的其他利益相关者文化，主要有科研院所文化、高等院校文化、供应商文化、政府相关部门文化、中介机构文化。

第一，科研院所文化。科研院所文化是在一定的社会历史条件下，在科研机构领导者的倡导和科研人员的认同下，在科技研发、科技管理和科技服务中形成的价值观念、思想意识、道德规范、行为准则和制度体系等的总和。科研院所文化对科研工作的开展具有导向、激励、凝聚、约束和辐射等作用。[196]科研院所在长期的创新实践中形成了理性客观、严谨务实、积极进取、勇于探索、追求真理的科技文化，肩负起科研院所发展的重任。科研院所在与科技型小微企业的科研合作中，通过文化进行交流、碰撞、融合，推动企业创新科技文化的孕育、萌发和生长，进而推动科研院所文化不断提升。

第二，高等院校文化。高等院校文化是高等院校的师生在长期的教学、科研或学习实践中，形成的价值观念、思想意识、思维方式、道德素养和行为规范等的总和。一部分科技型小微企业是从高等院校的研究院、实验室、创新基地、创客空间中孵化出来的，企业中的企业家、高管层或核心科研人员多为高校的教师或学生。在"大众创业、万众创新"的倡导下，高等院校掀起了创新的热潮。高等院校通过课堂教学、实践教学、实验教学、科技竞赛和思想教育等方式培养师生的科技创新精神和科技创新能力，形成了开放自由、崇尚创新、科学严谨、追求真理、勇于探索的价值观念和创新基因，为师生的科技创新和大胆创业指明道路。高等院校与科技型小微企业在创新合作中孕育创新的"种子"，在创新文化相互交流、碰撞中共同发展。

第三，供应商文化。供应商文化是与科技型小微企业有利益关系和业务往来的上下游企业，在供应技术、产品或服务的过程中形成的价值观念、思维方式、道德规范和行为准则等的总和。在与科技型小微企业的商业往来中，供应商文化不断内化为供应商的价值观念、行为准则，并发挥一定的引导力、推动力、约束力和控制力等作用。[197]供应商为与科技型小微企业保持供应关系，不断研究、探索企业的创新文化,同时企业也学习吸收供应商文化的优质观念,在相互影响中不断修正自身文化的发展方向,只有两者相契合才能保持长期的供应关系。

第四,政府相关部门文化。政府相关部门文化是与科技型小微企业直接相关的政府相关部门,在对企业进行政策指导、科普宣传、信息服务、金融服务、法律援助、创业帮扶中传递的价值观念、工作精神、思维方式和道德规范等文化形态的总和。政府部门在与科技型小微企业的沟通、交流中,通过搭建政产学研平台、人才服务平台、金融支持平台等不断影响企业创新文化,同时企业创新文化也反作用于政府相关部门文化,使企业和政府相关部门不断更新价值观念、服务意识和创新精神等。

第五,中介机构文化。中介机构文化是中介机构在对科技型小微企业进行科技成果转化、知识产权保护、专利申请、科技服务等过程中传递的价值观念、服务意识、工作习惯、思维方式和道德规范等文化形态的总和。科技型小微企业的健康成长离不开中介机构提供的研发投入、科研合作、技术转移与扩散等科技服务,通过影响企业技术创新的效果和效率,进而影响企业的创新价值观。同时,中介机构在为科技型小微企业服务的过程中,也受到科技型小微企业创新文化的影响,从而不断调整其服务精神、服务意识和服务态度,推动中介机构文化的提升。

三、科技型小微企业创新文化生态系统的群落

自然生态群落中每种生物都有不同的生命特征,个体与种群、种群与种群之间以及生物体与环境之间存在着各种复杂的有机联系。[198]生物群落是指生活在一定的自然区域内,相互之间具有直接或间接关系的各种生物的总和。文化生态系统类似于自然生态系统,一个文化群落就是一个组织或一类组织。同一文化生态群落内的组织一般拥有相同或相近的价值追求、伦理规约、评价体系、规章制度和结构形式。文化的产生、发展和演化离不开特定的群体,文化不会超越时间、空间和人群而独立存在。文化生态系统中,群落的发展和演变是各种个体和种群在一定社会文化环境条件下,表现出的整体运行机理和综合作用过程。文化生态系统是个体、种群和群

落在适应社会文化环境中形成的文化生态网络（如图3-3所示）。科技型小微企业创新文化个体和种群在与社会文化环境的适应与互动中，形成科技型小微企业创新文化生态系统的群落。科技型小微企业创新文化生态系统的群落，主要是由国家和区域政府的制度创新文化、行业和产业的市场创新文化、科技研发领域的知识创新文化和深层次的创新文化观念构成的。

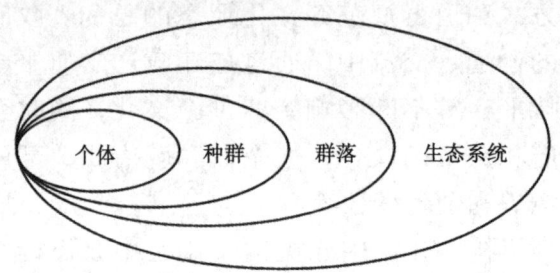

图3-3　个体、种群、群落和生态系统的关系图

1. 国家和区域政府的制度创新文化

作为文化生态系统群落之一的国家和区域政府的制度创新文化，是关系到科技型小微企业发展大环境的政府创新文化，是影响政府工作环境、工作作风和工作绩效等的重要因素。政府人员在创新实践过程中形成的相同或相近的创新价值观、思想意识、制度规范和文化心理等创新文化要素，直接影响到创新国家建设和区域创新的规划。因此，本书所定义的政府创新文化更多的是指通过制度安排和政策制定而传递出来的支持创新的文化。政府创新文化是在与消费者文化、科研院所文化、高等院校文化等文化种群适应与互动中形成的文化群落。

随着国家创新驱动发展战略的实施、创新体系的构建、服务型政府建设的推进，以及向以人为本和为民服务价值观念的转变，政府创新文化在同化、异化中不断成长和发展为文化群落。政府创新文化将引导文化生态群落的发展方向，因其生态位宽度大、影响范围广，不断与外界进行物质、能量和信息的交换，所以政府创新文化与科技型小微企业创新文化形成互动的关系。科技型小微企业创新文化生态系统的形成离不开政府创新文化群落的支持。在政府创新观念的引导、政策制度的支持、物质资源和信息资源的投入下，政府创新文化将使各部门创新文化形成凝聚、整合和外化作用，推动科技型小微企业创新文化的发展。例如，2015年10月韩国政府正式颁布和实施"基于产业需求的教育衔接项目"（PRIME），推动高等教育与区域产业需求协同共生式发展[199]。PRIME项目的实施使高等院校与区域产业需求相协同[200]，推动和激活韩国科技型小微企业的创新发展，这归功于政府创新文化在文化生态系统中的整合与辐射效应。近年来，我国在创新型国家战略的引导下，各地政府结合地区实际创建科技型企业孵化器、产学研合作联盟、科技创新产业园等，政府创新文化逐渐推动科技型小微企业创新文化生态系统的形成，同时科技型小微企业创新文化生态系统又反哺政府创新文化，将在全社会培育起良好的创新文化价值观念、制度体系和环境氛围，影响全社会创新活动的开展和创新环境的塑造。

2. 行业和产业的市场创新文化

行业是指从事国民经济中同性质的生产、服务或其他经济社会活动的经营单位或者个体的组织结构体系。从严格定义上来说，产业概念范畴比行业要大，一个产业可以跨越（包含）几个行业。解释行业本身所处的发展阶段及其在国民经济中的地位，分析影响行业发展的各种因素以及判断对行业的影响度，可以预测并引导行业的未来发展趋势，判断行业投资价值和发展方向，能够为各组织机构提供投资决策或投资依据。文化生态群落中的行业和产业文化指的是科技型小微企业所处的行业和产业文化集合体。

行业和产业创新文化是与市场经济发展密切相关的文化，又称市场创新文化。行业和产业创新文化是围绕行业和产业的技术创新展开的，技术创新有两种表现形式：一种是纯粹的技术行为；另一种是纯粹的经济行为。技术创新是美籍奥地利经济学家熊彼特提出的一个经济学概念，其本质是技术创新要适应市场规律，产生经济效益，走产业化的发展路径。市场创新文化集中反映在创造新的商品，开拓新的市场，创造新的商业模式的活动中。行业创新文化是与传统文化、民族文化、制度文化和区域文化等不同的文化种群相互交叉、融合、碰撞，在与环境适应中逐渐形成的。随着经济的发展和社会的进步，我国的行业和产业创新文化由简单商品经济下保守闭塞、墨守成规和盲目乐观的作坊文化逐渐发展到积极创新、自强自立、包容实干、开拓进取的现代企业创新文化。进入21世纪，创新成为时代的主题，企业作为国家创新体系的主体欲在激烈的市场竞争中脱颖而出，需要将创新文化置于企业建设和发展的核心。

目前，我国大多数行业已经意识到创新对行业生存和发展的重要性，但行业的创新文化供给仍然不足，主要表现在行业缺乏创新文化对创新要素的滋养和催化，未将创新文化发展为行业员工认同的核心价值观。当下有些行业，特别是传统行业受保守性的农耕文化、自给自足的小农意识和盲目乐观的文化心理等影响，在科技创新道路上仍然困难重重，如世界通用性关键技术少、重大技术发明少、原始技术创新少和专利技术数量少等。究其原因，主要内因有缺乏创新意识、开放思维、高层次技术创新人才和科学理性的创新制度体系等，主要外因有缺乏鼓励创新的社会环境、冒险包容的社会氛围、开放自由的政策环境和严谨法制的知识产权保护等。行业创新文化要想不断地发展壮大，需要一个社会创新文化生态环境，通过将外部创新要素和内部创新要素相结合，逐步把行业创新文化培育成行业创新文化群落。

行业和产业的市场创新文化对科技型小微企业的成长影响很大。处于行业和产业市场创新文化群落中的科技型小微企业，如能在行业中汲取创新的营养，则加快其成长；如若受到行业文化的束缚，则有可能脱离行业，产生跨行业发展的动力。行业和产业的市场创新文化通过与科技型小微企业创新文化的交流和互动，物质、能量和信息的交换，将影响科技型小微企业创新文化的生长。

3. 科技研发领域的知识创新文化

从生态群落角度看，一些领域与科技型小微企业非直接相关，但也会影响到企业对大局和未来方向把握的知识领域。随着时间的变化，那些原本无关的知识领域会成为科技型小微企业起死回生的关键。因此，那些高等院校、科研院所和社会研发机构等科技研发领域的知识创新文化，构成了科技型小微企业创新文化发展的生态群落。科技研发领域的知识创新文化所塑造的社会文化环境，影响科技型小微企业的技术创新。奇凯岑特米哈伊（Chikecentmihai）的创造力系统理论很好地揭示了社会文化环境对人创造力的影响。创造性并非在人的头脑中发生，而是在人的思想和社会文化环境的相互作用中发生（如图3-4所示）[201]。

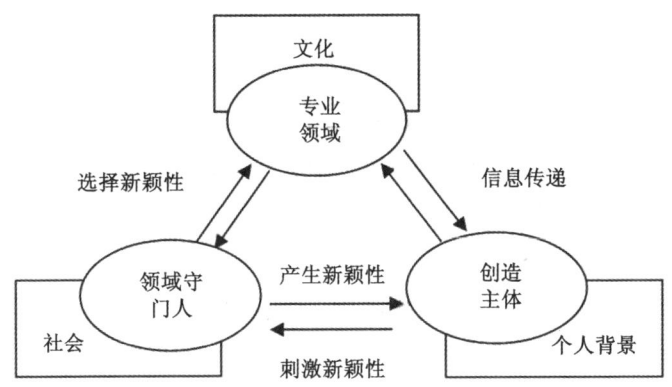

图3-4 奇凯岑特米哈伊的创造力系统模型

科技型小微企业以知识的创造性价值为生存的基础，因此企业十分重视新知识的获得，不断与各个领域的知识创造者相互交流和碰撞。科技研发领域的创新文化激发人们探索新技术、追求新知识、创造新成果。科技研发领域的知识创新文化与政府文化、行业文化和民族文化等不同种群相互作用，在适应中逐渐形成文化群落。研究科技研发领域的创新文化，需将纵向和横向思维相结合。从纵向来看，在组织结构上高等院校由不同的学院和系别组成文化生态链，科研院所由不同学科的研究中心组成文化生态链，社会研究机构由不同领域的研究方向也组成文化生态链。富含科技和创新的文化生态链交叉形成文化生态网，文化生态链和文化生态网连接成科技创新文化群落。从横向来看，在激励制度和评价体系上，高等院校、科研院所或科研机构中各专业领域形成生态圈，开展相近学科的学术活动，如学者筹办或参加各种专题学术研讨会，交流相关领域研究的新进展，组建研发团队开展原创性研究工作，搭建政产学研平台，寻求经费支持和技术合作等，以此促进创新激励制度的构建和创新评价体系的形成，从而推动技术与文化的交流与互动。

长期以来，人们在科技创新实践活动中都遵循着根植于传统文化土壤中的规则和习惯，在中西方文化交融碰撞中形成了一种共同的科学精神和创新意识,即独特的科技创新文化。发展于我国的科技创新文化,既有血脉中创新的冲动,头脑中又不可避免地受到传统文化的制约。为此,我们应充分尊重其特有的属性,摒弃封闭保守、等级意识、权威至上等传统思想的束缚,实现学术自由助力科技创新,为科技型小微企业创新文化生态系统注入科技文化动能。

4. 深层次的创新文化观念

文化生态系统中影响科技型小微企业创新文化生态群落的因素,除了上述国家和区域政府的制度创新文化、行业和产业的市场创新文化、科技研发领域的知识创新文化之外,还包括深层次的创新文化观念。这对文化群落的影响是根深蒂固的,尽管社会环境和文化环境发生变化,许多年轻人的思想观念与国际接轨,但依然有一些人很难改变固有的传统观念。深层次的创新文化观念,主要表现在传统文化中沉淀的创新基因、传统文化阻碍创新的基因和各国创新文化观念的影响。

第一,传统文化中沉淀的创新基因。在我国的传统文化中,优秀的创新文化基因比比皆是。著名国学大家楼宇烈先生曾说,中国文化的人文思维方式是动态的、整体的、联系的、随机的和综合的。[202]中国传统文化中许多思维、创意、理念、习惯和风俗等,影响着人们的价值取向、思维意识和行为习惯,反映出人类所特有的创新路径,为科技创造和发明提供了创新动力。《周易》作为中国传统文化之源头,也是中国传统文化创生之源、创新之源。[203]从生态的角度来说,传统文化承认宇宙、世界和人生是具有自组织倾向,不断创新、演化和发展的非线性过程。[204]我国传统文化中蕴含着大量的创新文化基因,如《周易》中的"天地之大德曰生""日新之谓盛德,生生之谓易""穷则变,变则通,通则久""革,去故也;鼎,取新也""革而当,其悔乃亡"等革故鼎新、自强不息、积极进取的创新精神[205];儒家"己所不欲,勿施于人"和"大道之行也,天下为公"倡导的平等尊重和博爱和谐的共享理念,"学而不思则罔,思而不学则殆"和"举一隅不以三隅反,则不复也"等学思结合、温故知新的思维方式和创新方法;"天行健,君子以自强不息"倡导的刚健进取、自强不息的创新意识等。

第二,传统文化阻碍创新的基因。由于我国传统文化存在着一些不利于创新的基因,其阻碍了整个社会创新文化基因的形成和遗传,具体表现在以下几个方面。一是我国传统文化中的农耕思想,形成了封闭保守、自给自足、墨守成规的小农意识。在农耕思想和小农意识的影响下,人们缺乏开放思维和共享理念,难以接受和适应高速发展的科技创新环境,从而阻碍了技术创新和新兴经济形态的发展,限制了社会创新文化氛围的塑造。二是我国传统文化中的中庸思维,主张不偏不倚、保守正统、求稳怕乱。在一些传统企业中仍然存在反对变革创新、蔑视求异行为的中庸思想,扼杀了人们的积极性、想象力和创造力,制约了社会创新氛围的塑造。三是受传统的家族文化、村落文化和区域文化等思想的影响,人们习惯于自给自足、封闭自居、不愿流动、排斥合作以及不关注外界变化等,这将限制知识的跨界与重组。四是中国传统文化在血缘、地缘关系影响下形成的信任心理,帮派文化根深蒂固,人情风、关系风依然存在,制约了公正法治的学术氛围塑造。五是我国传统文化和地域文化中的"官本位"、等级意识和人治观念制约了公正平等的竞争环境,难以形成挑战权威、自由平等、可持续发展的批判精神和崇尚个性、宽松包容的创新意识,制约了人们的创新思想和创造行为。应当指出的是,中国传统文化的特性和气质,已经随着社会政治、经济制度的变迁和改革开放政策的实施发生了巨大的变化。随着国际合作和文化交流的加强,很多青年人的思想观念和行为方式已经与国际接轨,但部分人比较传统的文化观念和行为还会潜移默化地影响人们的创新意识。

第三,各国创新文化观念的影响。中国的改革开放让无数的中国人走出国门,也让各国(如美国、日本、德国和英国等)文化进入中国。一是吸纳以美国为主的科学文化基因。在美国,勇于挑战、敢于冒险、努力奋斗、实现自我,这种敢问敢试的移民文化是创新文化基因最典型的特征。[206]美国之所以能够领导世界创新,源于移民文化不断地发展和演化,孕育了鼓励创新、包容失败、思想自由、开放分享和多元融合的创新文化"土壤"。二是积极吸纳日本、德国、英国、法国等的技术文化基因、工匠文化基因和美学文化基因等。日本企业在本土消费者的创新诉求压力下，不断朝着生产"轻薄短小"产品的技术研发方向努力，促进了日本产品具有轻便、精致、多功能的文化特点[207]；德国凭借"德国制造"和"工匠精神"塑造了追求卓越的技术、精益求精的品格和严谨务实的作风等博得消费者的信任和青睐[208]；英国拥有崇尚创新、科学理性、爱惜生态、个性自由、守信礼貌和民主平等的全球化文化特征；法国拥有着强大的文化"软实力"，其自强独立的观念文化、崇尚历史的民族文化、自由个性的品牌文化和精致优美的美学文化等，培育了可持续性的全球化文化。积极吸纳世界优秀基因精华，能够丰富文化生态系统中创新文化的多样性，在文化交流、碰撞和融合中，有利于塑造全社会与时俱进的创新文化环境。

综上所述，国家和区域政府的制度创新文化、行业的市场创新文化、科技研发领域的知识创新文化和深层次的观念创新文化塑造的创新文化群落，作为科技型小微企业创新文化生态系统中具有代表性的主要群落，彼此之间相互联系、相互依存、密不可分，存在互利共生的关系。它们随着社会环境和自然环境的改变而演化，随着群落内部种群的同化和异化、遗传和变异而变化，外部的人为干预和优势种群培育，也会加速群落的演化，进而推动文化生态系统的演化和科技型小微企业创新文化的发展。同时，创新文化生态群落的发展和演化，会带动创新文化生态位的变化，以及创新文化生态链和生态圈的变化，从而引发其他创新文化群落的演化，甚至推动整个社会创新文化生态系统的发展。

第三节 科技型小微企业创新文化生态系统的功能

科技型小微企业创新文化生态系统以科技型小微企业和其利益相关者的文化要素及相互关系为基础，以企业文化价值发展创新为运作内容，对企业技术创新发展具有较强的促进作用。文化生态系统之所以能够处于一种动态平衡的状态，在于其与外界经常保持一定的活动性功能，即生态系统与外界环境之间不断进行着物质、能量和信息的持续性输入和输出，进行系统的自我反馈和调节，从而维持系统的存在和演化[209]。科技型小微企业文化生态系统不仅可以增强企业、区域乃至国家的创新力和竞争力，也能够促进各利益相关者文化快速发展。由于文化生态系统涉及诸多因素，科技型小微企业创新文化的个体、种群和群落在与环境的适应中，发挥着一定的功能，主要有扩展文化价值、强化生态群落、整合创新资源和带动经济发展。

一、扩展文化价值

科技型小微企业创新文化生态系统之所以将各种相关要素集聚起来，并形成相对稳定的结构和功能，其原因就在于这个有机整体能够给科技型小微企业带来任何一个相关要素都无法比拟的功能效应。这种整体效应大于各个部分的效应之和，使得企业文化价值从不同程度得到扩展和提升。随着文化生态系统中"活的"创新文化基因传承和动态的创新文化要素传播，其文化价值不断扩展、延伸。[210]科技型小微企业创新文化生态系统在文化价值扩展的功能作用下，产生了经济价值、社会价值、生态价值和人本价值。

第一，经济价值。经济价值是科技型小微企业创新文化生态系统价值扩展的基础和目标。文化具有导向、激励、凝聚、约束、调适、润滑和形象塑造的作用。文化生态系统能够引导企业员工的价值观，激励与凝聚创新精神和创新力量，调适、润滑与整合创新要素，提升企业的竞争优势。科技型小微企业创新文化生态系统的经济价值主要表现在：通过文化个体、种群和群落与环境的适应，提高企业的知识转化率，提升产品的附加值，提高企业生产效率，加快企业资金周转，减少企业库存和节约企业的价值成本等。因而，经济价值是促进文化生态系统持续发展的内在动力。

第二，社会价值。社会价值是科技型小微企业创新文化生态系统价值的重要组成部分，主要表现在：为形成科技型大中企业积累经验、打基础、做铺垫；为市场和顾客提供创新性、个性化、多元化的科技产品和服务；满足社会经济发展和消费者日益增长的物质和文化需求；传播创新文化基因，形成创新文化观念，推动社会创新氛围和创新环境的形成；提供就业岗位，改善民生，维护社会秩序的和谐与稳定；优化区域社会环境，促进区域的文明和进步。

第三，生态价值。生态价值是在生态文明和生态经济背景下，科技型小微企业创新文化生态系统价值目标的发展方向。科技型小微企业创新文化生态系统遵循生态伦理的价值认同,要求企业创新技术研发、创新产品生产和服务过程必须倡导生态、低碳、节约和环保的理念,避免对环境的破坏和污染,实现科技型小微企业经营管理的高效化与节约化,促进社会文明和生态和谐。

第四,人本价值。人本价值是科技型小微企业创新文化生态系统价值的精神内核,主要表现在:坚持以人为本,研发和生产具有科技性和创新性的产品或服务,满足消费者多样化、个性化和定制化的物质和文化需求,注重员工创新能力的提升、冒险精神和生存意识的培养、道德素质和心理素质的培育,使得企业不仅成为员工勇于创新、不畏失败、敢想敢试、发挥才智的场所,还要为员工提供健康、和谐、快乐成长的人文环境。

在科技型小微企业创新文化生态系统中,通过培育文化与科技相融合的创新基因,树立"鼓励创新、包容失败、开放自由、敢于冒险"的创新理念,创设有利于科技产品研发、生产和创新的氛围,构建有利于文化与环境互动的物质和能量循环网和信息传递链,实现系统内部文化个体、种群和群落高效互动与持续交流,增强系统内外不同层面之间的有机关联,促进文化生态系统价值的提升。可见,科技型小微企业创新文化生态系统能够有效推动文化价值各层面之间的融合,获得企业创新文化价值的整体效应。

二、强化生态群落

与自然界的生物群落一样,企业创新文化生态群落也是一个开放系统,与周围生态环境相互作用、协同进化。文化生态系统将创新资源进行整合,使企业生态环境不断变化,促使企业创新文化生态群落内部结构和功能得到强化,表现为一种企业文化生态群落向另一种企业文化生态群落的演替[211]。科技型小微企业创新文化生态系统价值创造发展的有机性和统一性,要求其过程必须基于一定的环境或背景,而文化生态系统的营造正好能够适应和满足环境的发展要求。在科技型小微企业创新文化生态系统运作过程中,创新文化的各种关联要素在创新战略、目标、制度的引导、规范和约束下,通过相关组织彼此之间功能、作用和角色的互补以及相互交流学习,形成创新文化所依附的种群和群落，以保证各个创新文化生态群落之间合理有序地交流和融合。同时，科技型小微企业创新文化生态系统内的创新文化生态群落形成了反映创新文化的知识信息、规章制度和规则，并深深影响科技型小微企业的思想活动和行为取向。科技型小微企业创新文化生态系统是在各个创新文化生态群落与生态环境的适应中形成的，生态群落之间具有内在关联性。科技型小微企业创新文化的发展可以推动各个生态群落创新文化的发展，各个生态群落创新文化的发展也可以促进科技型小微企业创新文化生态系统的成长。

科技型小微企业创新文化生态系统对创新文化生态群落的强化功能，主要表现在以下两个方面。一是对各个创新文化生态群落的强化。文化生态系统将不同的创新文化个体进行整合，运用文化圈和文化链将创新文化种群进行连接，创新要素在系统中动态流动、辐射、传播，能够有效地强化群落，使得各个群落更好地适应内外环境的发展需求，推动群落创新能力提升，为区域经济发展注入创新活力。二是对创新文化生态群落内部各个种群的强化。对于各个种群而言，科技型小微企业创新文化生态系统能够带来自身不具有的优势、创新性和灵活性，而且这种优势会随着文化生态系统的发展而不断发展，给文化生态系统内企业及其他利益相关者提供持续性的支持和推动。文化生态系统将创新要素进行集聚，丰富了文化的多样性，推动异质文化的交流、碰撞和融合，使创新资源得到共享和高效利用。随着文化的进化、文化圈和文化链的传递，文化生态系统中的文化种群在与环境进行物质、能量和信息的交换过程中，不断吸收创新文化要素，在创新文化种群的交流合作中推动创新文化群落的强化。

三、整合创新资源

文化生态系统能够实现创新要素跨区域流动，促进创新资源的空间积聚，推动知识密集度和技术密集度的增加。在知识和技术的共享中产生新的创新资源，创新资源与环境之间通过物质、能量、信息的交换，构成竞合并存、协同演进、互利共生的系统网络[212]。科技型小微企业创新文化生态系统之所以能够形成较强的经济价值和竞争优势效应，其根本原因就在于它能够有效集聚、整合与利用创新资源，实现生态系统中创新资源和环境条件的系统化、统一化和协调化，主要表现在以下两个方面：一方面，丰富的环境条件和创新资源可以使得科技型小微企业创新文化生态系统有更大的选择空间，利用系统的生态圈和生态链将在生态环境中选择最有利的环境条件和创新资源进行集聚和整合，从而获得持续发展；另一方面，科技型小微企业创新文化生态系统将创新资源整合后，可以减少对环境条件和创新资源的选择成本，使得系统主体能够集中精力进行科技价值和文化价值的专项研究，进而降低系统运作成本。任何生态系统都不可能充分享有环境体系中的所有条件和要素，并取得持续竞争优势，尤其是当科技型小微企业创新文化生态系统处于快速发展阶段，已有的文化资源格局和创新资源很可能不适应系统快速发展时期的资源要求。如果不进行资源格局优化和资源体系创新，就必然影响到系统正常发展所需的物质、能量和信息的有效供给。

为满足科技型小微企业创新文化生态系统的资源需求，应合理构建系统内外文化与环境关系，为文化生态系统价值创造提供基础条件。通过梳理系统内外环境关系形成和谐、稳定、嵌套、共生的个体、种群和群落，既可以实现系统运作对创新资源需求的有效满足，又可以增强系统对环境的整合能力，提高文化生态系统的竞争优势。对于科技型小微企业创新文化生态系统而言，其发展运作所需的创新资源大致可以分为人才资源、知识资源、技术资源、信息资源和金融资源（如图3-5所示）。

一是人才资源。创新资源中的人才资源是科技型小微企业创新文化生态系统中学历层次高、综合素质高、创新能力强的人才群体。文化生态系统不仅要重视人才的数量，而且要重视人才的质量，主要包括人才的科技创新能力、综合管理能力、解决问题能力和沟通协调能力等。科技型小微企业创新文化生态系统能够整合企业内部人才和各个利益相关者的人才资源，通过学术交流、学习培训、科研合作和创新平台建设等，实现吸纳人才数量和提升人才质量的双赢。文化生态系统中丰富的人才资源将促进科技型小微企业产生集聚效应，在文化的互动中推动企业创新文化的提升。

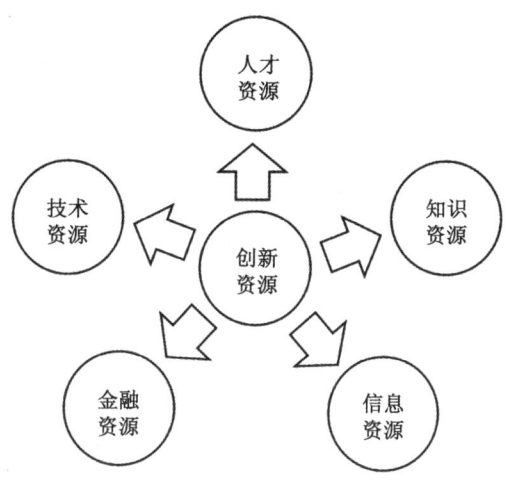

图 3-5　文化生态系统的创新资源构成图

二是知识资源。知识资源是指可以反复利用且能够给企业带来利润、价值增长的资源总称。知识资源是随着科技型小微企业创新文化生态系统的成长和发育而逐渐积累的。文化生态系统中的文化个体、种群和群落,在文化与环境的交流互动中,将有利于彼此吸收异质性知识,增加企业知识的多样性,推动隐性知识转变为显性知识,促进知识资源的整合和转化,以此推动技术创新。

三是技术资源。技术资源是科技型小微企业科技创新的基础,是科技型小微企业创新文化生态系统的重要支撑。技术资源是知识产生、存储、转化和反馈的结果。技术资源包括与解决实际问题相关的软件方面知识,以及设备、工具等解决实际问题的硬件方面的知识。科技型小微企业创新文化生态系统为技术的交流、整合、匹配和产学研的有效合作提供良好的平台,有利于知识转化为技术,并推动技术资源的整合。

四是信息资源。信息资源是以信息为核心的各类信息活动要素的集合,主要有信息技术、设备、设施和信息生产者等。科技型小微企业创新文化生态系统中文化与环境不断地进行物质、能量和信息的交换,在交换过程中涉及文件、资料、图标和数据等信息资源。信息资源贯穿于科技型小微企业创新文化生态系统运作发展的整个过程。

五是金融资源。金融资源是科技型小微企业创新文化生态系统中，科技型小微企业与利益相关的客体所拥有的资金、货币、股票和流通的证券等金融产品的总和。科技型小微企业要充分利用国家和政府的金融支持政策和税收优惠政策、中介机构的融资渠道和科技创新合作组织的资金支持等。

对于科技型小微企业创新文化生态系统而言，人才资源、知识资源、技术资源、信息资源和金融资源主要存在于与其紧密相关的政府机构、科研机构、高等院校和中介组织等之中。不同主体之间通过政策指导、创新合作、技术研发、科技咨询、市场运作和资本流动等进行文化与环境的互动，推动创新资源的整合，使文化逐渐适应环境的发展需要和人的生存需要。也正是基于此，科技型小微企业创新文化生态系统得以不断演化。

四、带动经济发展

知识经济时代，随着信息技术的进步和社会的发展，科技型小微企业庞大的企业数量和其创新性、科技性、知识性、灵活性和文化性等在社会经济发展中的作用日渐明显，已经成为重要的产业组织形式和载体。在文化生态系统的动态演化中，文化发挥整合、调适和润滑作用，促进创新要素和创新资源的优化配置，促进生产分工的细化，从而推动产业链进行动态延伸，带动区域经济甚至社会经济的发展[213]。科技型小微企业创新文化生态系统的发展提高了系统内部要素的生态活度，优化了系统内部结构关系和功能机制，增强了系统的动态适应能力和竞争优势，促进了系统与外部环境之间的协调互动和深度融合，进而推动经济结构的优化。科技型小微企业创新文化生态系统的发展，进一步细化了科技创新产品的演化和生产过程各主体、环节和部门之间的分工，提升了企业研发和生产的专业化水平，使企业产业链进一步延伸。从产业覆盖的行业来看，科技型小微企业已经向人工智能、大数据、云计算、信息技术、生物工程、新材料以及文化创意产业等高新技术领域扩展。科技型小微企业带动区域企业实际上就是区域产业的形成发展和文化生态系统的完善强化。科技型小微企业创新文化生态系统的快速发展，不仅能够带动系统内部的文化价值、创新价值、企业效益、产品质量、技术优势和服务水平等方面的稳步提升,而且能够吸引系统外部更多科技企业、科研机构、高等院校、中介机构、社会团体的加入。这些被吸引进来的企业、科研机构并不是简单、随意地与科技型小微企业创新文化生态系统内部构成要素结合起来,而是通过彼此之间已有的竞争优势及其存在的互补关系进行合理配置,由此形成了生态系统新的优势规模和价值范围,这种规模和范围无疑是系统开展创新文化增值活动和带动经济发展的基础。

科技型小微企业创新文化生态系统具有吸引和整合作用,一旦形成以后便会呈现出一种非线性的螺旋上升态势。原有知识、人才、技术与新的知识、人才和技术等创新要素之间融合渗透的关系越紧密,其形成的优势规模和价值范围就越大,对于提高科技型小微企业创新文化生态系统演化的作用也就越显著。这既能够不断扩大生态系统的优势规模和价值范围,也能够促进区域经济发展水平的整体提升,进而使得系统内外知识、人才、技术之间的互动融合,转化为系统与区域经济之间的互动融合。实际上,带动区域经济发展的功能也是科技型小微企业创新文化生态系统社会价值的充分体现。从经济发展角度来看,科技型小微企业创新文化生态系统有助于强化专业化分工、发挥协作配套效应、降低创新成本和优化生产要素配置等,进而促进经济结构优化和经济发展方式转变,带动科技型小微企业快速发展,提升区域竞争力,增强产业竞争优势,推动区域经济持续健康和协调发展,这对于实现全面建成小康社会的战略目标具有十分重要的意义。

第四章

生态系统中科技型小微企业创新文化的生长
——以深圳湾科技园区为例

对科技型小微企业创新文化概念、特征和形态等的静态研究，为我们认识科技型小微企业创新文化打开了通道，奠定了基础。但仅仅停留在静态研究，不能满足我们全面、深入、系统的研究需要，还有必要将科技型小微企业创新文化置于文化生态系统中做动态的考察，探讨科技型小微企业创新文化在生态系统中如何生长起来的。正如德国哲学家海德格尔所说的，研究事物需要根植于对事物本身的分析，才能让存在得以显现。[214]为了清晰地展现出生态系统中科技型小微企业创新文化的生长过程，有必要利用具体案例来研究。通过对现实生态系统中科技型小微企业的调研和分析，结合文化生态适应论和文化生态系统论，总结出企业不同生命周期创新文化的生长情况及其阶段特征。

第一节 研究案例与研究方法

一、案例选取依据

为了对生态系统中科技型小微企业创新文化的生长做全面、深入而细致的考察，案例的选取需要满足以下条件：第一，科技型小微企业所在的创新文化生态系统应具有清晰的生态系统结构、充足的创新文化要素以及开放、包容、自由的创新文化环境等；第二，生态系统中科技型小微企业的数量较多、生长状况健康、创新氛围浓厚和产业生态良好。深圳湾科技园区位于我国的"创新之都"深圳，是我国高科技产业创新发展的典型，目前已经形成优质、成熟、完善的创新文化生态系统，拥有众多健康的科技型小微企业，符合本书案例选取的条件。

1. 深圳湾科技园区构成了一个完整的创新文化生态系统

深圳湾科技园区是由负责国有资产投资运营的深圳市投资控股有限公司旗下的全资企业深圳湾科技发展有限公司来规划和管理，以核心科技园区为标杆，复制和输出"深圳湾"品牌，实行标准化、品牌化、规模化发展，形成产业创新生态圈和生态链，成批量打造具备复合功能和强大聚合力的"高新技术产业综合体"。结合文化与环境适应规律和产业梯度转移规律，深圳湾科技园区实施"圈层梯度"战略、"一区多园"的运营模式和"五位一体"的商业模式。在创新理念的推动下，科技园区运用5G、AI、物联网、云计算、大数据和人工智能等技术形成了有解的"智慧园区方程式"。深圳湾建设智慧园区运营管理中心，发挥创新文化的催化和润滑作用，充分吸纳与整合信息、技术、知识、资本和政策等创新资源，实现创新资源联轴驱动，为智慧园区充分赋能。深圳湾引进智慧信息系统为园区注入"智慧生命"，通过这套系统能够实时、高效地掌握园区人才、企业、设备、资产等信息，在线对协同研发、产业链对接、招商推广、资产管理、合作服务和金融服务等进行处理，利用资产管理、物业管理和创新服务三大系统平台和十二个内部专项信息平台迅速、精准地匹配资源，形成了"万物感知、万物互联、万物智能"的"智慧深圳湾"[215]。深圳湾科技园区的创新文化在与生态环境的适应中，在文化圈和文化链的作用下，形成了以企业为主体、市场为导向，产学研深度融合、创新文化要素高度集聚，创新文化个体、种群和群落协同共生的创新文化生态系统（以下简称深圳湾创新文化生态系统）。

2. 深圳湾创新文化生态系统呈现出"圈层梯度"结构

文化生态系统是由不同层级组成的制约系统，文化生态变化或干扰会在较高层级上相对减弱，在机能失常时便于进行调整和修复，逐渐将系统调节至稳定状态。深圳湾创新文化生态系统按照文化圈层和产业梯度推进模式,实现物理圈层和虚拟圈层相结合,以深圳湾超级总部基地为起点,以深圳湾科技园区内的深圳湾科技生态园、深圳市软件产业基地、深投控创智天地大厦、深圳湾创业投资大厦、深圳湾创新科技中心、深圳软件园、高新工业村等7个核心园区项目及中国风投大厦项目为第一圈层,即核心圈层;深度融入深圳湾科技园区所在的南山区,将其列为第二圈层,即关键圈层;将原特区内的福田区、罗湖区、盐田区等和原特区外的龙岗区、光明区和坪山区等深圳市内的各个行政区列为第三圈层,即辐射圈层(如图4-1所示);将东莞、惠州、中山等深圳周边省内区域的产业基地作为第四圈层,即省内圈层;逐渐拓展到"省外圈层"和"海外圈层"。深圳湾科技园区将各个圈层的高端科技创新要素引流至核心圈层,同时推动园区产业模式和创新文化有序外溢发展,形成产业集聚和辐射的双效应。深圳湾科技园区通过"高端科技资源导入+科技园区+金融服务+上市平台+产业集群"五位一体的商业模式,汇聚科技创新资源,以生态赋能,促进园区内的企业相互嵌套、彼此融合、协同共生。

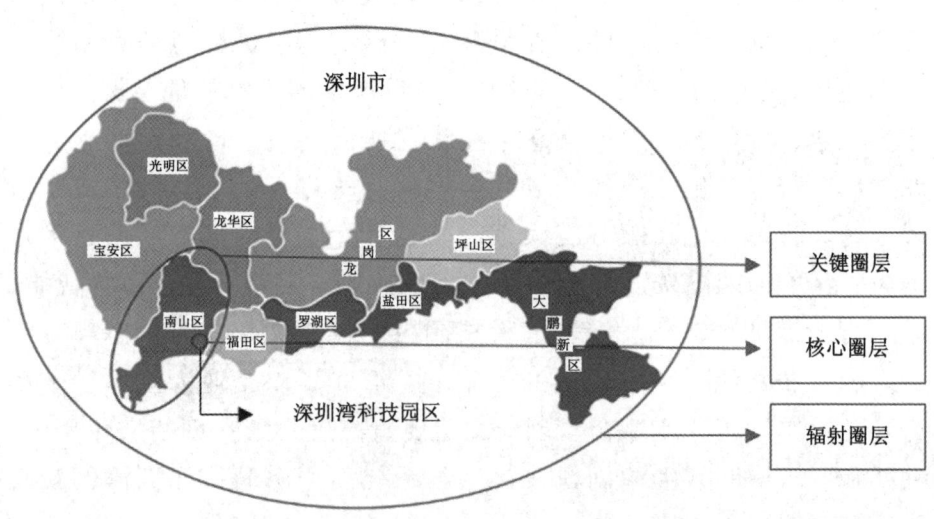

图4-1 深圳湾创新文化生态系统"圈层梯度"结构图

第一,核心圈层。深圳湾创新文化生态系统的核心圈层即深圳湾科技园区,是我国最为核心的产业资源集聚平台与价值创造平台,是深圳高科技产业创新发展的代表性园区。它为超过1000家高新技术企业、近50家上市企业和众多极具特色的中小企业提供产业载体，逾15万高端创新人才在此创业奋斗，追逐梦想[216]。通过整合知识、人才、技术、信息等创新要素，构建产业资源服务平台，推进创新资源优化配置，塑造资源共有共享、生态高度融合、价值不断再造的创新文化环境。深圳湾科技园区吸纳ARM、空中客车、华为、腾讯、京东智能、顺丰科技、北汽产投、发那科和商汤科技等高新技术企业，其成熟的创新文化为生态系统助力。深圳湾通过文化服务、产业服务、专业服务、公共服务及商务服务等推动同行企业和产业链上下游企业的创新资源进行整合，形成文化圈、文化链，使创新文化成为科技创新、产业创新、管理创新、商业创新和金融创新等的润滑剂，在创新孵化器、创新加速器和创客空间等催化作用下，构成彼此融合、协同共生的产业创新生态体系。优渥的生态土壤和创新平台孕育出大量的科技型小微企业，其创新文化在与环境的适应中落地生根、盎然生长、加速"蝶变"，具有明显的成长性、规律性和示范性。深圳湾创新文化生态系统核心圈层的文化"软实力"，不断催生出创新"硬实力""硬效益"，在吸纳和集聚创新文化要素的同时向外辐射、传播，在全方位的对外开放中形成了"引进来"的吸引力和"走出去"的竞争力。

第二，关键圈层。南山区是深圳湾创新文化生态系统的关键圈层，是深圳市高新技术产业基地。区内拥有深圳湾科技园、留仙洞工业园和蛇口工业区等大型高新技术园区，培育了菜鸟网络、腾讯云、微众银行、丰巢科技等13家独角兽企业、170家上市企业和4008家国家级高新技术企业，拥有杰曼诺夫数学中心、格拉布斯研究院等9个诺贝尔科学家实验室以及清华大学深圳国际研究生院、北京大学深圳研究生院、深圳大学、深圳职业技术学院等高等院校和科研院所，占全市比重的80%，拥有的风投、创投机构占全市比重的75%[217]，凝聚了创新科技文化、高等院校文化和科研院所文化等丰富的创新文化资源。南山区与深圳湾科技园区的创新文化相互滋养，形成电子、纺织印染、港口仓储业、房地产、电力、旅游、食品、机械加工、生物工程、新型材料等为主体的多元化产业文化体系，其创新文化不断外溢、辐射，孕育出大量科技型小微企业。

第三，辐射圈层。深圳市是深圳湾创新文化生态系统的辐射圈层，是我国最具创新活力、创新色彩和全球影响力的城市之一。深圳坚持实行"引进来"和"走出去"战略，积极利用国际国内两个市场、两种资源，吸引全球投资。其层出不穷的科技创新成果吸引着世界的目光，平均每天诞生48项发明专利，每63人拥有一家高新技术企业，研发投入远超欧美，一批批伟大的创新企业在不断诞生[218]，孕育出了华为、中兴、腾讯、比亚迪、万科、华大基因、柔宇、大疆等超过1.7万家国家级高新技术企业[219]。近几年创新活动之所以如此活跃，创新绩效如此显著，是因为改革开放使得深圳原住民的海洋渔猎文化、移民文化、商业文化中的宽容气质和冒险精神得以复苏和融合，逐步形成了一种"敢闯敢试、敢为人先、埋头苦干"的特区精神和创新文化[220]。创新文化是深圳企业成功的最重要基因。虽然深圳成功企业所处的行业不尽相同，创业和成长的时间有先有后，领军人物的背景和性格也有差别，但是，这些成功企业都有一个共同点，那就是拥有极为活跃的创新文化基因[221]。随着创新文化基因的复制和遗传，人才、资金、技术和市场等创新要素在深圳集聚，营造出了"鼓励创新、宽容失败、开放多元、务实肯干、追求卓越"的创新文化环境。文化生态不是设计出来的，而是创新文化的个体、种群和群落与生态环境相互作用、相互影响，进而磨合出来的。为发挥集聚优势，打造充满活力的创新文化生态环境，形成创新的叠加效应和加速作用，在深圳的福田区、罗湖区、盐田区和南山区等10个行政区域已经建成不同类型、资源丰富、功能健全、生态协同的上百个科技创新园、创新软件园和创新生态园等多元、多样的创新文化网络体系。

深圳湾创新文化生态系统的核心圈层、关键圈层和辐射圈层深度融合、彼此赋能，汇聚了卓越、丰富、多元的创新资源，在无数价值触点上进行价值再造，形成了互联共享、自由开放、良性循环、协同共生、整体演进的创新生态，滋养科技型小微企业相继萌发，其创新文化健康生长、生机勃勃。因此，本章选择深圳湾科技园区作为案例，研究其中科技型小微企业创新文化的生长。

二、案例研究假设

案例研究是研究者在确定了所要研究的问题或现象后，收集整理相关理论和资料，带着理论预设对案例进行分析，通过参与观察、人物访谈和调查问卷等收集各种定性资料，在对资料进行初步的分析和归纳后，开始进一步研究，通过多次循环，逐步达到对现象和过程的理论概括、归纳和解释[222]。现象与其背景之间的界限不明显，案例研究可以透过现象，深入到研究背景和研究情境中观察研究对象本身，运用事例证据来展开研究，才能获得其他研究手段所不能获得的数据、经验和知识。以此为基础来分析整体性的体系，以及不同要素之间的逻辑关系和复杂现象，进而检验和发展已有的理论。观察的前设性条件是观察的形式和结构的问题，而问题的提出往往是从理论预设开始的，根本要义并非"客观"事实的描述或说明，而在于理解，使任何"解释"都以"现在的状况"为基础而展开。[223]预设有利于有意识地聚焦问题本身，有针对性地收集实证分析的相关资料，对研究对象进行有效的把控和分析，以便于由表及里、由浅入深地进行系统研究。没有理论或假设支撑的案例研究是盲目的调查，因此需要以理论或假设作为指导，否则不可能获得理性的、真实的、较好的案例研究资料。正如布朗（Brown）所说的："观察与假设的分离是完全错误的，只有当它们像在其他科学中一样结合起来，社会人类学才会取得应有的进步。"[224]因此，研究假设的确立会使研究更聚焦，使案例的实证研究与分析更有针对性。

本研究的假设立足于深圳湾创新文化生态系统中科技型小微企业不同成长阶段创新文化的生长。假定创新理念、创新行为和创新形象是科技型小微企业创新文化生长的三个影响因素。通过对深圳湾创新文化生态系统中科技型小微企业创新文化的分析，以及描述创新种子文化、创新标识文化和创新繁衍文化的差异，来验证文化种群和文化群落是如何影响企业创新文化生长的。

三、基于文化生态学的案例研究方法

案例研究是一种经验主义的探究，它研究现实生活背景中的暂时现象；在这样一种研究情境中，现象本身与其背景之间的界限不明显，研究者只能大量运用事例证据来展开研究[225]。案例研究方法是一种社会科学研究方法，包括实地研究、实验研究和调查研究，是一种全面的、综合性的研究思路。[226]案例研究的基本逻辑是深入

到研究对象所在的环境进行观察，收集相应资料并整理和归纳，最后进行研究、分析和总结。任何一项好的案例研究都必须依托于坚实的理论基础，案例研究对发展理论也有着极其重要的意义。案例研究理论主要有观察渗透理论和白板理论。观察渗透理论是1959年美国科学哲学家汉森（Hansen）提出的，认为观察是主体与客体互动的结果，已有的理论背景影响着观察，不受理论影响的单纯观察是不存在的。[227]他揭示了人们观察客观事物的心理特征，任何观察都不是纯粹客观的，具有不同知识背景的观察者观察同一事物，会得出不同的观察结果。观察依赖于理论，观察渗透着理论，理论决定了观察的目的和对象。[228]而白板理论是17世纪英国唯物主义经验论哲学的系统化学者洛克（Locke）提出的，他认为最初的心灵像一块没有任何记号和任何观念的白板，一切记号、观念和知识都来自后天的经验[229]。可见，观察渗透理论是基于已有的理论预设进行研究，而白板理论是不带任何理论预设的。本研究基于观察渗透理论，结合文化生态学的理论预设有意识地聚焦研究对象本身，将主观和客观相结合，对真实可靠的第一手资料进行全面、深入的观察、归纳和分析，从而对其内在规律予以挖掘、研究和升华。

对生态系统中科技型小微企业进行案例研究，研究者需要深入到文化生态系统中，观察、了解科技型小微企业所经历的创新创业情境，亲自深入到工作环境中，直接与企业家和员工进行交谈，能够为本研究提供丰富、详细、鲜活、可靠的第一手资料。通过和企业家、员工的深入接触，有利于了解科技型小微企业中企业家的个性特征和精神品格、员工的工作习惯和创新理念，有利于了解企业的创业背景、创新行为、创新技术和创新产品等，能更广泛和深入地获取企业的信息和资料，更易于全面了解企业所处的经济、社会和文化情境。科技型小微企业的研发、生产、销售等环节不是静态、孤立的个体行为，而是群体行为，因而在创新过程中存在着一定的关系。基于文化生态学的案例研究方法，是将科技型小微企业创新文化置于其所生存的文化生态系统中，不仅仅要研究企业创新文化本身，还要研究企业人才、知识、技术、产品、市场等创新要素，与企业创新文化相关的组织、制度、习惯、行业形势和产业动态等，

第四章　生态系统中科技型小微企业创新文化的生长——以深圳湾科技园区为例

以及企业所在的创新文化生态系统。

不同地区的创新文化存在一定差异，没有完全相同的创新文化，即使是同一地区不同的企业从事同一领域也会拥有不同的创新文化，企业创新文化不可复制和模仿。基于文化生态学案例研究的一个重要方面就是参与观察，关于科技型小微企业创新文化的问题，是深层次的价值观念和思想意识，是难以直接观察出来的，而只能通过深度访谈才能把这些问题"聊"出来。笔者走进深圳湾科技园区，深入走访未来交互信息、眠虫科技、优克联新技术、微队信息技术、小猫科技、云天励飞等15家科技型小微企业。同时对深圳湾创新文化生态系统"核心圈层"的三位企业家、"关键圈层"的三位企业家和"辐射圈层"的四位企业家进行了深度访谈，访谈时间为每个人一个小时左右（如表4-1所示）。企业家访谈提纲的设计主要包括访谈背景介绍、企业家的创业历程、企业创新价值观、创新目标、创新战略、创新环境、创新投入、创新制度和激励措施等，以及被访谈企业家对企业创新文化培育和创新环境建设的建议（详见附录C　科技型小微企业企业家访谈提纲）。针对深圳湾创新文化生态系统中科技型小微企业创新文化进行问卷调查［详见附录A　科技型小微企业创新文化调查问卷Q1（管理者专用）和附录B　科技型小微企业创新文化调查问卷Q2（员工专用）］，向36家企业发放了调查问卷，共收回66份企业管理者问卷、107份企业员工问卷。针对深圳科技型小微企业创新文化提出的建议共有32条，针对我国科技型小微企业创新文化提出的建议一共有54条，两项合计86条。2020年6—9月，通过对深圳湾科技园区进行案例研究，发现了生态系统中科技型小微企业不同发展阶段创新文化的生长过程和阶段特征。

表4-1　深圳湾创新文化生态系统中科技型小微企业企业家访谈名单

序号	企业名称	所属行业	所属圈层	企业人数	企业成长阶段	企业家姓名
1	深圳市未来交互信息技术有限公司	安全信息	核心圈层	10	初创期	王×
2	深圳市够好玩科技有限公司	科技文化	核心圈层	16	成长期	洪××
3	深圳眠虫科技有限公司	健康科技	核心圈层	10	发展期	缪××
4	深圳市腾网文化有限公司	网络信息	关键圈层	10	初创期	戴×

表4-1（续）

序号	企业名称	所属行业	所属圈层	企业人数	企业成长阶段	企业家姓名
5	深圳市升幂科技有限公司	大数据和人工智能	关键圈层	15	初创期	刘×
6	深圳市圆周率软件科技有限责任公司	影像技术	关键圈层	50	发展期	沈××
7	深圳市普晟建筑咨询有限公司	建筑设计	辐射圈层	60	成长期	赵××
8	深圳市华纤新型材料有限公司	新材料	辐射圈层	30	成长期	谭×
9	深圳维动自动化设备有限公司	自动化	辐射圈层	30	发展期	于××
10	深圳市艾雷激光科技有限公司	激光科技	辐射圈层	30	发展期	蒋××

第二节 初创期生态系统滋养中的创新种子文化萌发

企业文化是由价值理念、行为准则、企业形象三部分构成的一个统一整体。[230]科技型小微企业创新文化从诞生之日起就存在于文化生态系统中，通过创新理念、创新行为和创新形象的变化予以表征。在科技型小微企业的初创期，人们往往忽视创新文化的存在，片面地认为企业没有创新文化或者创新文化没有形成，实际上创新文化一直存在并发挥着作用，只是属于创新文化"土壤"中的隐性文化。初创阶段，科技型小微企业的企业家和员工带着不同的创新文化基因融入企业，彼此相互适应，在交流、合作中形成了共同的价值观念，相互之间默契程度较高、行为出于本能。生态系统中科技型小微企业创新文化不断地吸收"阳光""空气""水分"等养料，丰富企业内部的创新主体、创新知识、硬件系统和软件系统。在文化生态系统的滋养下，科技型小微企业以创新的企业家精神、生存文化和科技文化为内核的创新种子文化逐渐萌发。

一、创新种子文化的内涵与构成

科技型小微企业创新文化是一种"活"的文化、有生命力的文化，仿佛植物的种子。种子是植物受精后由胚珠发育而成的结构，一般由种皮、胚和胚乳等组成；胚是种子中最主要的部分，核心是胚芽，萌发后长成新的个体。[231]科技型小微企业创新种子文化是由创新的企业家精神、生存文化和科技文化组成的复杂整体，其中企业家精神如"胚芽"，创新生存文化如"胚乳"，创新科技文化如"种皮"，在文化生态"土壤"的滋养中逐渐生长。企业创新文化是一种积累性因果，其随着时间而演变，企业在每个时期的创新文化状况带有它在下一个时期的创新文化状况的种子。[232]

1. 创新种子文化的内涵

科技型小微企业创新种子文化指的是初创阶段企业创新文化以犹如"胚芽"的企业家精神为核心，通过吸收知识、人才和技术等创新要素，企业家与员工的价值观相适应形成犹如"胚"的默契文化。科技型小微企业与传统的大中型企业有着本质的区别，企业家是企业的发起者和组织者，是创新文化的直接缔造者。20世纪初，经济学大师熊彼特提出企业家精神是创新的驱动力，是企业推动改革进程的关键引擎，其动力来源于企业家对利益的追逐和企业家精神。[154]初创期，企业家和创业团队的核心人员一般来自科研院所、高等院校、国有企业或为海归人士等，他们带着不同的创新理念融入企业，以企业家精神为核心逐渐修正、完善、固化，形成具有创新信念、首创精神、冒险精神和创业激情等多元文化因子的隐性种子文化。为了企业能够生存的共同目标，企业家与员工在交流、碰撞中形成默契的价值观，在生态系统的滋养和科技文化的推动下使创新种子文化逐渐萌发。初创期，科技型小微企业的企业家和员工的价值观念和思想意识相对默契，创新行为出于本能和习惯，创新形象模糊，创新理念、创新行为和创新形象没有经过系统挖掘，没有实现统一，其创新种子文化处于本能、模糊和隐性的状态（如图4-2所示）。在生态系统的滋养中隐性形态的创新种子文化在与创新文化"土壤"的适应中由"胚芽"逐渐"生根""发芽"。

2. 创新种子文化的构成

初创阶段，科技型小微企业通过企业的价值观念、非正式制度、惯例和行为习惯等创新理念予以表现的隐性创新种子文化，主要是由创新的企业家精神、生存文化和科技文化构成的。

第一，企业家精神是创新种子文化的内核。企业家精神仿佛植物种子的"胚芽"，通过不断吸收营养成分，使创新种子文化的内核

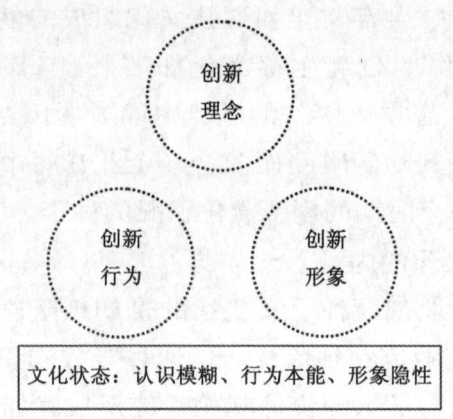

图4-2 初创期企业创新种子文化状态模型图

逐渐成熟而"生根""发芽"。企业家精神是在企业内部将创新理念外化为创业文化的一种表现，创新精神、冒险精神和挑战精神等文化因子在与创业情境的适应中形成了思想意识和价值观念。[233]熊彼特认为企业家是企业创新的主体，是"经济发展的带头人"，也是能够"实现生产要素重新组合"的创新者，其作用在于创造性地打破市场的均衡；通过创造性地打破市场均衡，才会出现企业家获取超额利润的机会[48]。科技型小微企业是以企业家为核心和支柱的，企业家作为企业的领导者和决策者，其思想素质、价值观念和精神特质直接决定企业的创新理念和生命周期。企业家精神是一种重要而特殊的无形精神特质和生产要素，是企业发展的动力源泉，具有吸附优质创新价值观念的能力，具有将创新人才、创新知识、创新科技和创新资源融为一体的能力。在科技型小微企业经营管理过程中，企业家体现出充满个性的事业心、成长欲望和自我价值实现的需求，具有强烈的创新愿望、创新动机、战略眼光和冒险精神，致力于利用现有资源创造出新的、更具生产力和创新力的技术与产品。由于生存竞争的存在，企业家精神通过和生态环境的动态交互过程，反思自己的价值观念、思维方式和行为准则等创新理念与创业情境的适应性，从而不断地修复与升华、嬗变与革新，逐渐形成员工认同的创新理念，推动企业创新种子文化萌发。例如，1995年王传福辞去北京有色金属研究院成立的深圳比格电池有限公司总经理职务，在深圳莲塘的旧车间里带领20多人成立比亚迪科技有限公司。企业家王传福从小家庭贫寒、成长道路艰辛曲折,凭借勇于创新、敢于冒险、敢于挑战未知和追求卓越的执着信念,适应深圳的创业环境并得到员工的认同。企业家王传福是企业电池创新过程中的领导者和组织者,通过创造性地打破市场均衡获取超额利润,从而成为享誉全球的"电池大王"。

第二,创新生存文化是创新种子文化萌发的基础。生存文化犹如植物的"胚乳",具有营养成分,是创新种子文化生存的基础。创新生存文化决定企业的生死存亡,是一种以"生存"为旨归的文化形态,是企业创新文化内核形成的基础。创新生存文化是指企业为维持生存,其内部创新文化要素之间相互依存、相互包容,企业家和员工在与生存环境适应中形成的价值观念、思想意识、战略目标和行为习惯等文化形态。科技型小微企业的创新生存文化是一种适应文化,在与环境的适应中企业家和员工坚定生存目标,克服重重困难,凭借坚定的意志和冒险的精神而推动企业生存。无论大企业、小企业,任何企业都要考虑生存。华为创始人任正非曾说:"我们的战略就是活着。"企业的生存发展与理想追求是相辅相成、互相促进的,理想追求可以让生存发展变得更加坚定,更有精神力量的支撑;而生存发展的进步可以提升企业信心,强化企业的理想和价值追求,这将形成良性循环。[234]在知识经济时代,企业的生存文化越来越表现在学习能力上的竞争,通过学习培训来强化"内功"、增加知识储备、营造学习氛围来谋求生存和发展。例如,改变世界的"神奇大师"乔布斯(Jobs)从小就迷恋电子学,梦想拥有一台自己的计算机[235]。创业初期为了筹集资金,他卖掉了自己的汽车、团队成员卖掉了惠普65型计算器等。为了企业生存,乔布斯带领团队没日没夜、争分夺秒、挥汗如雨、顽强拼搏、刻苦研究,逐渐形成彼此认同的创新理念和创新战略,在创新精神、冒险精神和学习能力的推动下创新种子文化萌发并快速生长,缔造了"苹果的神话"。

第三,创新科技文化是创新种子文化萌发的动力。创新科技文化犹如植物种子的"种皮",在科技力量的推动下"胚"突破"种皮"而萌发,是创新种子文化生长的动力。科技文化作为一种在科学技术实践活动中积淀而成的独具特色的文化形式,不仅是强大的生产力源泉，同时是促进思想解放的精神文化。[236]科技文化的兴起能够提升企业创新文化的科技含量，同时增强了科学技术的文化气息，文化与科技"双轮驱动"，融合发展，将推动企业种子文化的生长和科学技术的进步。科技型小微企业为筑牢创业的根基，通过培育创新的科技观念文化、科技伦理文化和科技美学文化来完善理性的科技文化。只有科技型小微企业的科技观念文化适应技术需求、市场需求和消费者需求，才能实现科技突破。同时，需要权衡和抉择伦理道德和经济利益之间的价值取舍，企业家和员工逐渐实现伦理价值认同，才能引导企业朝着人性化的方向发展[237]。科技美学文化通过塑造科学美、技术美、艺术美和社会美等，为企业科技文化注入"美"的因子，从而契合消费者的美学需求，推动企业种子文化焕发出更新、更美的样貌。例如，2006年成立的深圳市大疆创新科技有限公司，其创始人是香港科技大学的毕业生汪滔。他从小就酷爱飞行器，梦想拥有一台遥控无人机，凭借着浓厚的兴趣爱好、科技创新理念和专业知识的学习，实现了重大的科技创新。大疆经历了创业初期简陋小作坊吸引不到创新人才的困惑，团队价值观不统一而进行的打破重组。后来，汪滔凭借执着的信念和创业的激情吸引研究生导师李泽湘和校友融入团队，彼此的价值观在交流合作中，逐渐达成共识并适应了深圳的创业环境，在文化与环境的适应中企业逐渐得以生存。在企业家精神、生存意识和科技创新观念的推动下，大疆通过创新资源的重组淘汰旧的技术和生产体系，从而研发出第一款较为成熟的直升机飞行控制系统 XP3.1，实现了科技突破。大疆在企业家精神、生存文化和科技文化的推动下，创新种子文化得以"生根""发芽"，迎来了发展的曙光。

二、创新种子文化的特性

初创期，科技型小微企业创新种子文化主要通过企业家精神予以表征。科技型小微企业由于企业规模小、人员少、创新性强和求生欲望强，创新种子文化积极吸收"土壤"中的养分，克服重重困难，突破层层壁垒，在适宜的环境中萌发，呈现出鲜明的特性。

创业不仅是淘汰的过程，也是孕育和优化的过程。科技型小微企业创新种子文化在生长中，不仅淘汰劣质的企业，也在淘汰劣质的企业家,同时在孕育和优化企业家的价值观念和精神特质。由于深圳湾创新文化生态系统完善,创新环境优越,拥有大量健康的科技型小微企业,因此,对深圳湾科技型小微企业企业家个性特征的分析有助于了解初创期企业创新种子文化的特性。通过调查深圳湾科技型小微企业管理者对企业家个性特征的评价[附录 A 中 Q1-2],按选择人次从高到低排序,前五名分别为创新性、开放性、包容性、冒险性、挑战性,分别占比 17.17%,15.15%,13.13%,11.11% 和 11.11%(如表 4-2 所示)。由此可见,科技型小微企业企业家突出的个性特征主要有创新性、开放性、包容性、冒险性和挑战性。

表 4-2 企业管理者对企业家个性特征的评价

选项	小计	比例
包容性	26	13.13%
创新性	34	17.17%
奉献性	10	5.05%
挑战性	22	11.11%
灵活性	16	8.08%
内向性	0	0%
外向性	4	2.02%
保守性	0	0%
理 性	2	1.01%
感 性	0	0%
竞争性	20	10.10%
开放性	30	15.15%
冒险性	22	11.11%
不自私性	10	5.05%
幽默性	2	1.01%
本题有效填写人次/频次	66/198	

资料来源:笔者根据问卷调查结果自绘。

通过调查深圳湾科技型小微企业员工对企业家特质的评价(附录,B 中 Q2-17),可知有 69 名员工认为他们的领导"有能力,善于吸附和利用各种创新资源,最终获得利润",位列第一;有 55 名员工认为他们的领导"有创新,能够灵活地捕捉科技前沿信息";有 53 名员工认为他们的领导"有眼光,能看到市场潜在的商业利益";

有 52 名员工认为他们的领导"有胆略，敢冒经营风险，取得尽量多的市场利润"；有 48 名员工认为他们的领导"有胸怀，能够容纳不同的意见和理念不同的人"（如表 4-3 所示）。调查结果表明，科技型小微企业的企业家具有创新能力、开放包容、敢于冒险、勇于挑战的精神，具备科技创新意识、市场嗅觉、商业运作能力和创新资源整合能力，得到了管理者和员工的支持、认同。

表 4-3　企业员工对企业家主要特质的评价

主要特质	频次	有效百分比/%
A. 有眼光，能看到市场潜在的商业利益	53	16.51
B. 有胆略，敢冒经营风险，取得尽量多的市场利润	52	16.20
C. 有能力，善于吸附和利用各种创新资源，最终获得利润	69	21.49
D. 有创新，能够灵活地捕捉科技前沿信息	55	17.13
E. 有胸怀，能够容纳不同的意见和理念不同的人	48	14.95
F. 善于和政府相关部门沟通，拿到项目和资助	19	5.92
G. 有财商，善于从公司运营中压缩成本，包括建立惩罚制度和提高业绩门槛，使员工拿不到许诺的工资	18	5.61
H. 严肃保守，维持原有运营模式，不愿进行新的尝试和改变，以规避风险	3	0.93
I. 不太确定	4	1.25
本题有效填写人次/频次	107/321	100.00

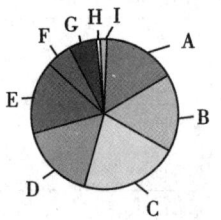

资料来源：笔者根据问卷调查结果自绘。

通过调查深圳湾科技型小微企业的管理者和员工对企业家的个性特征和特质评价，可知初创期企业创新种子文化具有创新性和吸附性、开放性和包容性、冒险性和挑战性。

1. 创新性和吸附性是企业创新种子文化的灵魂

科技型小微企业处在初创期，企业家视创新为灵魂和生命，带领员工时时创新、事事创新，将创新融入每个人的血液和骨髓。创新种子文化只有在企业家精神的引领下，才能激活创新基因，给予创新种子文化内在的生长力量。初创期，企业家带领员工开展理念创新、研发创新、生产创新、管理创新和市场创新等，在交流合作中形成共同的创新价值观、创新战略和创新目标，彼此默契合作，行为出于本能，形成了隐性的创新种子文化。科技型小微企业创新种子文化在孕育中，企业家充分利用创业情境中的创新资源，展现出吸附性，积极吸收创新人才、知识资源、物质资源和政策制度等，促进创新资源转化为创新技术与创新产品，从而使创新种子文化的内核越来越饱满，创新的"种子"逐渐趋于成熟。例如，坐落在深圳湾科技园区内的深圳眠虫科技有限公司创始人缪克君在两次创业经历中，认识到企业家创新能力和吸附能力的重要性。在眠虫科技的创业初期，缪克君带领员工发扬首创精神，积极捕捉科技前沿信息，吸收和整合园区生态环境中的人才、知识和技术等创新资源。企业家和员工的创新观念和创新目标达成共识，将健康睡眠理念与人工智能技术、大数据技术和传感技术等相融合，研发出适应市场需求的专利产品——睡眠健康智能枕，使企业创新种子文化得以萌发。

2. 开放性和包容性是企业创新种子文化的关键

科技型小微企业的企业家只有拥有开放的思维，才能摆脱传统观念的束缚，在对外交流与合作中开阔视野、捕捉创意，挖掘市场潜在的商业信息和科技动态，从而激发创新灵感，刺激创新种子文化生长。科技型小微企业的企业家具有包容性，能够接纳多元文化的创新人才，善于扬长而补短，在异质文化的交流、碰撞中更利于创新与超越，更利于企业家精神的升华，更利于企业家个人魅力的彰显。不同价值观念、做事方式和行为准则的员工相互适应，在价值观的修正与统一中促进企业创新种子文化生长。深圳开放、包容的创业情境吸引全国甚至全世界的创新人才,开放的理念与创新的思维使年轻人集聚,千万人口的超大城市平均年龄只有32.5岁。[238]"没有方言的城市""来了,就是深圳人"在民间产生共鸣,锻造了深圳包容性的价值观念。[239] 深圳湾科技园区科技型小微企业的企业家和员工趋于年轻化,从调查问卷中了解到企业管理者平均年龄34岁,员工平均年龄29岁。深圳湾科技型小微企业的企业家不自私,企业的经营模式大多是合伙制或股份制,使员工与企业形成命运共同体,企业在开放合作、共享共赢中协同共生。

3. 冒险性和挑战性是企业创新种子文化的天性

科技创新是希望与风险并存的实践活动。冒险性和挑战性是科技型小微企业创新种子文化与生俱来的特有精神,看似矛盾却有合理性,辩证地来说,生存的前提需要敢于冒险和挑战,敢冒险和挑战才会更好地生存。企业家的冒险性和挑战性将影响企业的精神追求和理想信念,可以让企业的发展变得更加坚定,更有精神力量的支撑。敢于冒险、挑战未知和探索钻研的价值观念和思想意识,是企业强化"内功"、谋求发展的原动力,能够充实个人的知识技能和开放意识,从而激发人们的奇思妙想、创新创意[240]。初创阶段,为了生存,不仅企业家精神具有冒险性和挑战性,而且积极塑造勇于创新、敢于冒险和包容失败的文化氛围,引导员工挑战自我、探索前沿、迎面矛盾、突破思维定式和环境束缚,形成推动创新种子"发芽"的精神力量。例如,深圳湾科技园区的优克联新技术有限公司,其联合创始人陈朝晖、彭智平、谭竹等均在华为工作10年以上。他们因工作需求频繁奔波于世界各地,通信上往往会遭遇各种困扰,如:购买本地SIM卡流程过于烦琐而耽误时间、公共网络无法保障信息安全、网络连接速度过慢和成本过高等。为此,他们抱着敢想敢试的心态,大胆地投入到云SIM解决方案的研发中,希望为用户提供全球移动数据连接服务。2014年创立公司并搭建云SIM技术研究平台,推出免插卡的3G随身Wi-Fi设备(G1),从"技术研发"走向"产品商用",打造出"吉客猫"和"漫游超人"两大服务品牌,迅速覆盖全球60多个国家;2015年挑战未知、打破边界,再次实现科技突破,推出全球首款 4G 高速、免插卡的零漫游随身 Wi-Fi(G2),公司创业团队由几个人、几十个人,迅速发展到百人。入驻深圳湾科技园区两年时间,优克联以创新的技术、敏锐的市场嗅觉和冒险的精神演绎了一家科技型小微企业,在一条诱人而"凶险"的道路上跨越式成长发展的"传奇"。

三、生态系统对创新种子文化的滋养

在文化生态系统中,文化与其所处的环境密不可分,它们相互影响、相互作用、互为因果。人的行为是由他的经历和所处的文化、宗教、环境和遗传等多种因素积累决定的。[241]人是创新种子文化的主体,创新种子文化的生长需要文化与环境互动所构成的文化生态系统的滋养和孕育,创新文化在生态系统中会自组织、自适应、自生长。格莱泽(Glaeser)证明了一个国家或者地区的文化生态系统越完善,企业家精神聚集程度越高,这个地区的企业越多,越有利于企业创新文化的生长。[242]文化生态系统是由不同的文化层级构成的,通过物理圈层和虚拟圈层释放物质、能量和信息,由内向外辐射,数量逐渐减少,能量逐渐降低。在深圳湾创新文化生态系统核心圈层的科技型小微企业,能够近距离、直接、高效地汲取创新的人才资源、技术资源、知识资源、信息资源、金融资源和服务资源等,在生态系统的滋养中更有利于企业创新种子文化的生长;而在创新文化生态系统关键圈层和辐射圈层,创新资源的数量减少,辐射的能量减弱,创新种子文化生长的力量也随之减弱。

在文化生态系统的滋养中,科技型小微企业创新种子文化的萌发是一个开放的、动态的、非线性的复杂过程。企业家精神犹如胚芽,在创新生存文化——胚乳养分的供给中,首先突破创新科技文化——种皮,向下生长,形成主根;与此同时,胚、胚乳和种皮周围的细胞也相应地被激活,使创新种子文化从土壤中萌发,长出茎和叶,形成企业创新文化的幼苗。创新种子文化作为一种文化形态,在与不同环境的适应中将形成不同的样态。优质的创新文化生态系统将滋养创新主体不断汲取"土壤"中的"养料",激发创新精神、冒险精神、学习能力、生存动力和科技创新激情,从而释放自身价值,促使企业家精神、创新生存文化和创新科技文化凝结而成的创

新种子文化内核日趋饱满、成熟，从而推动创新种子文化"生根""发芽""破土而出"。

在美国硅谷"鼓励冒险、宽容失败、崇尚竞争、平等开放"的创新文化和创新生态影响下，我国在不同省份设立了国家级、省级和市级各种类型的科技园区。由于文化环境、自然环境和经济环境的差异，在不同的传统文化和价值观念的影响下，科技园区发展的状况参差不齐，京津冀、长三角和珠三角地区比较好，而其他省份相对较弱。在北京、上海、广州、深圳等每个地区有上百个不同类型的科技创新园区，它们开放合作、互利共赢、协同发展，形成良好的创新生态，科技型小微企业大量涌现，蓬勃发展。而在东北、西北和西南等地区，部分科技园区由于生态环境、文化观念和创业氛围等影响，没有形成良好的创新生态，造成企业入驻不足，大片建筑或土地被闲置荒芜，孵化或入驻的科技型小微企业数量少、成活率低、发展缓慢。

在深圳，深圳湾科技园区已经形成成熟的产业创新生态系统，区别于我国大部分科技园区，优渥的生态"土壤"、资源共享环境和创新文化氛围等，使科技园区产业发展结下了累累硕果，科技型小微企业不断孵化、衍生、创新发展。通过问卷调研科技型小微企业的管理者对深圳湾科技园区在企业创新文化发展中发挥作用的评价（附录 A 中 Q1-21），满意为 3 分，基本满意为 2 分，不满意为 1 分，难以判断为 0 分。从评价中可知，深圳湾创新文化生态系统主要在以下几个方面对科技型小微企业创新文化进行滋养，"促进技术交流合作" 2.27 分，"提供知识产权服务" 2.24 分，"提供科技信息服务" 2.23 分，"推动企业孵化和创新发展" 2.21 分，总体满意度 2.20 分（如表 4-4 所示）。位于深圳湾创新文化生态系统核心圈层的科技型小微企业，在华为布局的中国鲲鹏产业源头创新中心的创新生态氛围中，在 ARM、AIRBUS、科利尔、迅雷、埃森哲和商汤科技等国内外高科技企业创新文化的影响下，在中美创投、IDH 创展谷、联想星云加速器和育新孵化器等 100 多家创投机构、创业孵化及服务机构的助力下，在金控平台、投控基金群和金融超市的支持下蓬勃发展。在深圳湾"勇于创新、敢于冒险、宽容失败、追求卓越、开放包容、崇尚竞争"的创新文化引领下,在文化圈和文化链的作用下,科技型小微企业从生态系统中获取丰富、多元、多样的创新文化要素,使创新的"种子"扎根在深圳湾肥沃的"土壤"中,创新种子文化相继萌发,企业如草木般繁盛,生机勃勃。

表4-4 管理者对深圳湾科技园区在企业创新文化发展中发挥作用的评价

题目/选项	评价得分
为人才引进和培养创造条件	2.17
帮助新产品普及、推广	2.06
促进技术交流合作	2.27
提供科技信息服务	2.23
提供知识产权服务	2.24
提供融资服务和资金支持	2.09
推动企业孵化和创新发展	2.21
总体满意度	2.20

资料来源:笔者根据问卷调查结果自绘。

达尔文(Darwin)认为自然界中的生物,通过激烈的生存竞争,适应者生存,不适应者被淘汰,经过自然选择和遗传变异,不断进化。[243]文化类似于生物有机体,在与环境的适应中通过生存竞争和自然选择进行多线进化。由于科技型小微企业企业家的创新文化基因不同,因此,草本植物形态创新文化的"种子"和木本植物形态创新文化的"种子",在创新文化生态系统中适应的方式、孕育的时间、汲取的养分和生长的根系都不相同,将呈现出不同的样态。

1. 生态系统滋养中草本植物形态的创新种子文化萌发

在科技型小微企业的初创阶段,草本植物形态的创新种子文化,在文化生态系统中孕育的时间较短,汲取的养分较少,其创新理念灵活多变、生命力旺盛,不需要太多的人才、技术、知识等创新文化要素,就会萌发出多而细的"根"。在企业家的带领下,企业家精神、创新生存文化和创新科技文化凝聚而成的创新种子文化将长出许多草本植物形态的"幼苗"。例如,2017年成立的深圳市未来交互信息技术有限公司在企业家王君的带领下,在深圳湾创新文化生态系统滋养中,吸纳多样性的硬件创新人才和软件创新人才组建10人的创业团队,将生态系统中的计算机技术、交互技术、信息技术、人工智能技术和大数据技术进行集成，为生物医疗、工业互联网和物联网等新兴战略产业制定安全信息系统解决方案。在深圳湾科技园区的开放、多元、革新、求异、竞争和宽容等观念文化的影响下，创业团队成员在学习、交流与合作中提升创新理念。在生态系统科技资源、信息资源、知识资源、智力资源和金融资源等的支持和供给下，企业通过创新研发出服务于不同产业、灵活多变的安全信息系统解决方案，实现了科技突破。企业创新种子文化在深圳湾创新文化生态系统中"生根""发芽"，生长出草本植物形态的"幼苗"。

2. 生态系统滋养中木本植物形态的创新种子文化萌发

为了生存，木本植物形态的创新种子文化主动寻找适宜的"土壤"。融入文化生态系统后，创新种子文化吸收的养分相对较多，需要高、精、尖的人才、技术和知识等创新文化要素才能凝聚创新的力量，才能拥有主根和深而复杂的根系，从而形成具有强劲生命力和发展潜质的木本植物形态"幼苗"。例如，2014年成立的深圳市微队信息技术有限公司，初创时为选择适宜的创新环境和创新资源，由深圳科技园北区搬入深圳湾软件产业基地。创始人李有春是华为系创业者，工作经历和两次创业经历让他认识到，创业不仅要沉浸于科技创新中，而且要有创新战略上的耐心。李有春在足球运动中埋下创新的种子，梦想给足球鞋插上"黑科技"的翅膀，通过研发"AI+智能"足球鞋来为运动员进行动作的数据感知和分析。李有春利用深圳区位优势，召集了华为、大疆、腾讯和耐克等知名公司的足球爱好者组建了微队，多元文化的碰撞和融合中创新理念日趋清晰，创新信念日益坚定。历经4年多的积淀，深圳湾创新文化生态系统为微队的生存和发展，提供了海内外软件和硬件的创新人才、创新文化和创新资源等加速的"引擎"，在与科研院所和产业链上下游企业的合作中，推进了足球鞋相关芯片、算法、柔性电路、工艺等研发，用AI给足球鞋赋能。2019年3月在足球殿堂伦敦温布利国家体育场，在十多个国家的足球俱乐部教练、球员、媒体和球迷的见证下，全球首款AI技术加持的智能足球鞋完成了"首发"。在深圳湾创新文化生态系统的滋养下，微队具有旺盛生命力和发展潜力的木本植物形态创新种子文化扎根，逐渐萌发、生长。

初创阶段,科技型小微企业创新文化在生态系统的滋养中,不断地汲取知识、人才、技术、信息等"养料",在企业家和员工多元文化的交流、碰撞与融合中,在文化与环境物质、能量和信息的交换中,企业创新文化由模糊趋于清晰、由隐性趋于显性、由单一趋于多元、由默契状态趋于离散状态。在不同观念文化的矛盾冲突中,推动企业形成由企业家精神、创新生存文化和创新科技文化为内核的创新种子文化。在文化生态系统滋养中,科技型小微企业创新种子文化逐渐萌发,企业家个性特征、生存挑战性和科技突破性特征逐渐呈现,三者相互依存、相互影响、相互促进,企业的创新理念、创新行为和创新形象日益凸显,企业创新种子文化逐渐生根发芽,破土而出,形成幼苗(如图4-3所示)。

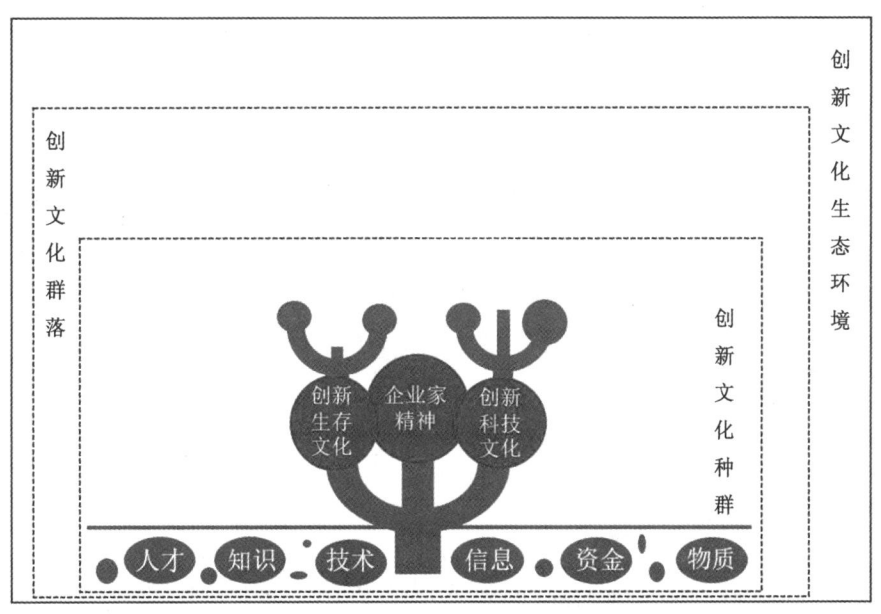

图4-3 初创期生态系统滋养中创新种子文化萌发模型图

第三节 成长期生态系统适应中的创新标识文化成熟

正如斯图尔德所说,随着时间的推移文化不断地变化,受观念、制度、环境和技术等影响,文化在与环境的适应中进行非线性进化。

科技型小微企业创新文化研究

科技型小微企业在与竞争者、消费者、合作者和产业链上下游企业等利益相关者的交往中发现，适应他们的需求企业创新文化才能继续成长，因此，适应创新文化种群成为主要的发展动力。进入成长期，科技型小微企业创新种子文化逐渐外化、传播，通过与创新文化生态环境中物质、能量、信息的交换和反馈，生长出以创新的产品文化、组织文化和商业文化为内核的创新标识文化，三者之间相互联系、相互影响、相互依存。在创新文化种群的适应中，科技型小微企业的创新理念、创新行为和创新形象逐渐修正、完善，日益显性、多元，创新标识文化呈现出独特性与务实性、凝聚性与激励性、品牌性与传播性。在成长期，科技型小微企业创新标识文化在与竞争者文化、消费者文化和其他利益相关者文化的交流和互动中逐渐成熟。

一、创新标识文化的内涵与构成

随着企业的成长，员工的数量逐渐增多，企业创新文化趋向多元化。不同区域文化、民族文化和组织文化的员工，在交流、合作中会出现矛盾和冲突，在文化适应和跨文化整合中企业文化进行多线性进化。作为以创新为灵魂的科技型小微企业，在成长中希望与挑战并存，企业创新文化在与环境的适应中不断试错、修正和完善，企业的创新观念文化由隐性趋于显性，通过创新制度文化和创新器物文化予以表征，形成以创新的产品文化、组织文化和商业文化为内核的创新标识文化。

1. 创新标识文化的内涵

创新标识文化是显性的表层文化，是企业的创新理念和创新行为主要通过产品的形式和包装、组织的制度和措施、商业的品牌和广告等标识，予以呈现和传播的一种创新性文化形态。标识作为一种特定的视觉符号，是企业形象、特征、信誉、文化等的综合与浓缩。[244]在成长期，科技型小微企业具有不同创新文化基因的员工在多元文化的交流与碰撞中，不同的人有不同的做事方式、行为准则和价值取向，企业没有形成明确的创新战略。科技型小微企业创新种子文化萌发后逐渐显性化，但由于缺乏对企业创新文化的系统梳理和深层挖掘,企业的创新理念多元、创新行为多样,创新形象通过产品、组织和商业等表面形式予以显现(如图4-4所示)。为了更好地适应和满足创新文化种群中竞争者文化、消费者文化和其他利益相关者文化的需求,创新标识文化不断地在自我克服与自我排序的持续、螺旋进程中生长,在不同文化的矛盾、冲突与博弈中逐渐趋于成熟。科技型小微企业创新标识文化承载着企业信息传递的功能,将企业独特的文化标识、文化符号等创新性地孕育于产品文化、组织文化和商业文化中进行传播,推动企业创新标识文化在与创新文化种群的适应中逐渐成熟。

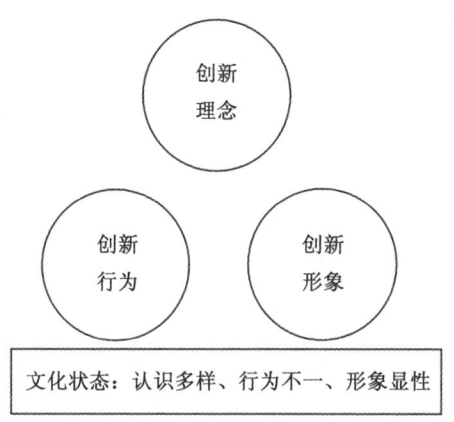

图4-4 成长期企业创新标识文化状态模型图

2. 创新标识文化的构成

为适应创新文化种群,科技型小微企业创新文化由创新种子文化逐渐向外延伸,生长出创新标识文化。这一成熟形态的创新文化内核仍然是企业家精神、创新生存文化和创新科技文化,但通过创新产品文化、创新组织文化和创新商业文化进行外在表达。

第一,创新产品文化是创新标识文化的外在形式。创新产品文化是指以企业生产的创新产品为载体,反映企业创新物质文化要素和创新精神文化要素的总和,是产品价值、使用价值和文化附加值的统一。创新产品文化是运用标识将企业创新理念、创新行为和信誉形象等浓缩于产品的意象表达,是创新标识文化的外在形式。科技型小微企业因其规模小、创新意愿强、组织灵活,能够敏锐把握市场前沿和消费者潜意识的消费需求并快速做出反应，对产品的标识、形态、功能、包装和质量等微创新、微改革都有利于独特性创新产品文化的培育。而大中型企业，产品从创意、研发、生产到投入市场环节多、时间长，难以满足快速变化的市场需求。现代创新产品的内涵丰富、边界模糊、形态多样，不仅是市场上满足消费者需求的有形产品，而且包括无形服务，企业之间的竞争已从单纯的产品竞争时代步入产品、品牌、服务和文化全面竞争的"后产品竞争"时代。因此，在成长期，科技型小微企业在与创新文化种群的适应中，为获得市场竞争优势和消费者青睐，在多元文化的碰撞中培育具有丰富内涵、专属服务和跨界融合的创新产品文化，将推动科技型小微企业创新标识文化生长。

例如，美国苹果公司联合创始人之一的乔布斯是一位极具个性和创造力的企业家，有着永远怀疑、保持叛逆、追求完美和誓不罢休的性格与激情，顽固坚持产品设计要唯美、用户体验要至上[245]。乔布斯总是有意识地将自己置身于艺术与科技的焦点，将企业的创新理念通过完美的创新产品对外予以呈现。作为由科技型小微企业成长起来的高科技企业，苹果公司在成长期，乔布斯在所有创新产品的研发中都坚持简单而实用的原则，将科技与完美的设计、外观、手感、精致、人性化甚至浪漫结合在一起。他是一位关注细节的创新巨匠，关心产品的方方面面，痴迷于生产细节、产品形象、产品标识和产品包装等。乔布斯说："我想要它所有细节尽可能好看一点。优秀的木匠不会用劣质木板去做柜子的背板，即使没人会看到。"[246]拥有惊人创造力和现实扭曲力的乔布斯，运用创新、精美、实用的高科技产品文化引领科技文化、消费者文化和商业文化，从而颠覆世界。

第二，创新组织文化是创新标识文化的内在基础。创新组织文化是指企业全体员工在一定时期内从研发、生产、管理、销售和运行过程中，一致认同的创新理念，并能够自觉践行的创新价值体系。科技型小微企业在成长期，如果说技术创新是获得竞争优势的关键，属于硬件，那么，创新组织文化就是获得竞争优势的源泉，属于软件。一个优秀的创新型组织需要创造一种鼓励创新、包容失败且具有旺盛生命力的氛围,这种氛围就是创新组织文化。[247]企业如何凝聚员工、稳定员工、激励员工共同创业,通过跨文化整合协调和克服矛盾、冲突,从而达成组织共识,这是生态系统中科技型小微企业创新组织文化培育的根本目的,也是创新标识文化得以生长的内在基础和保障。科技型小微企业创新组织文化的形成,经历创新性组织观念文化的确立、组织学习文化的积累、组织制度文化的约束,才能适应创新环境的发展需求。创新导向的激励机制是调动组织创新积极性、促进企业创新文化生长的重要手段。采用信任激励和工作激励等方法的精神激励对提高员工创新水平、促进企业创新文化生长有直接影响,是满足组织创新的内驱动力;物质激励作为内驱动力不足时,对创新激励的重要补充,如采用良性创新压力和创新奖励等手段,是满足组织创新的外驱动力[111]。

通过科技型小微企业创新组织文化的内在凝聚与激励,能够推动企业创新文化适应创新文化种群,进而促进科技型小微企业创新文化的生长。例如,1987年,任正非集资2.1万元人民币在深圳成立华为技术有限公司。[248]创业初期只不过是做一些倒买倒卖的生意,他凭借敏锐的市场洞察力,很快发现如果想要继续生存,就必须有自主研发产品的能力。1991年9月,任正非带领五十多名员工在深圳破旧的厂房中,开始了充满艰险和未知的创新产品研发之路,随着HJD48的研发成功,企业熬过了创业初期。进入成长期,为了适应市场需求,华为启动数字交换机的研发,在企业不到百人的组织内部达成共识,通过技术投入、资金投入和人才投入等不断探索并适应行业发展环境。1993年初,伴随着华为数字程控交换机C&C08的研发成功,创新产品文化和创新组织文化逐渐成熟。华为以"狼性文化""非极致而不为"的创新理念,在与创新生态环境的适应中,企业内部多元的组织价值观达成共识。华为以像"狼"一样的敏锐嗅觉、生存智慧,不屈不挠、奋不顾身的进攻精神,群体奋斗的团结意识,凝聚成强大的组织创新力量[249],为华为创新文化的生长奠定了深厚基础。

第三,创新商业文化是创新标识文化的传播媒介。商业文化指商业活动发展到一定的程度，在商品流通过程中各类商品所蕴含、创造、反映、传播的文化形态和文化现象。文化变迁的三大动因是"特殊历史"过程、对生态环境的"适应"和"文化传播"[138]。科技型小微企业创新商业文化是企业创新商品在与生态环境的适应中，由商品的内涵、包装、营销、流通等过程所反映和传播的文化现象。科技型小微企业对外文化的传播是通过创新商业文化的变迁来实现的。中国的传统文化具有悠久繁荣的商业文化史，中国商业文化包含优质的创新文化基因。[250]科技型小微企业创新商业文化的形成是在传承传统文化基因的基础上，在与创新文化种群适应中，通过不断整合内在的商品文化、商品营销文化、商业伦理文化、商业环境文化等创新文化因子而形成的。创新商业文化能够体现企业的文明程度、文化内涵和管理水平。[251]

科技型小微企业的创新产品文化和创新组织文化是通过创新商业文化予以传播的，三者相互联系、相互依存，是创新标识文化的传播媒介。

例如，于2015年成立的深圳烯旺新材料科技股份有限公司是由中国石墨烯产业奠基人、深圳清华大学研究院创始院长冯冠平教授创办的第101家企业。烯旺科技历时五年，由科技型小微企业发展为全球首家实现石墨烯从上游技术研发、原材料生产，到下游产品研发应用、行业合作、品牌运营、渠道销售等全产业生态链的高科技企业。烯旺科技在冯教授企业家精神的引领下，管理团队的主要成员都来自深圳清华大学研究院，其中博士学位成员比例超过30%。在深圳湾创新文化生态系统的滋养中，企业汲取国际前沿技术、创新人才、金融资金等丰富的优势资源，独创了世界领先的石墨烯发热膜专利技术，由企业家精神、创新生存文化和创新科技文化凝结的企业创新文化内核逐渐向外传播、延伸。烯旺科技除了重视研发创新，还适应市场变化，紧跟消费者需求，不断进行产品研发和应用拓展，拥有自主知识产权专利近300项，创新产品的品类逐渐丰富，已经涉及养护护具、智能家纺、发热服饰、美容、医疗护具器械、石墨烯涂料、石墨烯复合陶瓷耐蚀树脂等多个领域；拥有从产品创意、工业设计、产品研发、规模化生产和自主营销的组织机构和专业团队；相继与国内近二十所高校、研究院、三甲医院建立了紧密的商业合作关系；"烯时代"的品牌文化逐渐凸显，以创新商品为器物媒介，向市场和社会传播企业创新商业文化。目前，烯旺科技在国内市场拥有近300家线下体验店，以及京东、天猫等各类线上平台店铺；在国际市场，"烯时代"产品远销欧美、日韩等海外市场。

二、创新标识文化的特性

成长期，科技型小微企业创新文化"幼苗"为适应创新文化种群，在与竞争者文化、消费者文化和其他利益相关者文化交流与博弈中进行多线进化，生长出显性、多元的创新产品文化、创新组织文化和创新商业文化，三者相互作用形成创新标识文化。科技型小微企业为适应商业发展需求，获得市场竞争优势，赢得员工的认同以及消费者的青睐，企业创新标识文化呈现出独特性和务实性、凝聚性和激励性、品牌性和传播性。

1. 独特性和务实性是创新标识文化的关键

科技型小微企业创新标识文化在与创新文化种群的竞争者文化、消费者文化和其他利益相关者文化的适应中不断完善自身，其独特性与务实性逐渐凸显，主要通过创新产品文化予以表达。随着市场竞争越来越激烈，消费者的需求趋向多样化、个性化、品质化，为此企业需要凭借其创新性、科技性和灵活性快速捕捉创意并付诸研发。企业将创新产品的形象文化、质量文化和服务文化相融合，通过产品的体积、重量、造型、色彩、功能、材质、包装、质量和服务等来表达，呈现出创新产品实用性、创新性、便携性、环保性、娱乐性、美学性的创新理念和创新形象。通过问卷调研深圳湾科技型小微企业员工对企业研发的创新产品的评价（附录B中Q2-5），其中"产品质量""科技含量"和"新颖性"位列前三位，选择比例分别为70.09%，52.34%，44.86%。由此可见，科技型小微企业注重创新产品文化独特性与务实性的培育（如表4-5所示）。

表 4-5 员工对科技型小微企业研发的创新产品的评价

选项	小计	比例
A. 科技含量	56	52.34%
B. 新颖性	48	44.86%
C. 个性化	39	36.45%
D. 文化内涵	27	25.23%
E. 产品质量	75	70.09%
F. 产品外观	31	28.97%
本题有效填写人次/频次	107/276	

资料来源：笔者根据问卷调查结果自绘。

2. 凝聚性和激励性是创新标识文化的保障

进入成长期，随着科技型小微企业创新文化的生长，其隐性、模糊的创新理念经过多元文化的交流与碰撞，在与生态环境的适应中由离散状态逐渐趋向于共识状态，形成凝聚性和激励性的创新标识文化，主要通过创新组织文化予以呈现。科技型小微企业在成长中不断吸纳各种"亚文化"，在"主流文化"和"亚文化"的融合中，不断修正"主流文化"的发展方向，使文化的复杂化与简单延续处于辩证统一中，使员工形成从理解到接受、从同化到内化、从内化到笃行的凝聚性组织价值观，进而与组织结成利益共同体。科技型小微企业为适应市场经济的发展需求和消费者的多样化需求，不断地提升组织内部的反应能力和预判能力，塑造有利于员工相互学习、交流的机构、空间和氛围，在员工之间进行知识的传递、共享，形成具有凝聚性的组织学习文化，推动企业知识转化能力和技术创新能力的提升。通过对深圳湾科技园区科技型小微企业的员工进行问卷调查，从员工对组织文化环境和氛围的评价（附录 B 中 Q2-8，Q2-9），可知企业积极塑造学习交流空间和轻松愉悦的组织氛围，以形成具有凝聚性的组织创新文化（如表 4-6、4-7 所示）。随着企业的成长和发展，科技型小微企业不仅需要依靠企业家或领导者的个人意志、主观评价进行"人治"管理，而且需要整合创新文化要素，建立柔性、科学、规范、合理的管理制度、薪酬制度和激励机制来激励、引导和约束员工，从而激发员工的创新精神和敬业精神[252]，以实现企业的创新战略和创新目标。通过问卷调查科技型小微企业员工对企业鼓励创新机制满意度的评价（附录B中Q2-22），满意为3分，基本满意为2分，不满意为1分，难以判断为0分，可知企业采取环境激励、能力激励和物质激励等方式，构建激励性的组织制度文化，员工对此比较满意（如表4-8所示）。

表4-6 员工对企业提供随时交流想法的空间和时间的评价

选项	小计	比例
A. 有空间，如咖啡厅、茶歇室、休息室等，也有时间交谈	54	50.47%
B. 有空间，但没有时间过多停留	39	36.45%
C. 没有空间也没有时间，但有交流板	9	8.41%
D. 什么也没有	5	4.67%
本题有效填写人次	107	

资料来源：笔者根据问卷调查结果自绘。

表4-7 员工对企业办公室或办公空间环境氛围的评价

选项	小计	比例
A. 轻松、生动、幽默、新潮、有朝气	55	51.40%
B. 安静、投入、井井有条	35	32.71%
C. 严肃、古板，多是口号和管理制度	7	6.54%
D. 消极、散漫，各忙各的，互相推诿	8	7.48%
E. 压抑、沉闷，有种被压迫的感觉	2	1.87%
本题有效填写人次	107	

资料来源：笔者根据问卷调查结果自绘。

表4-8 员工对企业鼓励创新机制满意度的评价

题目/选项	评价内容
成就激励（榜样激励、荣誉激励）	2.06
能力激励（培训激励、工作内容激励）	2.48
环境激励（政策环境、工作环境）	2.52
物质激励（补贴、奖金、股权）	2.34
总体满意度	2.35

资料来源：笔者根据问卷调查结果自绘。

3. 品牌性和传播性是创新标识文化的需求

在成长期，科技型小微企业创新文化在与创新文化种群的适应中，企业内部的创新产品文化和创新组织文化逐渐外化，在与竞争者文化、消费者文化和其他利益相关者文化的交流、互动中，需要具有品牌性和传播性的创新标识文化，主要通过创新商业文化予以呈现。科技型小微企业为在激烈的市场竞争中获得优势，需要塑造富有文化内涵的品牌形象，来提升商品的吸引力和附加值。企业通过塑造商品名称、符号、标志或设计等元素的组合来体现独特性表层文化，传递企业的创新价值观、创新精神和创新理念，通过传统文化、传奇人物、历史典故、卡通形象等元素体现深层文化，加深对商品的认识，使创新标识文化更加新颖、鲜活、生动。同时，科技型小微企业将创新理念凝结在商品上，通过营销手段投入市场，在与环境的适应与反馈中，修正和完善商业文化传播的方式、手段和渠道，发挥文化的导向与激励作用，使企业创新商业文化的价值得以实现，从而推动创新标识文化逐渐生长。通过对深圳湾科技型小微企业管理者和员工进行问卷调查，从管理者对企业创新文化传播物质载体的选择（附录 A 中 Q1-16），以及员工对企业宣传体系（如宣传片、媒体推广、标志、标语等）的评价（附录 B 中 Q2-7）中，可知企业高度重视创新文化的传播和宣传体系的塑造，利用宣传片、广告和多样的新媒体手段和媒介，积极塑造品牌形象，提高创新文化传播的新颖性与时效性（如表 4-9、4-10 所示）。

表 4-9 管理者对企业创新文化传播物质载体的选择

选项	小计	比例
A. 员工手册	27	40.91%
B. 企业宣传片、广告等	47	71.21%
C. 通过海报、报纸、杂志等	24	36.36%
D. 建筑环境、文化雕塑	25	37.88%
E. 微信公众号、微博、H5 等新媒体线上途径	48	72.73%
本题有效填写人次	66	

资料来源：笔者根据问卷调查结果自绘。

表4-10 员工对企业宣传体系（如宣传片、媒体推广、标志、标语等）的评价

选项	小计	比例
A. 企业的宣传体系不但新颖，而且付诸实践	75	70.10%
B. 企业的宣传体系流于形式	15	14.02%
C. 企业压根没有宣传体系	12	11.21%
D. 对此很少关注	5	4.67%
本题有效填写人次	107	

资料来源：笔者根据问卷调查结果自绘。

三、在与生态系统适应中创新标识文化社会化

随着生态系统中科技型小微企业创新种子文化的生长，创新文化的"幼苗"由内而外逐渐利用标识予以表征，在与社会文化环境的适应中进行传播、扩散，通过与社会文化环境进行物质、能量和信息的交换，而逐渐显性化、社会化。创新标识文化渗透在科技型小微企业的创新实践活动之中，随着社会的变迁和企业的发展，创新标识文化的社会化过程经历了由传统到现代，由一元到多元，由封闭到开放，由隐性到显性的转型和变迁，既体现在企业的显性创新产品之中，也体现在企业的创新意识形态里。科技型小微企业的创新标识文化与社会文化有着天然的属性和必然的联系，创新标识文化通过创新产品和创新技术对社会文化发挥着积极作用，而社会文化也在给创新标识文化以"养分"。科技型小微企业与社会环境中的多主体构成复杂的网络结构，通过创新合作、协同研发以及政策运用等方式打破创新壁垒，为社会文化注入创新力量。[35]在文化生态系统核心圈层的科技型小微企业，将得到文化生态系统直接、便捷和周到的服务与支持，与创新文化种群中利益相关者文化频繁地交流和碰撞，在优胜劣汰中创新理念、创新行为和创新形象逐渐优化，推动企业创新标识文化在社会化中趋于成熟。而位于创新文化生态系统关键圈层和辐射圈层的科技型小微企业，得到生态系统中的创新文化要素逐渐减少，服务逐渐减弱，创新标识文化生长的力量逐渐减弱。

在与生态系统适应中科技型小微企业以企业家精神、创新生存

文化和创新科技文化为内核的创新文化"幼苗",在企业内部力量的推动下、生态系统的服务与滋养下,以及在与外在的利益相关者文化的交流、碰撞与融合中,逐渐生长出具有"主干"和"枝叶"的创新标识文化。科技型小微企业创新标识文化作为一种文化形态,在不同的生态系统中,与生态环境的适应程度不同,将长出不同的样态。在优质、健全、完善的创新文化生态系统中,科技型小微企业创新标识文化会得到产业协同的支持、专业领域的支撑和商务配套的服务等,逐渐与社会文化环境相适应,创新文化幼苗将茁壮成长、枝叶繁茂。反之,科技型小微企业创新文化的幼苗将生长缓慢,甚至难以生长。

在深圳湾创新文化生态系统中,位于核心圈层的科技型小微企业创新文化幼苗,在千家高新技术企业、十多万高端人才、健全商务配套服务和产业高度协同的创新文化环境支持与服务下,迸发生机与活力。深圳湾科技园区通过构建科技生态园、软件产业基地、创业投资大厦和高新工业村等将互联网、物联网、软件、大数据、人工智能等行业进行集聚,将产业链上下游企业相连接,积极推进跨界合作,使各参与方的价值充分体现,构建了良好的产业创新生态。通过对深圳湾科技园区科技型小微企业管理者进行问卷调查,从与不同机构或企业科技创新交流合作情况的评价中(附录A中Q1-10),可知企业与产业链上下游企业和同行企业相对来说交流合作频繁,共达到63.64%(如表4-11所示)。在文化圈和文化链的作用下,各园区之间产业资源和服务资源协同协作,科技型小微企业创新文化"幼苗"在与创新文化种群中的竞争者文化、消费者文化、高等院校文化和科研院所文化等利益相关者文化的交流、合作中汲取优良的创新文化因子,使创新产品文化、创新组织文化和创新商业文化在修正与完善中逐渐生长。在市场竞争与反馈中,科技型小微企业创新产品文化的科技性、美学性、独特性、务实性逐渐凸显,其创新组织文化的和谐性、团结性、凝聚性和激励性日益呈现,其创新商业文化的开放性、品牌性、分享性和传播性得以显现。创新标识文化在生态系统的适应中逐渐社会化,科技型小微企业创新文化"幼苗"逐渐生长,日益成熟。

第四章 生态系统中科技型小微企业创新文化的生长——以深圳湾科技园区为例

表 4-11 管理者对与其他不同机构或企业科技创新交流合作情况的评价

选项	小计	比例
A. 科研院所	13	19.69%
B. 高等院校	6	9.09%
C. 政府相关部门	5	7.58%
D. 同行企业	19	28.79%
E. 产业链上下游企业	23	34.85%
本题有效填写人次	66	

资料来源：笔者根据问卷调查结果自绘。

科技型小微企业创新文化在与创新文化生态系统的适应中，由于创新文化基因不同，从创新文化种群中汲取的养分不同，因此，在成长阶段企业创新标识文化将生长出不同的样态。

1. 在与生态系统适应中草本植物形态的创新标识文化"生机勃勃"

科技型小微企业草本植物形态的创新文化"幼苗"，生命力旺盛，在与创新文化种群中的利益相关者文化交流中获取的微灵感、微创意和微合作都有利于创新标识文化的生长。科技型小微企业草本植物形态的创新产品文化，科技含量和技术壁垒有限，主要通过敏锐的市场洞察力和灵活多变的创新方法获得竞争优势和消费者青睐；创新组织文化的结构简单、等级模糊，组织规模变化不大，组织成员的意识清晰、分工合作、行为多样；创新商业文化呈现出注重品牌文化的塑造，积极参与多样的商业宣传活动和新媒体商业战略，传播企业的创新文化。在与创新文化种群的适应中，科技型小微企业草本植物形态的创新产品文化、创新组织文化和创新商业文化相互作用，使创新标识文化的干、茎、枝、花和叶不分主次，犹如一片草地或一片花丛，每一株都很小，逐渐聚集，繁茂生长。例如，位于深圳湾创新文化生态系统核心圈层的深圳眠虫科技有限公司，是于 2015 年成立的一家专门从事智能健康、智能睡眠、智能旅行产品设计、研发和销售为一体的公司。作为只有 10 人的科技型小微企业，在生态系统的滋养下，眠虫科技先后研发了与水墨烯智能睡眠相关的三款产品，获得了良好的市场表现，企业得以生存。进入成长期,在生态系统的适应中,眠虫科技充分运用其优越的创新文化要素、强大的资本和丰厚的资源,在与同行企业和产业链上下游企业的交流合作中协同共生,多方优势资源互补,构建起互惠互利、协同共生的巨大发展空间。在成长中,企业极力打造小而精的"战队",组织成员强强联合,组织机构环环相扣,彼此平等、自觉约束、默契配合。眠虫科技凭借精简的组织模式,通过与奥佳华集团、烯旺科技、奥罗拉丝绸和字在文化等企业进行战略合作和跨界创新,不断激发创意与灵感,产品将科技与文化巧妙结合,开发出智能睡眠、健康护理、运动康复和智能装备等品类共30多款产品,不断提升市场竞争力,拓宽商业网络和营销渠道,满足消费群体的个性化需求。在与深圳湾创新文化生态系统的适应中,眠虫科技创新产品文化、创新组织文化和创新商业文化凝结而成的创新标识文化逐渐显性化、多元化和社会化,企业草本植物形态的创新文化犹如一片草本植物,形态各异、生机勃勃,推动企业创新文化逐渐生长,日趋成熟。

2. 在与生态系统适应中木本植物形态的创新标识文化"枝叶繁茂"

科技型小微企业木本植物形态的创新文化"幼苗",在与创新文化种群中的利益相关者文化交流中认识逐渐清晰,企业的创新产品科技含量较高,拥有知识产权和较高的技术壁垒;需求复杂的组织结构、高端的科技人才、产业链上下游和同行企业的支持;构建商品的营销网络、商业宣传体系,积极宣传企业品牌,塑造良好的企业形象,力争获得强劲的竞争优势。在与创新文化种群的适应中,科技型小微企业木本植物形态的创新产品文化、创新组织文化和创新商业文化相互作用,使创新标识文化形成具有主干、枝叶繁茂的乔木或形成同类枝条的灌木,具有繁衍草木的潜质或聚集灌木丛的能力。例如,位于深圳湾创新文化生态系统核心圈层的深圳市安煜信息技术有限公司,是于2013年成立的从芯片技术到产品终端全流程研发的车联网企业。毕业于上海交通大学的企业创始人方先洋,2005年开始从事导航芯片的研发工作,多年的行业积累使其对导航有了更本质的认识。作为深圳湾科技园区首个孵化器——联想星云智能硬件孵化器的首批入孵企业,安煜信息仅有4人的团队,在创新文化生态系统三年多的滋养下扎根，伴随着 2015 年 Egocar 全声控 4G 智能车联网系统及产品的发布，企业度过初创期。进入成长期，安煜信息的组织规模逐渐扩大至 30 人左右，组织结构日趋清晰、完善。企业凭借在生态系统中吸纳的足够人才、技术和知识等资源和从芯片到产品终端全流程的技术积累，创新产品文化逐渐提升。创新产品进入市场后，进行了一轮又一轮的测验和调整，产品经过三次迭代后走向量产，实现了相对标准化。安煜信息创新产品文化在与创新文化种群的适应中调整创新战略，转入商用领域，与交通部、广东粤通卡联合打造"中国首个 ETC 智能化项目"，以及与中集集团联合打造"全球首个后挂车智能化项目"。安煜信息凭借高科技含量和技术壁垒逐渐在市场竞争中获得优势地位，成为全球首家将 7 模 20 频技术用于车联网设备的设计者、国内首家基于 4G 通信技术的车联网设备提供商、国内首家智能 ETC 方案开发者、国内首家通过工信部 CTA 认证的全网通 4GX 车联网产品企业。安煜信息在与深圳湾创新文化生态系统的适应中逐渐生长，在创新产品文化、创新组织文化和创新商业文化的相互作用下，形成了拥有主干、枝叶繁茂、具有繁衍潜质的木本植物形态的创新标识文化，推动企业创新文化逐渐成熟。

由此可见，成长期生态系统中科技型小微企业在与竞争者、消费者和其他利益相关者的交流合作中创新理念逐渐清晰、创新行为逐渐显性、创新形象逐渐多样，在与创新文化种群的适应中企业的创新产品文化、创新组织文化和创新商业文化逐渐生长、传播和外化，通过与创新文化生态环境中物质、能量、信息的交换和反馈，三者相互影响、相互作用，形成具有独特性与务实性、凝聚性与激励性、品牌性和传播性的创新标识文化，从而推动企业创新文化在社会化中逐渐成熟（如图 4-5 所示）。

第四节　发展期生态系统整合中的创新繁衍文化跃迁

进入发展期，科技型小微企业创新文化在生态系统的滋养与适应中，企业内部和外部多元创新价值观交流、碰撞、融合，创新标识文化在与社会文化环境进行物质、能量和信息的交换中传播、扩散。在生态系统的整合中，创新标识文化趋于成熟化、系统化和社

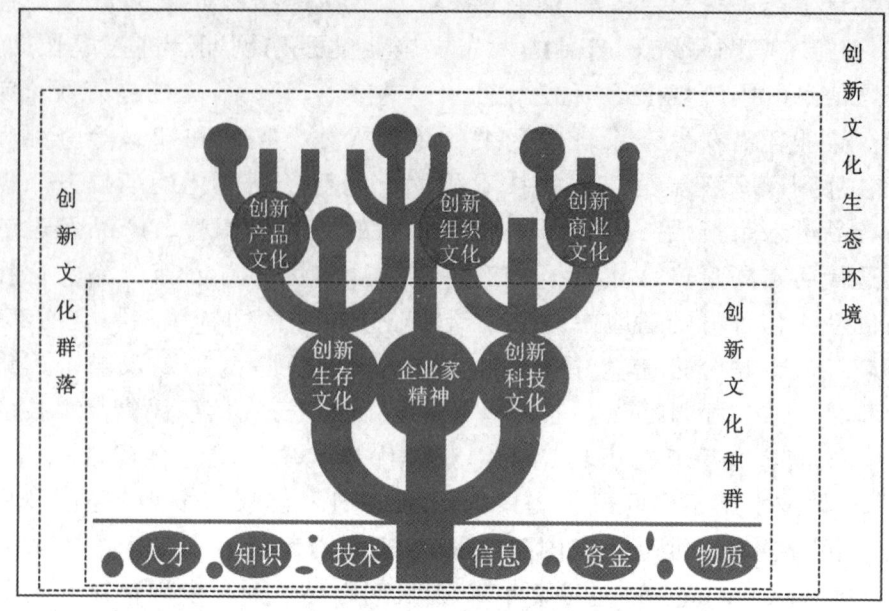

图 4-5　成长期生态系统适应中创新标识文化成熟模型图

会化，开始裂变、繁衍，逐渐形成创新繁衍文化并进一步发展、跃迁。文化交流、碰撞、选择的过程恰恰是创新的过程，文化就是在这种螺旋式上升的过程中创新发展的[253]。当科技型小微企业从物质追求转向精神追求，认识到统一思想的重要性时，在生态系统的整合中将形成一致的创新理念和明确的创新行为。在与创新文化种群、创新文化群落的整合中，科技型小微企业创新文化经过系统挖掘，创新理念、创新行为和创新形象被认同，企业成熟的创新标识文化逐渐裂变、繁衍，形成系统化的创新繁衍文化，促进裂变型企业创新文化和衍生型企业创新文化萌发，推动企业创新文化在发展中跃迁。

一、创新繁衍文化的内涵与特性

进入发展期，在生态系统的整合中科技型小微企业成熟的创新标识文化，为适应创新文化种群和创新文化群落，其创新理念、创新行为和创新形象在社会化中逐渐统一，形成创新繁衍文化。科技型小微企业创新文化在与环境的适应中生长，为适应国家和区域政府的创新制度文化、行业和产业的创新市场文化、科技研发领域的创新知识文化和深层次的创新观念文化等构成的创新文化群落，创新繁衍文化在系统化中裂变、繁衍，其内涵和特征逐渐凸显。

1. 创新繁衍文化的内涵

创新繁衍文化是企业内在的创新理念与外在的创新行为和创新形象一致、清晰、显性，在创新文化群落的整合中进行裂变或繁衍的一种系统性文化形态。在企业的发展阶段，人们清晰地认识到创新文化的重要性，经过对企业创新文化的深层挖掘和系统梳理，创新理念和创新行为都是发自内心且为群体所认同，创新形象也能和企业创新理念保持一致，企业言行一致、表里如一[254]（如图4-6所示）。在创新文化种群的适应中，创新标识文化获得与竞争者文化、消费者文化和合作者文化等其他异质文化因子邂逅、交融的机会，从而为创新繁衍文化的产生做了铺垫。生态系统中科技型小微企业成熟的创新标识文化，为适应创新文化群落进一步外化、传播，从而进行开放、动态、多线性进化，使得创新繁衍文化应运而生。文化在与生态环境的适应中逐渐生长，不是文化主体、文化种群、文化群落与生态环境各自单线作用影响文化生成，而是通过其相互作用形成文化生态系统，决定文化的总体格局和未来走向。生态系统中，创新繁衍文化在与创新文化群落中国家和区域政府的创新制度文化、行业和产业的创新市场文化、科技研发领域的创新知识文化和深层次的创新观念文化的交流、碰撞中进行跨文化整合、多线性进化，使传统文化价值观进行裂变，创新文化价值观进行繁衍，推动科技型小微企业创新文化发展和跃迁。

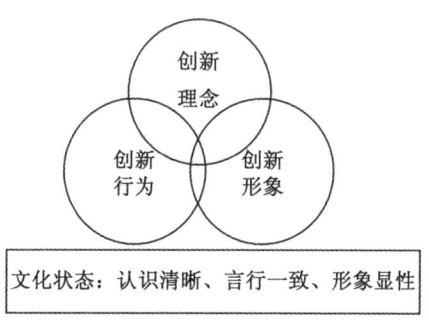

图4-6 发展期企业创新繁衍文化状态模型图

2. 创新繁衍文化的特性

科技型小微企业进入发展期，在生态系统的整合中企业的创新理念、创新行为和创新形象在社会化中逐渐显性、清晰、一致。创新繁衍文化在与创新文化种群的适应和创新文化群落的整合中，由内而外地挖掘、梳理而逐渐系统化，其特性逐渐凸显，主要有裂变性和衍生性、扩展性和系统性。

第一，裂变性与衍生性是创新繁衍文化的外在表现。自然界的生物种群在漫长的进化过程中逐渐形成了一套相当完善和精确的系统，能够高效率地使用周围的资源，在一定关系下创造出新的能量；与自然界生物种群的进化相似，生态系统中企业同样经历产生、发展和稳定共生的裂变、衍化过程[255]。科技型小微企业创新繁衍文化的存在形式，随着其赖以存续的创新文化生态系统的变化而变化；其赖以存续的创新文化生态一旦削弱甚至消失，它的生命力将难以维系以致衰落、枯萎；其所处的创新文化生态系统健康、优越、完善，创新文化因子与生态环境相互作用、相互滋养，它将不断生长、成熟、裂变、衍生，生态系统也将达到动态的平衡状态，从而形成良性循环。科技型小微企业创新繁衍文化的成熟是通过裂变、衍生出新企业来表征的。"裂变"是指从母体企业分裂、独立、创新出新企业，即在位企业员工离职创建新企业的过程，是文化、资源、权益等创新要素跨组织转移和传承的过程。[256]"衍生"是指从母体企业复制、孵化出新个体，即企业为拓展业务复制出分公司或孵化产业链上下游分公司的过程，是企业积累的创新要素进行分享、传播的过程。[257]科技型小微企业创新繁衍文化的裂变与衍生，是一种自然、自发的形态，往往在积累社会资本、人才、管理、技术等创新资源和社会网络资源等方面具有一定的启动优势，是企业创新理念、创新行为和创新形象成熟、统一的一种外在表现。

通过问卷调研深圳湾科技园区中科技型小微企业的员工，在拥有创业技术和知识时潜在的创业意愿情况（附录B中Q2-14）以及深圳湾科技园区对企业创新文化发展作用的评价（附录B中Q2-23），满意为3分，基本满意为2分，不满意为1分，难以判断为0分，可知有80.38%的潜在创业者会立即创业或等时机成熟再创业；

员工对深圳湾科技园区在吸引、培养人才以及对企业孵化、创新发展中的作用给予的评价达到2.5分以上，比较满意（如表4-12、4-13所示）。由此可见，科技型小微企业创新文化成熟化、系统化将裂变和衍生，优质的创新文化生态系统将会提供裂变、繁衍的基础、资源、环境与氛围，同时促进文化生态系统的进一步优化。创新文化裂变与繁衍带来的创业，天生就与母体组织连接在一起，是具有一定基础的、依托一定背景的有"根"创业，可以帮助新企业克服创业过程中遇到的困难、障碍，因此存活率更高、适应性更强[258]。科技型小微企业创新文化的裂变和衍生将对整个行业、产业集群和区域创新生态的塑造具有重要意义。

表4-12 如果员工拥有创业技术和知识时的潜在创业意愿情况

选项	小计	比例
A. 会立即去做，机不可失，时不再来，遇到困难再说	30	28.04%
B. 会考虑一切可能性，等到时机成熟后再做	56	52.34%
C. 只是想想，很期待但是会担心未知的困难	13	12.15%
D. 不会去做，现在的工作就挺好的	8	7.47%
本题有效填写人次	107	

表4-13 员工对深圳湾科技园区在企业创新文化发展中发挥作用情况的评价

题目/选项	评价内容
为人才引进和培养创造条件	2.61
帮助新产品普及、推广	2.24
促进技术交流合作	2.33
提供科技信息服务	2.18
提供知识产权服务	2.34
提供融资服务和资金支持	2.28
推动企业孵化和创新发展	2.58
总体满意度	2.36

在美国，半导体、汽车、轮胎等行业的繁荣发展，均与裂变性创新文化的促进作用紧密相关。以硅谷为例，成立于1955年的肖克

利半导体实验室,成为孵化仙童半导体公司的母体组织;成立于1957年的仙童半导体公司,又成为衍生因特尔、AMD等半导体领军企业的"黄埔军校"。围绕晶体管、集成电路、单片机储存器和处理器等相关技术的科技型小微企业如雨后春笋一般创建起来,创造了硅谷的创新创业奇迹[259]。在我国,一些高科技企业在创新发展中不断裂变、衍生新企业,比如联想控股集团旗下的包括联想集团、神州数码、联想投资、融科智地等子公司在内的"联想系",比如深圳华为公司实行岗位轮换制度和被业界认可的管理系统促进裂变、衍生而成的"华为系"等。

第二,扩展性与系统性是创新繁衍文化的内在需求。创新繁衍文化的扩展性,既是企业业务拓展、跨界合作的内在需求,也是企业产品文化和商业文化生长的内在动力。在创新文化生态系统的整合中,科技型小微企业的创新繁衍文化由生态系统的核心圈层向关键圈层和辐射圈层进行扩展与辐射,在与国家和区域政府的创新制度文化、行业和产业的创新市场文化、科技研发领域的创新知识文化和深层次的创新观念文化等构成的创新文化群落适应中生长。如果科技型小微企业的核心产品拥有自主知识产权和较强的技术壁垒,对外部技术的依存程度较低,为获得市场竞争优势,企业的创新产品文化和创新商业文化将扩展和传播,推动创新繁衍文化趋于成熟。通过问卷调研科技型小微企业的员工对企业拥有自主知识产权核心技术情况的评价(附录B中Q2-18)和管理者对主导产品对外部技术依赖程度的评价(附录A中Q1-6),可知企业拥有自主知识产权的核心技术并且技术水平比较高,企业主导产品对外部技术的依赖程度比较低,由此可见企业的创新产品文化、创新科技文化和创新商业文化比较成熟,这将为创新繁衍文化的扩展奠定基础(如表4-14、4-15所示)。通过跨界合作和跨行业交流,企业由内而外系统地梳理、修正和完善创新理念、创新行为和创新形象,使其相互影响、相互促进、协同共生,企业创新产品个性化、品牌化和商业化的路径更加清晰,创新组织规范化、制度化、人性化的管理更加科学,企业家和员工的归属感、责任感、使命感增强并结成利益共同体,推动企业创新文化逐渐地系统化。

第四章 生态系统中科技型小微企业创新文化的生长——以深圳湾科技园区为例

表4-14 员工对企业具有自主知识产权核心技术情况的评价

选项	小计	比例
A. 拥有自主知识产权的核心技术，技术水平仍然很高	45	42.06%
B. 拥有自主知识产权的核心技术，但是技术水平已落后了	38	35.51%
C. 拥有部分知识产权的核心技术，不能自主支配这项技术	16	14.95%
D. 没有自主知识产权的核心技术，完全依赖其他国家和企业	8	7.48%
本题有效填写人次	107	

表4-15 管理者对企业主导产品对外部创新技术依赖程度的评价

选项	小计	比例
A. 无	8	12.12%
B. 5%~30%	31	46.97%
C. 31%~50%	14	21.21%
D. 51%~70%	8	12.12%
E. 70%以上	5	7.58%
F. 100%	0	0%
本题有效填写人次	66	

例如，2012年成立的深圳市艾雷激光科技有限公司，创始人蒋丽君带领一支强大的激光工艺、机械设计和软件设计团队进行创业，企业以创新产品文化、创新组织文化和创新商业文化为核心的创新标识文化逐渐成熟，获得了三十多项国家高新科技专利及十多项发明专利，企业进入发展期。随着艾雷激光创新繁衍文化的生长，创新产品激光设备的研发、生产、销售和服务形成生态链并逐渐扩展，企业组织规模逐渐扩大，创新理念、创新行为和创新形象相统一，员工认同且表里如一。为适应创新环境，企业创新文化进一步传播、外化，进行跨区域、跨行业的商业合作，相继在中山、厦门、苏州、昆山、南京设立了技术服务中心，企业的创新文化逐渐走向系统化。

二、在与文化种群整合中创新繁衍文化融合与裂变

进入发展期,科技型小微企业成熟的创新标识文化在与创新文化种群的适应中逐渐整合,企业的创新产品文化、创新组织文化和创新商业文化在外化、传播与扩展中,与竞争者文化、消费者文化和其他利益相关者文化等异质文化的相互接触、相互交流中进行吸收与渗透,推动创新繁衍文化融合、裂变。

1. 在与文化种群整合中创新繁衍文化融合

随着科技型小微企业的成长与发展,组织规模逐渐扩大,解决多元地域文化、民族文化和组织文化之间的差异是一个复杂而动态的过程。不同的企业员工具有不同的价值观念,员工之间的矛盾与冲突表面上是想法和意见的不统一,本质上是价值观的冲突。[260]为解决不同文化群体交互过程中的矛盾与冲突,需要跨文化适应与整合,使企业的"主流"文化与"亚文化"长期并存,形成创新理念、创新行为和创新形象相统一的企业创新文化体系,推动"主流文化"进行开放性进化。在与创新文化种群的整合中,科技型小微企业创新繁衍文化进行扩展和辐射,同时吸纳创新文化种群中竞争者文化、消费者文化和其他利益相关者文化不断更新的创新创意,使多元观念文化跨界融合、多种创新方法相互融通。随着科技型小微企业创新繁衍文化"输出"和"输入"创新文化要素,使创新文化要素在文化生态系统中快速流动和"双向循环",在不同组织对创新文化要素的相互依赖和协同共生中创新繁衍文化逐渐显性、成熟、饱满,为其裂变和繁衍奠定基础。

2. 在与文化种群整合中创新繁衍文化裂变

科技型小微企业创新繁衍文化的裂变是企业母体创新理念、创新行为、创新资源、创新技术和创新知识与创新文化种群整合后,创新繁衍文化成熟、饱满而外溢、分裂的文化现象。科技型小微企业创新文化在与创新文化种群的整合中,创新繁衍文化在融合多元创新文化要素中成熟,组织中个人的创新观念、创新方法和创新经验逐渐提升,产生裂变创业者。裂变创业者持有的创新态度、创新立场和创新观念,掌握的创新工具、创新手段和创新方法,积累的创新经验、创新资源和创新阅历等都与母公司有着千丝万缕的关系,

是支持其带领新企业获得竞争优势的重要基石。母体企业的成功有助于裂变型企业取得成功,文化成熟、绩效卓越的母体企业,更可能分裂出更多、更优秀的裂变型企业。[261]一方面,裂变创业者在母体科技型小微企业培养的态度、掌握的方法以及积累的经验,能提高新创企业的存活率和绩效水平,能提升应对创业情境不确定性的能力;另一方面,裂变创业有时会对母体组织造成一些损害,有时却可能由此推陈出新、标奇立异,产生青出于蓝而胜于蓝的效果,刺激母体企业革故鼎新、摆脱惰性、战略转型,不断拓展母体组织的"根"系范围。科技型小微企业草本植物形态的创新繁衍文化将会裂变出相同或相似基因的草本植物形态裂变型企业,主要表现为与母体企业的相合作或相竞争的具有灵活多变性同类企业;而木本植物形态的创新繁衍文化,将会裂变出相同或相似基因的木本植物形态裂变型企业,主要表现为母体企业的分支机构、分公司或产业链上下游具有发展潜质的企业。

科技型小微企业创新繁衍文化的裂变将在知识扩散、技术演进、市场细分、产业互补和创新氛围等层面形成关键驱动力。母体企业和新创企业的共同作用,将对文化生态系统的形成和演化产生重要推动作用,推动彼此创新思维扩展、战略逻辑更新及组织形态系统化发展。在母体企业鼓励创新、支持创新和裂变企业敢于创新、善于创新的共同作用下,将构建出开放、动态、非线性的创新文化价值网络,呈现出枝繁叶茂、系统竞合的发展态势,形成健康和谐、良性循环、动态演进的创新文化生态系统。在深圳湾创新文化生态系统中,科技型小微企业创新繁衍文化与创新文化种群中的竞争者、消费者和其他利益相关者的创新文化,在交流、互动中融合、裂变,从而产生相同或相似基因的同行业裂变型企业或产业链上下游裂变型企业。

例如,位于深圳湾创新文化生态系统核心圈层的深圳市小猫信息技术有限公司,是一家成立于2013年的专注于智能停车系统研发、生产、推广与运营的科技型小微企业。小猫公司拥有由博士、硕士等高级人才组成的组织机构和专业研发团队,拥有计算机、网络技术和信息安全技术等成熟技术和独立自主知识产权,具有丰富的互联网产品和智慧停车场系统等产品及软件的研发与维护经验；专注于智能停车系统的研发与推广，服务于广大车主和停车场管理机构。在发展期，小猫公司秉承以优质的产品和先进的技术服务于客户，提供多样的客户服务方式、现场办公巡回服务、网络巡检服务、网上技术支持等，与合作伙伴携手持续创新，为客户创造价值。由此可见，小猫公司在生态系统的滋养与适应中已经由创新文化内核生长出成熟的创新产品文化、创新组织文化和创新商业文化，其相互作用形成创新繁衍文化，在与创新文化种群的融合中进行逐渐裂变。目前，小猫公司共裂变出与其有相同或相似创新文化基因的10家裂变型企业，如深圳小猫爱车服务有限公司、深圳小猫智能系统有限公司、深圳停车场运营管理有限公司、深圳市小猫广告有限公司和深圳智联新能源产业有限公司等。

三、在与文化群落整合中创新繁衍文化发展与跃迁

进入发展期，在创新文化生态系统的滋养与适应中，科技型小微企业成熟的创新标识文化向外传播、扩展、延伸，与创新文化群落中的异质文化（如国家和区域政府的创新制度文化、行业和产业的创新市场文化、科技研发领域的创新知识文化和深层次的创新观念文化等）进行跨文化整合，在物质、能量和信息的交换中"双循环"，推动创新繁衍文化发展和跃迁。在生态系统各层级、结构的多元文化适应中，科技型小微企业的创新文化趋于系统化、产业化，逐渐进行跨区域发展、跨行业跃迁。文化发展与跃迁往往是因为母体企业文化特别成熟和绩效特别优秀、潜在创业者离职自立门户创业、管理层更替、实施并购等原因而发生的。[262]发展期，科技型小微企业创新繁衍文化在与创新文化群落的整合中，逐渐成熟化、系统化，组织价值观自下而上统一，企业创新文化在动态的发展中进行跃迁（如图4-7所示）。在创新文化生态系统的种群、群落与生态环境中多元创新文化要素的系统作用下，由内而外在微观影响因素、中观影响因素和宏观影响因素的作用下，科技型小微企业创新文化进行发展与跃迁。

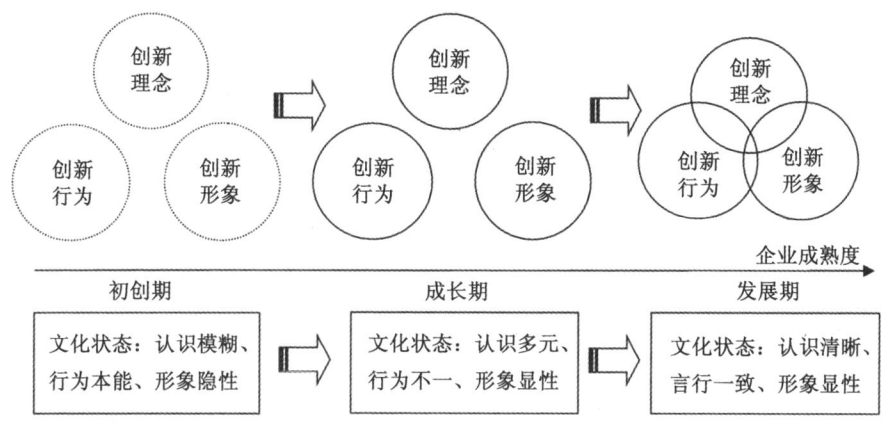

图 4-7 企业创新文化成长状态模型图

1. 在微观影响因素作用下创新繁衍文化进化

创新繁衍文化的微观影响因素,主要为母体企业中的企业家因素和潜在创业者因素。第一,母体企业的企业家因素。科技型小微企业母体的企业家是企业创新文化的倡导者和组织者,企业家独特的创新精神、个人特质、能力和经历是推动企业创新文化发展、跃迁,提升企业绩效的重要因素[263]。企业家的创新思维、创新意识和创新战略会影响创业机会的识别、创立新企业的意愿、创新目标的设定和个人的成就导向等。随着企业家对相关行业或产业认识的逐渐提升、资源配置能力的提升、知识体系的完善和商业模式的扩展,会培养优秀的管理者成立分公司或支持潜在创业者自主创业来丰富产业生态,在互利共生中推动企业创新文化发展。第二,潜在创业者因素。企业内潜在创业者随着企业的创新发展和创新文化的生长,创业意识增强、个人能力提升、技能和知识体系完善、创新资源丰富、战略思路清晰,将从母体企业中分离,成立新创企业。母体企业和新创企业之间的关系,主要有竞争型、互补型和发散型[264],如具有同行业竞争关系的企业、合作共赢的企业或产业链上下游企业等。在母体企业的企业家和潜在创业者的共同推动下,母体企业创新繁衍文化趋向产业化,推动企业创新文化进行跨行业跃迁。

2. 在中观影响因素作用下创新繁衍文化发展

创新繁衍文化的中观影响因素主要为创新文化种群中的竞合关

系因素和跨组织资源转移因素。在生态系统中，影响科技型小微企业创新繁衍文化发展与跃迁的中观因素，主要是在与创新文化种群的适应中表现出来的。第一，竞合关系因素。科技型小微企业创新繁衍文化在与创新文化种群适应中，衍生新创企业而构成了竞争与合作关系。在创新繁衍文化作用下，科技型小微企业自身衍生分公司、产业链上下游企业或潜在创业者自主创业，如果与母体企业建立合作共赢的良性关系，避开竞争而寻求商业模式、战略导向的创新和优势的互补，将有利于完善产业链，构建良好的产业生态，从而促进产业集群创新文化生态系统的优化。构建技术创新导向和市场创新导向相融合的创新战略，以遵循技术的发展规律和顾客的价值需求，从而提升企业的技术创新能力和核心竞争力[265]。如果新创企业与母体企业形成竞争关系甚至是恶性竞争关系，可能会减少母体企业的人力资源存量、复制母体企业的创新组织文化，将会提高产业竞争强度，进而推动母体企业创新战略变革、创新文化跃迁[266]。第二，跨组织资源转移因素，主要包括知识转移和技术转移。科技型小微企业创新繁衍文化在与创新文化种群适应与交互中，衍生出新创企业。知识和技术是母体企业和新创企业相关联的重要资源。新创企业在传承母体企业知识和技术的同时，还会传承母体企业的组织惯例和组织文化，知识、技术与文化等资源的转移与传承，将推动新创企业获得技术优势并强化技术壁垒。母体企业与新创企业知识、技术等资源的竞争与共享关系将推动彼此进行技术创新和资源的优化配置，有利于推动知识、技术的良性流动和循环，从而推动科技型小微企业创新文化的跨行业跃迁。

3. 在宏观影响因素作用下创新繁衍文化跃迁

创新繁衍文化的宏观影响因素主要为创新文化群落中的国家政法体系因素和网络文化关系因素。在生态系统中，影响科技型小微企业创新繁衍文化发展与跃迁的宏观因素，主要是在与创新文化群落的整合中表现出来的。第一，国家政法体系因素。在创新文化群落的整合中，科技型小微企业创新繁衍文化受国家或区域政府的创新政策、制度和法律法规等导向的推动。科技型小微企业创新繁衍文化在与创新文化群落的适应与整合中，从母体企业衍生出分公司、产业链上下游企业或员工离职自主创业等,很多是依靠国家创新战略导向激励、国家创新经费支持、地方鼓励创新创业的财政拨款、技术研发资助或国家和地方等大型科技竞赛的资助等制度文化形式而创建的,还有一些是依靠国家高科技战略、技术需求和宏观政策的支持而获取市场机会而创业的。国家制度文化和政法体系不一定能确保科技型小微企业持续提升科技创新能力和竞争优势,而有可能是一个触发或激励的因素,但却有利于塑造全社会鼓励创新创业的氛围,从而推动科技型小微企业创新文化跨行业、跨产业的发展与跃迁。第二,网络文化关系因素。在创新文化群落的整合中,科技型小微企业创新繁衍文化受市场网络文化、知识网络文化和区域网络文化等网络文化关系因素的推动。网络文化关系是企业开创、维系和利用外部竞争者、合作者、消费者和其他利益相关者等文化因素而建立的关系网络。科技型小微企业构建网络文化关系的能力不但推动企业识别机会、激发创意、整合知识和创新技术等,而且还可以帮助企业激活创业思维、吸引创业合作伙伴、整合创业资源、开拓产品市场和丰富融资渠道等。通过这些网络关系,科技型小微企业获得为开辟新市场、生产新产品、提供新服务、采用新流程或新技术和创办新企业等所必需的知识,从而推动企业裂变、繁衍,形成良好的产业集群和创新生态,进而促进企业创新文化的发展与跃迁。

例如,2010年4月,有金山软件总裁经历的雷军带领七个人组成豪华的创始人团队,注册成立小米科技有限责任公司。创业初期,小米作为科技型小微企业以少即是多,简单、纯粹地专注于产品核心功能的创新理念,正面迎战市场竞争,从而快速发展,实现了小米公司及生态链企业的不断壮大。第一个产品——移动操作系统MIUI在当年8月上线,2011年8月16日,小米手机1正式发布。随后,在一片质疑或赞誉中,小米在2012年卖出719万部手机,2013年卖出1870万部手机,企业组织规模迅速扩大,创新文化不断裂变、繁衍。2017年底,小米宣布成为世界上最大的物联网平台;2018年,小米对外宣布的生态链企业已超100家,其中不少裂变企业借助生态链,得到了巨大的发展,甚至建立起了独立的品牌和渠道。小米在七位创始人创新思维的引领下,充分整合创新资源,运用国家创新政策制度、网络文化关系和思维指导创业实践,秉持"与用户交朋友"的创新理念,从研发、市场、销售、服务等价值环节与用户深度互动,成功繁衍、孵化出多家生态链公司。由此产生的小米"旋风模式"以及"竹林生态",给行业格局和产业生态带来了深刻的变化,推动小米创新文化的发展和跃迁(如图4-8所示)。

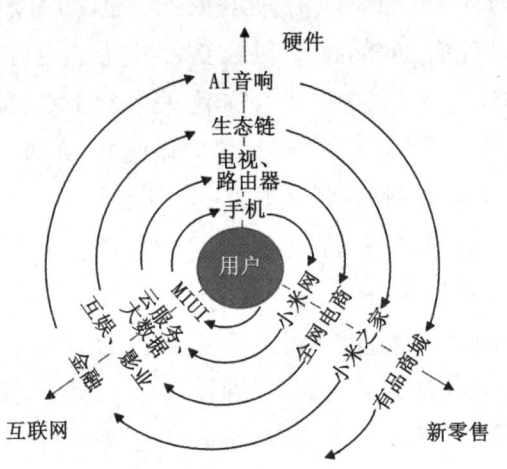

图 4-8 小米创新模式裂变、繁衍旋风图

资料来源:小米模式最伟大的地方就是可复制[EB/OL].(2017-12-11)[2022-04-03].https://www.sohu.com/a/209845193_314060.

  在深圳湾创新文化生态系统中,在国家创新创业政策制度的支持以及网络生态化的驱动下,高科技企业华为、腾讯、京东、顺丰等成为巨头生态的重要构成,通过裂变、繁衍、自孵化或战略投资等方式,逐步搭建产业链上下游企业密集、资本和人才集中的产业生态网络。具有辐射波及性和裂变传承性的高科技企业,将创新文化基因转移给关联企业和裂变企业,衍生出拥有优良文化、资源和技术基因的科技型小微企业,科技型小微企业创新文化成熟后继续裂变、繁衍,不断驱动创新文化的外溢扩散,从而形成互联互通、动态演化的良好生态。裂变型企业或新创企业作为具有母体企业基因特征的企业,其创建及发展过程具有明显的进化特点和先天优势,构成了产业创新及其多样化的重要来源[267]。通过深圳湾创新文化生态系统的滋养、适应与整合,科技型小微企业创新文化在微观、中观和宏观等影响因素的作用下相继萌发、生长、成熟,从而裂变、繁衍,孵化出行业或产业内相关企业,推动创新文化进一步发展和跃迁。

例如,深圳湾创新文化生态系统核心圈层的深圳云天励飞技术股份有限公司,是由陈宁、田第鸿于2014年联合成立的,从十余人的小团队,经过短短六年的发展,已经发展为拥有AI算法芯片化能力、数字城市整体解决方案的独角兽企业。云天励飞公司在深圳湾创新文化生态系统的滋养下,在美国佐治亚理工学院博士、我国千人计划专家陈宁的企业家精神引领下,充分吸收深圳湾提供的知识、人才、技术和信息等创新资源。伴随着2015年企业获得深圳市"孔雀计划"团队第一名,2016年全球第一套动态人像识别系统——云天"深目"的研发成功,企业迅速成长。在与创新文化种群的适应中,企业的创新文化在与竞争者文化、消费者文化和其他利益相关者文化交流、碰撞中逐渐生长,打造了面向公共安全、城市治理、新商业等领域的创新产品文化,组建了由一流的国际化专家团队构成的创新组织文化,塑造了由核心圈层向外辐射到100多个国内外城市的创新商业文化,三者相互作用、相互依存,逐渐形成了成熟的创新标识文化。在与创新文化群落的适应中,云天励飞的企业创新文化由内而外整合微观、中观和宏观的影响因素,创新繁衍文化不断裂变、繁衍、扩展,以深圳先行示范区和粤港澳大湾区的"双区驱动"为基点,以深圳、青岛、成都、长沙、南京、杭州、上海、北京等城市为灯塔,裂变和繁衍出了深圳励飞科技有限公司、深圳前海灯塔科技有限公司、深圳世纪励芯微电子有限公司、青岛云天励飞技术有限公司、成都云天励飞技术有限公司、湖南云天励飞信息技术有限公司、江苏云天励飞技术有限公司等近百家企业,企业创新文化进行同行业、同产业,甚至跨行业、跨产业的发展和跃迁。

科技型小微企业草本植物形态的创新文化和木本植物形态的创新文化,在深圳湾创新文化生态系统的滋养下,拥有不同基因的创新种子文化慢慢"扎根",由内核逐渐萌发;在创新文化种群的适应中，吸收"阳光""空气""水分"等养料，而逐渐生长出"枝""叶""花"等不同形态的创新标识文化；在创新文化群落的整合中，以及微观、中观和宏观不同影响因素的作用下，创新繁衍文化趋于系统化，逐渐裂变、繁衍出裂变型企业创新文化和衍生型企业创新文化的种子和幼苗，逐渐形成花、草、树木、丛林相融合的"创新绿洲"（如图4-9所示）。随着科技型小微企业创新文化生长、传播、裂变和繁衍，由深圳湾创新文化生态系统的核心圈层向外扩展到关键圈层、辐射圈层，甚至省内圈层、省外圈层、国外圈层。通过创新文化的自组织、自适应和自生长，不同文化圈和文化链的叠加效应，在创新文化与生态环境的适应中，逐渐形成生态竞合、协同共生、良性循环的创新文化生态系统。

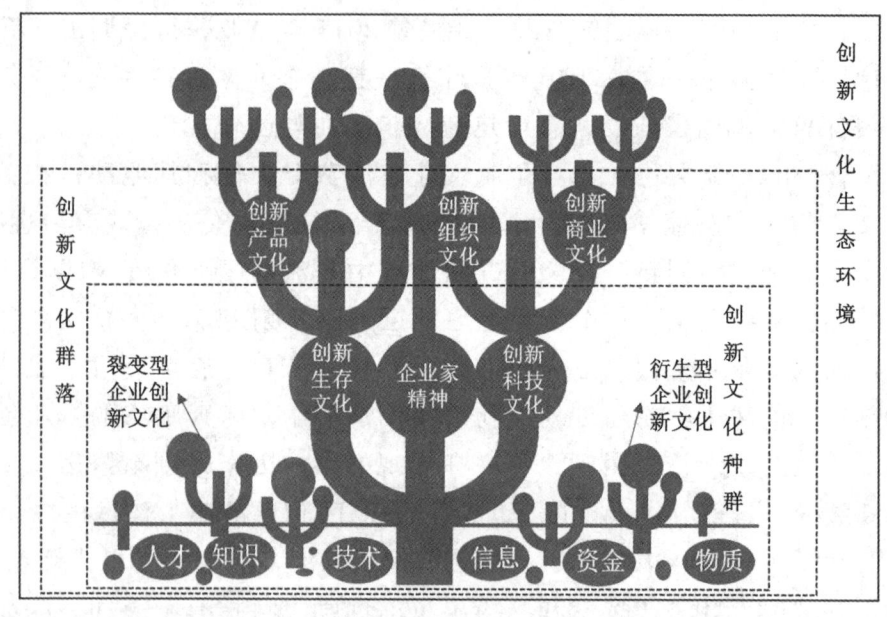

图4-9　发展期生态系统整合中创新繁衍文化跃迁模型图

第五章

生态系统中科技型小微企业创新文化的演化

动态研究企业创新文化,不仅需要研究其生长过程与阶段特征,而且需要深入研究其演化过程与动力机制。纵观生态系统中科技型小微企业创新文化的生长,创新文化要素在文化圈、文化链的作用下,不断地进行适应、整合与优化,在与生态环境的互动中不断演化。沙因(Schein)从理论层面对企业文化推进管理进行了高度解构,认为文化演化和变迁的性质依赖于组织所处的成长阶段。[268]面对不同的成长阶段,在开放、复杂、多变的生态环境适应中,企业创新文化形成了一定的演化规律。结合文化生态适应论和文化生态系统论,可见生态系统中科技型小微企业创新文化的演化动力,主要源于企业家自我价值实现的需求、科技文化强化与拓展的需求以及生态系统适应与平衡的需求;其演化模式为同化与异化的演化模式、渐变与突变的演化模式;其演化机制为同化的重组机制和异化的分解机制、渐变演化的协同机制和突变演化的竞争机制。

第一节 生态系统中科技型小微企业创新文化的演化动力

人类之所以要与环境互动而形成文化,是基于人的本性——需要,可以说环境和人的需要是文化形成的两个关键因素,人的需要和环境都不断变化,因此文化不断地演化变迁[82]。研究科技型小微企业创新文化的演化动力,可以挖掘达尔文生物进化理论和拉马克(Lamarck)遗传基因理论中的思想和方法,来分析组织创新理念、创新行为和创新形象演变的规律。生物进化的动力是生存竞争和自然选择,文化演化的动力与其相似。纳尔逊(Nelson)和温特

（Winter）创建了一个典型的演化模型，它把组织行为看作一种由规则支配的行为并构成演化理论的首要原则，组织中个人互动的结果形成了特定的组织文化，并以类似于生物进化中基因形式的组织惯例被传承下来[269]。企业文化演化的动力分为内部动力和外部动力，内部动力是系统内部文化要素之间、种群之间、群落之间非线性的相互作用，主要有吸引与排斥、合作与竞争，如企业家自我实现的需求和新奇事物的创生等；外部动力是文化与环境之间的相互作用，如文化对环境的自适应变异选择[270]。科技型小微企业创新文化的演化既是企业发展的内在要求，也是适应环境变化的外在需要。

一、企业家自我价值实现的需求

科技型小微企业创新文化蕴含着深刻的企业本质特征，企业的演化必然伴随着企业创新文化的演化，企业创新文化的演化必然伴随着企业家自我价值实现的需求变化。企业家追求自我价值的实现是推动企业创新的动力源泉，是个人价值与社会价值相融合的动态适应性过程。

1. 企业家自我价值的实现是企业创新的动力源泉

1943年，美国著名的心理学家马斯洛（Maslow）在《人类激励理论》中提出需求层次理论，揭示了人的价值体系中存在着像阶梯一样从低到高的五个不同需求层次，依次为生理需求、安全需求、社交需求、尊重需求和自我实现需求[271]（如图5-1所示）。一位优秀的企业家，能把员工的需求从较低的层次引向较高的层次，从而发挥团队的最大效应。初创期，科技型小微企业往往是由企业家、合伙人或创新团队等几个人组成的，没有形成清晰而明确的企业价值观。随着科技型小微企业的成长和发展，在企业家自我创新价值实现的需求驱动下，企业的创新文化逐渐由模糊变清晰、由隐性变显性、由无序变有序、由静态变动态，进行不断的演化。企业家自我创新价值实现的需求贯穿于科技型小微企业创新文化生长的全过程，不同阶段的表现形式不同，但对企业创新文化演化的推动作用是相同的。

熊彼特对于创新的动力源泉，既强调生存竞争和利润追求，又强调企业家"自我实现"的价值观念和心理作用。[241]与传统的大中

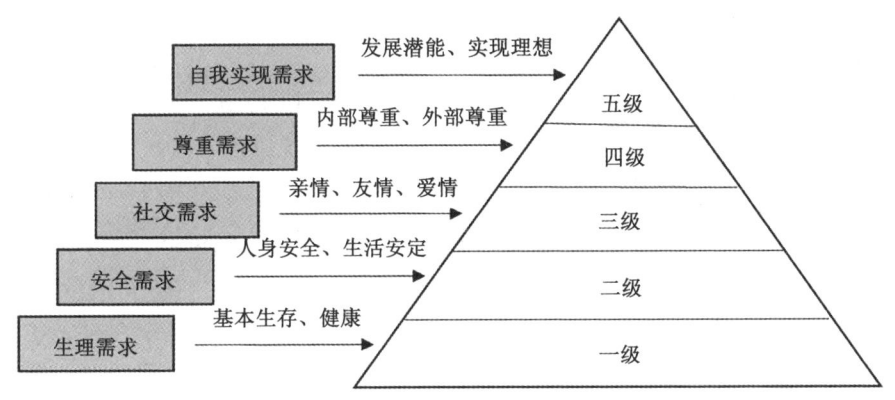

图 5-1 马斯洛需求层次理论模型

型企业不同,科技型小微企业的企业家是企业文化的缔造者和传播者,其价值观在组织中发挥着基础性的黏合作用,是组织认同感形成的源泉。企业家的价值观念在创新实践中接受检验,如果企业不断地获得成功,那么企业创新文化将得到强化;如果企业失败了或出现生存危机,那么企业家将失去员工的信任,受到极大的挑战,甚至被抛弃。企业家的价值观念、经营哲学、思维方式、道德素质和行为模式等,直接决定着企业创新文化的理念。随着生理需求、安全需求、社交需求和尊重需求的满足,企业家自我实现需求成为挖掘潜能、实现理想进行创业的最大动力。企业家这种强烈的自我创新价值实现的需求,推动其形成执着的创业信念,为此在物质上和精神上全力付出,积极凝聚和团结全体员工的创新精神和创新力量,以推动企业生存、成长和发展。

2. 企业家自我价值的实现是一个动态适应性过程

科技型小微企业的技术创新过程伴随着企业家的一种自我价值实现的过程,是和企业家的理想愿望、价值判断和心理满足紧密相连的。企业家自我价值的实现随着外界生存环境的变化而变化,受企业的增长率、销售额、利润率或重大产品的创新效果等影响,是一个动态的适应过程。在科技型小微企业的初创期,企业家具有企业的决策权,企业的创新文化是以企业家精神为核心的,是由企业家和员工互动中形成的非正式制度、惯例或规则支配的。为了企业的生存和创新价值需求的实现,企业家是内驱力最强的、付出最多的、最拼搏的，通过为人处世的价值观念、思想意识、精神力量、人格魅力、行为习惯等，来展现创业的激情和坚定的信心，从而影响带动员工进行技术创新。随着企业的成长和发展，在企业家勇于创新、敢于冒险、坚持不懈和相信未来的创新精神推动下，企业家的"一元"文化与员工的"多元"文化相互适应，进行跨文化整合，使企业的隐性创新文化逐渐显性化，形成企业正式的制度文化或被认同和接受的工作作风与习惯，企业由"人治"逐步走向"法治"。一个文化意识强烈的企业家会更具适应性与灵活性，更注重员工思想观念的相互统一、相互认同，更倾向于用精神来引领员工，实施人性化的管理，激励员工挑战极限、发挥潜能。为了企业家自我创新价值需求的实现和企业的可持续发展，企业家精神仿佛"看不见的手"，引导员工形成小规模创造大价值、汇聚大能量和创造大梦想的理想信念，调动员工创新的积极性，与全体员工共同捕捉创新机会[272]，推动企业的技术创新和文化演化。

科技型小微企业通过企业家精神来团结、凝聚员工的价值观念，推动企业创新文化不断外化和升华。在企业家自我创新价值实现的需求驱动下，企业不断进行技术创新、管理创新和营销创新等，使创新文化不断演化，推动企业获得竞争优势[270]。比如，美国苹果公司的创始人乔布斯在对电子学的酷爱、对电脑市场价值的评估和自我创新价值实现的需求驱动下，缔造了"苹果神话"，用创新文化和创新技术改变了世界。1987年，任正非因工作不顺利，转而集资2.1万元人民币开始创业，成立华为技术有限公司。任正非凭借执着的韧劲、实干的精神和坚定的信念，为实现个人价值、社会价值与商业价值共赢的目标，带领华为在与创业环境的适应中打开边界，与世界握手，构建"互生、共生、再生"的产业环境和商业生态体系，使华为成为世界上富有竞争优势的高科技企业。正是企业家自我创新价值实现的需求推动苹果和华为的创新文化不断演化，使企业由科技型小微企业发展为具有全球影响力的高科技企业。

二、科技文化强化与扩展的需求

熊彼特认为创新就是不断地从内部革新经济结构，即不断破坏旧的、创造新的结构，即"创造性破坏"。[80]新奇事物的创生是科技创新实践的结果,是科技文化进化的重要支撑,是推动科技型小微企业创新文化演化的内在动力。科技文化是一种生成于科学技术实践的文化,随着科学技术的发展而发展。科技文化是科技型小微企业的企业家和员工运用科学技术,认知自然和改造自然过程中所创造的物质文化和精神文化成果,能够推动企业创新文化由一种状态演化到另一种状态。在这一过程中形成了与其生态环境相适应的企业创新文化生态系统,科技文化作为文化生态系统中的重要组成部分,具有自身不断强化与扩展的特性,而这种强化与扩展也不断地推动着文化生态系统向更高层次演化。

1. 科学精神与人文精神的统一

创新是一种高度主体性的创造活动,科技创新反映和体现着企业家和员工的内在本质、意志和价值追求。科学精神和人文精神是科技型小微企业持续创新的力量源泉,科学精神是创新成功的前提,人文精神是创新价值实现的保障,创新体现了科学精神与人文精神的统一。[273]科技型小微企业从事科学研究和科技创新,需要遵循认识自然、改造自然的规律和其内在的科学精神和人文精神。科学精神是科技创新主体在长期的科学实践中形成的内在情操、气质、品格和行为特征,与科学活动过程中制度化的共同价值观和规范的内在统一,主要表现为求真务实、锲而不舍、善于怀疑、敢于挑战、忘我献身等[274]。科技型小微企业中企业家和员工的科学精神和创新勇气在科技创新上是弥足珍贵的。科学精神的精髓是求实创新,如果科技人才缺乏优良的科学精神,无论创新资源多么充足,创新环境如何优越,创新文化也难以形成并演化,科技创新也难以实现。而人文精神则是坚持以人为本,关心人的本质,追求人的全面自由发展、潜能的挖掘以及个性的张扬。科技型小微企业的科技创新活动,既要拥有严谨、理性、求实的科学精神,又要拥有自觉、自由、平等的人文精神,只有两者的统一才能推动科技文化的强化与扩展,进而实现企业创新文化的演化。

位于深圳湾创新文化生态系统中的深圳市圆周率软件科技有限责任公司,是由香港科技大学、香港理工大学、清华大学和哈尔滨工业大学等高校的博士团队组成的,香港高校校友占30%,哈工大校友占60%，其中30%出身腾讯系、华为系。企业的技术研发团队中每个核心算法团队带头人均为该领域的权威专家。圆周率创始人沈靖程说："我们团队在一起搞技术、搞研发，我们有着强烈的进取意识和执着信念。由于多年从事学术研究，我们有着严谨求实、团结合作、敬业奉献、勇于创新、不畏失败的精神和干劲，坚信科技的发展前景和对未来的改变。在企业内部，我们采取扁平化的组织模式，开放、自由而灵活的管理理念，重视对员工的人文关怀。"圆周率科技公司将科学精神和人文精神相统一并升华，使员工的主观能动性得以充分发挥，主体意志自由表达，在彼此平等、相互尊重的氛围中激发普遍的创新热情。经过四年多扎实的精神积淀、技术储备与产品打磨，公司的核心算法获得重要突破，产品不断升级，2019年和2020年又先后推出全球首款一体化智能屏、支持一键8K全景直播的专业全景相机——Pilot Era、二代全景直播智能终端——Pilot One和全球首款三防全景相机——Pilot Lock。在企业科学精神和人文精神的支撑下，圆周率科技公司的科技文化逐渐强化，由企业内部逐渐向外扩展，以科技产品为器物媒介向市场和社会传播，推动企业创新文化的演化。

2. 科学知识的流动转化

科技型小微企业的科技创新是科学知识产生、存储、转化和反馈的结果，其中科学知识的流动转化显著地促进了企业科技创新各个方面的发展。随着信息技术的进步和市场经济的发展，科技具有了全球性的视野，科技与文化逐渐融合，推动了科技的进步、知识的流动和文化的演化。科技型小微企业的企业家和员工拥有不同的学科背景和知识储备，在跨领域合作和跨文化整合中，充分利用科学知识生产的资源禀赋，打破知识的边界，使科学知识得以流动与转化。科技型小微企业是一个动态的开放系统，在企业与创新文化种群中的政府相关部门、科研院所、高等院校和科技企业等的文化交流和战略合作中，在创新人才的碰撞、融合中以及文化与环境的适应中，企业内外的显性知识和隐性知识得以挖掘、积累、整合与优化，不断丰富企业的知识体系。科技型小微企业要适应科学知识生产的需求空间和生态环境，把握科学知识流动的内在规律，使企业增加科学知识的存量、质量和多样性，由量变到质变来提升企业科学知识的广度和深度、内涵和外延，使知识在流动中转化为技术和产品。科学知识的流动转化受客观条件的制约，也受人们的主观愿望和认识水平的影响。同时科学知识的流动转化也会使人们的思维方式和价值观念逐渐提升，推动科技文化的进化，进而促进企业创新文化由内向外萌发。

　　随着科技的发展与变革，近代科学知识已经将"哲学思辨式"和"经验试错式"相结合的科学知识生产方式，向"实验型"科学知识的生产方式演变。[275]深圳市圆周率软件科技有限责任公司嵌入式全景算法的研发是从香港科技大学实验室的科技成果转化而来的。2014年圆周率科技公司的研发团队将科学知识转化为科学技术和科技产品，推出专业级全景相机解决方案。圆周率科技公司利用四年时间积极、主动地获取和挖掘生态系统中的知识资源和创新资源，通过与香港科技大学、香港理工大学和清华大学等高等院校，谷歌、阿里巴巴、腾讯、华为等高科技企业的战略合作，促进全景和VR影像相关科学知识的流动，转化集合成拥有创新技术的可靠产品与应用方案，让更多商业用户体验前所未有的便捷，在拓展业务内涵与边界的同时，推动了科技文化的强化与拓展（如图5-2所示）。

图5-2　圆周率软件科技有限责任公司创新发展与战略合作图

资料来源：根据企业 https://www.labpano.com/about 网站信息整理并绘制。

3. 科技成果的应用推广

科技文化孕育于科技成果之中，科技成果是科技文化的传播载体。科技成果的转化扩散与应用推广，是科技型小微企业内部科学技术和创新文化外化的表现形式，是企业发展的客观要求。科技成果是文化生产力中的核心要素，为文化"软实力"提供动力。[276]科技成果需要通过转化与扩散，才能转变成生产力，从而实现经济价值和社会价值，进而获得企业绩效。随着科技的创新发展和市场的激烈竞争，为了满足消费者多样化、个性化、定制化和娱乐化的物质文化和精神文化需求，科技型小微企业的科技成果越来越表现为科技与文化的融合。在技术与文化的相互驱动和辩证统一中，科技文化得以强化与扩展，从而推动企业创新文化的演化。随着圆周率科技公司的成长，其研发的科技成果——全景相机需要投入市场转化为经济价值，推动企业的进一步发展。圆周率科技公司的创始人沈靖程说："企业研发的阶段性科技成果由技术转化为产品投入市场。我们专门邀请创新型管理人才和团队，将企业内部的技术与文化进行梳理与融合，对科技成果的应用推广进行了思路的探讨和理性的研判。"由此可见，企业对科技成果应用推广的高度重视，以及对科技文化强化与拓展的需求。

科技型小微企业的创新意识、创新精神和创新理念贯穿于企业研发、生产和销售等的全过程，通过科技成果的应用推广得以表现与传播，以此促进科技的进步和文化的演化，从而形成良性循环。科技型小微企业通过科技成果转化，改良文化传播手段、丰富文化表达方式，表达文化创新意境，增强文化的原创力、传播力和感染力[277]，来满足科技文化强化与扩展的需求，从而推动企业创新文化的演化。圆周率科技公司的全景相机推向市场，逐渐应用于媒体报道、教育培训、健康医疗、VR漫游和智慧安防等行业和商业领域（如图5-3所示）。同时圆周率软件科技公司利用大型会议、活动或赛事等进行产品推广，如2019年参与了央视《新闻联播》"两会"报道、CCTV风云球王"五人制"足球争霸赛、金砖国家未来网络创新论坛、新中国70华诞大型焰火晚会、北京大学肿瘤医院5G+VR医疗培训等；2020年参与了火神山医院云监工、雄安新区"千年秀林"护林防火巡查、珠峰高程测量登山队登顶珠峰、北斗三号"收官之星"发射、"天问一号"火星探测器发射等。圆周率软件科技公司运用创新技术,研发可靠影像产品和高效应用方案,试图推动影像行业的技术革新和创新文化发展。圆周率全景相机在 Pilot Era 的基础上,推出二代玲珑体积、澎湃能量的 Pilot One,再到全球首款适用于户外、景区的三防全景相机 Pilot Lock,将精致、小巧、美观、集约、高能、生态等创新理念融入企业文化。随着全金属外壳、IP67 硬核防护标准、内嵌自加热、高精度光学镜头和传感器、可选远程监控系统等科技的应用,赋予三防全景相机 Pilot Lock 坚强防护性、防水性、防沙尘及盐雾腐蚀性、95℃温差极致耐候性、四目 8K 体验性等。圆周率科技公司科技成果的应用推广,使企业科技文化得到强化与扩展,推动企业创新文化的演化。

图 5-3　圆周率软件科技有限责任公司科技成果行业应用领域图

资料来源:根据 https://www.labpano.com/about 企业网站信息进行整理。

三、生态系统适应与平衡的需求

文化的生长是适应自然环境和人文环境的过程,因此文化的发展既要适应环境的发展需要,又要适应人类的生存需要。科技型小微企业的创新文化绝对不是封闭的、孤立的,而是一个复杂的动态开放系统,既需要自组织和人工干预实现内在的稳定,又需要不断地与外界生态环境进行物质、能量和信息的交换,来保持自身的协调与平衡。越开放、越灵活、越优质的创新文化理念、创新文化环境和创新文化资源,越有利于生态系统的适应与平衡,越有利于推动科技型小微企业创新文化的演化。生态系统的适应与平衡的需求，主要体现在科技型小微企业创新文化要适应社会创新文化理念和社会创新文化环境，要平衡社会创新文化资源。

1. 适应社会创新文化理念

社会创新文化理念是社会创新主体在长期的科技创新实践活动中，所普遍认同和遵循的创新价值观、创新意识和创新精神的总和，是人们开展科技创新活动的动力源泉。社会创新文化理念能够指导创新主体的创新行为，使不同思维、精神、观念与行动互相滋养、互相作用，推动各种文化的相互渗透、转化、碰撞、融合与共生，促进人的全面发展。社会创新文化理念与科技型小微企业的创新文化具有互动性，社会创新文化理念以信息的形式输出给企业，企业创新文化理念以物质产品的形式输入社会，使创新文化生态系统趋于平衡，从而推动企业创新文化的演化。随着经济和技术的快速发展，社会越来越重视开放性，现代管理理念逐渐融入，与传统价值观念兼容并蓄，形成开放平等、鼓励创新、包容失败、学术民主的创新文化理念，推动技术交流、创新合作和资源共享。

在我国，受区域环境影响和传统文化的制约，经济发展不均衡，社会创新文化理念参差不齐，东北地区和西部地区相对保守、闭塞、古板，而东南沿海地区相对创新、开放、灵活。深圳作为我国改革开放的窗口和新兴的移民城市，是我国设立的第一个经济特区。伴随着邓小平1984年和1992年两次视察南方，充分激活了深圳海洋渔猎文化、移民文化、商业文化中的开放、包容和冒险的创新基因。近几年，随着国际科技产业创新中心、中国特色社会主义先行示范区、粤港澳大湾区的建设，深圳的社会创新文化理念进一步优化。深圳独特的地理优势吸引大量西方国家和中国香港的资本注入及多元文化的互动交流，使人们形成开放包容、敢想敢试、勇于创新、不畏失败、超然洒脱的人生态度和精神境界。深圳的社会创新文化理念激发人们的创新热情和创业动力，不仅使华为、大疆、腾讯等高科技企业快速发展，而且带动一大批科技型小微企业蓬勃兴起。为适应社会创新文化理念，维持生态系统的平衡，深圳科技型小微企业的创新文化不断演化。

通过访谈10位深圳科技型小微企业的企业家,其中有9位是受深圳的社会创新文化理念影响而融入创业大军的。深圳市够好玩科技有限公司的洪总说:"我19岁就开始在深圳创业,看别人都创业,我也想试一试。我想证明一下我的能力,能否独立地在社会上创造价值,能否养活自己和我的团队。"深圳市未来交互信息技术有限公司的王总说:"在深圳生活、工作的人或者外地迁移到深圳的人,受这种创新理念的影响,都会萌生创业的想法和冲动。我是深圳湾创业广场的'老人',却是创业的'新兵'。我是在联想星云CEO杨总的理解和支持下创业的。实际上在创业过程中,受社会创新理念的影响很大,我们需要与时俱进,不断创新。"深圳市艾雷激光科技有限公司的蒋总说:"我是2009年大学毕业后到深圳的,工作三年后,我和我表哥开始创业,我是学农学的,现在做激光科技,回想一下觉得还是胆子蛮大的。实际上更多的是深圳的创新文化理念对我的触动,我边创业边学习,逐渐完善企业的创新文化和创新战略。"由此可见,科技型小微企业的创新文化是在适应社会创新文化理念以及与生态系统的平衡中不断演化的。

2. 适应社会创新文化环境

社会创新文化环境是指在一定的社会形态下,人们创新的价值观念、思想意识、道德规范以及行为习惯等,在与环境的适应中逐步被社会所公认的各种创新行为规范。科技型小微企业由于规模小、人员少,企业创新文化受生态环境的影响更加直接。科技型小微企业创新文化不断地与社会创新文化环境进行物质、能量和信息的交换,在互动中企业创新文化与社会创新文化环境相适应与平衡。社会创新文化环境为科技型小微企业创新文化的发展与演化提供创新的"土壤",从而成为其演化的外在动力。社会创新文化环境能够促进企业提升其拥有的资源和知识的质量[278],推动企业技术创新,从而促进企业创新文化的演化。社会创新文化环境主要体现在对创新创业行为和价值所持的认同感、对创业失败的包容度以及开放合作的文化氛围等方面。营造深入人心、因势利导、鼓励创新和包容失败的社会创新文化环境和人与自然和谐共生的创新文化氛围,能够极大地改善人们对科技型小微企业的认同感,增强创新创业活动的积极性和进取心,推进人们持续地学习、创新[279]。因此,适应社会创新文化环境的需求是科技型小微企业创新文化演化的外在动力。

在我国,受区域文化、民族文化和传统文化的影响,东北、华北、华南、华东和西北等各区域经济发展不均衡,社会创新文化环境存在较大差异。改革开放后,深圳在国际交流合作和创新创业浪潮中经济飞速发展,成为我国最年轻的移民城市。通过访谈,企业家们一致认为深圳是我国社会创新文化环境中最适宜创业的城市。科技型小微企业创新文化与其生存的环境密不可分,是在与社会文化生态环境的适应中不断演化的。良好的社会创新文化环境是生态系统中科技型小微企业创新文化演化的外在动力。

3. 平衡社会创新文化资源

生态系统中科技型小微企业创新文化不断地与社会文化进行物质、能量、信息的交换,在互动中企业输入并输出社会创新文化资源,使生态系统中的创新文化资源趋于平衡。社会创新文化资源是支撑和推动创新文化发展的资源要素,包括人才资源、信息资源、知识资源、金融资源和技术资源等,分为财产性创新资源和知识性创新资源[280]。社会创新文化资源是科技型小微企业创新文化演化的物质支柱。社会创新文化资源的整合共享、高效利用和优化配置,会推动企业适应科技创新的发展步伐和市场经济的发展需求。科技型小微企业创新文化从社会创新文化中获取创新文化资源,用无限的文化创造力突破有限的文化资源约束,产生新的文化资源,增加了文化资源的多样性。科技型小微企业利用国家或政府提供的创新平台、区域创新生态系统、技术研发机构、中介服务机构和政产学研联盟等,开展科技合作、成果转移和技术交易等,通过开展创新文化资源的交流与分享来弥补自身资源和能力的不足。在创新文化资源的共享、交流与互动中,促进企业技术创新、文化进化和环境优化,从而推动科技型小微企业创新文化适应社会文化环境趋于平衡。

美国形成席卷全球的硅谷风暴,不仅仅源于博大精深的硅谷精神和鼓励创新、包容失败的创业环境,而且源于政治、经济、文化、技术、人才、知识和信息等资源要素整合中形成的创新生态系统。

有了深厚的文化底蕴，有了好的创业环境和氛围，有了健全的创新资源，硅谷就会自己冒出来。文化是无法复制、克隆的，不能照抄、照搬的，只能借鉴。文化在与生态环境的适应中不断演化，良好的创新文化环境和优质、充足的创新文化资源将是创新文化演化的外在动力。

在我国，深圳不仅拥有开放包容、多元融合的创新理念和创新环境，而且拥有健全而充足的人才、技术、知识、信息、资本等创新资源。在深圳与西方国家和中国香港的交流合作中，大量的创新技术、创新人才、科技信息、金融资本涌入，激活并丰富了深圳的创新文化资源。深圳湾科技园区是深圳最有代表性的科技创新园区，拥有科技金融服务平台、公共技术服务平台、企业管理服务平台、人文社区交流平台，将产业生态和园区生态深度融合，对创新文化资源进行整合，在文化圈和文化链的作用下，产业资源进行高效配置，形成动态的创新文化生态系统。深圳湾创新文化生态系统各个圈层内的创新文化资源开放流动、互动共享，促进了科技型小微企业创新文化的演化。

正是科技型小微企业在生态系统中获取与释放社会创新文化资源，在生态系统的互动、平衡过程中推动社会创新文化资源的不断再生，企业创新文化不断地演化。

第二节　生态系统中科技型小微企业创新文化的演化模式

生态系统中科技型小微企业创新文化是由复杂的创新文化要素、种群和群落，在与生态环境适应中构成的动态开放系统，在内力和外力的共同作用下创新文化不断发生演化。生态系统中科技型小微企业创新文化的各个文化生态要素相互联系、相互制约、协同发展，在文化圈、文化链的作用下构成具有一定时空结构的有机体。这些有机体进行时间上的延续和空间上的拓展，不断地吐故纳新、新陈代谢，进行立体式的演化。犹如生物有机体的新陈代谢，创新文化也通过合成及降解不断进行更新和能量交换，以维持其生长和繁衍。生态系统中科技型小微企业创新文化是具有一定时空结构的有机整体，通过与环境的适应进行新陈代谢，呈现出同化与异化、渐变与突变的演化模式，从而推动企业创新文化进行开放地、动态地、非线性地演化。

一、同化与异化的演化模式

文化生态的演替或传承具有多种观点，结合文化生态的同化和异化作用，考虑文化的复杂性、多元性、融合性、互动性和整体性，科技型小微企业创新文化是通过同化和异化而实现演化的过程。同化和异化是文化生态系统新陈代谢的两个方面，是企业创新文化演化的内在根据。文化随时随地处于同化和异化的动态交互、对立统一中，在一定的时空结构内进行不断变迁。生态系统中科技型小微企业创新文化在同化和异化的演化模式下，不断丰富、日臻完善。

1. 创新文化同化的演化模式

同化是指文化环境不同的个人或团体，融合成一个同质文化单位的过程。在生态系统中科技型小微企业创新文化同化的演化模式，指的是企业在科技创新和运营管理的实践过程中，其创新文化吸收不同形态的外来文化，各种文化相互渗透、相互结合、互为表里，最终融合成同质创新文化的演化过程。外来文化主要指生态系统中科技型小微企业外部文化种群内的竞争者文化、消费者文化和其他直接利益相关者文化，文化群落内的地域文化、政府文化、民族文化、商业文化等广义、大尺度的文化。同化是一个潜移默化的过程，对所接触的外来文化通过彼此改造和塑造，逐渐达成一致，彼此认同。同化的演化过程伴随着异质文化的碰撞与冲突，同质文化的平衡协调，是跨文化整合中的一项复杂系统工程。随着移动互联网、大数据、云计算和人工智能等信息技术的迅猛发展，文化传播的途径和渠道多样化、复杂化，科技型小微企业创新文化不断同化外来文化，使企业创新文化不同程度地发展与变迁。科技型小微企业创新文化同化的演化模式，在初创阶段和成长、发展阶段具有不同的特征。

第一，在初创阶段，科技型小微企业创新文化以企业家精神为主流文化，不断同化外来文化。随着企业的发展和规模的逐渐扩大，企业的管理者和员工逐渐增多，企业家精神逐渐同化员工带来的不同价值观念、思想意识、工作态度和风俗习惯等外来文化，主流文化和外来文化在交流、互动中，经历冲突、模糊、认同、系统化的过程进行跨文化整合，逐渐融为一体。主流文化和外来文化的同化，经历了一个由表及里、由局部到整体融合的过程。同化速度开始比较缓慢，被同化员工一旦意识到所接受的企业创新文化优于原来的主体文化，就被迫放弃自己的文化模式与传统，积极学习同化者的创新文化，从而推动企业创新文化的演化。

深圳眠虫科技的缪总将企业创新文化比喻为"毛毛虫"文化，企业家为"毛毛虫"的头部，9名员工为"毛毛虫"身体的一个一个环节。在企业初创期，眠虫科技的企业家和员工是合作的关系，而不是管理与被管理的关系，每个人扮演不同的角色，发挥不同的作用，形成生命共同体。企业按照企业家确定的战略目标，企业家和员工之间相互包容、相互理解、相互尊重，彼此认同企业发展的方向，逐渐修正自己的观念、态度和习惯，在同化中企业创新文化逐渐演化。眠虫科技正是以团队这种无形的力量在相互适应、相互约束、相互融合，推动"毛毛虫"得以生存，逐渐向前爬行。

第二，在成长和发展阶段，科技型小微企业创新文化的同化过程具有明显的社会学、心理学性质以及开放性、互动性特征。生态系统中科技型小微企业创新文化的同化作用不是机械地线性替代，而是企业中的员工结合自己的价值观、知识、能力、经验、习惯、兴趣和爱好等，进行复杂非线性地理解、评估、选择和认同企业创新文化价值的心理过程。在这个心理过程中，企业员工不仅重新理解、评估、选择和认同创新文化的价值，而且还会受社会文化影响繁衍出许多新的文化形态，不断丰富创新文化的内涵和价值。科技型小微企业的创新文化，通过与社会文化心理和文化活动的交流、融合和互动，在市场反馈机制的作用下，与区域文化、民族文化、商业文化等进行同化。同化过程使创新文化的内涵更加丰富，在不同文化的博弈中，共同推动企业创新文化不断演化。科技型小微企业的主流文化与外来文化在同化过程中，主流文化吸收、选择、组织和接收外来文化，实质是企业创新文化与社会文化的开放、互动过程。企业开放地吸收互联网文化、虚拟文化和共享文化等社会文化，与科学文化、技术文化、工匠文化和美学文化等进行互动，推动创新文化的互动式联系、互动式传播、互动式体验，推动企业创新文化向更高层次不断演化。

深圳眠虫科技在成长和发展阶段，在企业内部企业家和员工逐渐适应、融合形成彼此认同的创新文化基础上，积极吸收直接利益相关者的创新文化和宏观社会的创新文化。眠虫科技的创新文化在发展中吸收社会中的异质文化，如工业设计文化、材料科技文化、健康科技文化、大数据文化、移动互联网文化等，在文化的同化中企业的创新文化逐渐演化。眠虫科技将优质而丰富的创新文化理念、先进而科学的人体生理信息监测技术应用于传统家居、睡眠和旅行产品上，通过优秀的工业设计、领先的材料科技和科学的数据运算，赋予产品真正的智慧功能。眠虫科技经历了企业创新文化的同化演化过程，在企业家和员工共同努力下，成为集智能健康、智能睡眠和智能旅行产品设计、研发、销售为一体的、非常具有潜质的高科技企业。

2. 创新文化异化的演化模式

历史唯物主义认为，文化是人的本质对象化的产物，文化的实质即人化，就是人类在改造自然、社会和人自身的历史过程中逐渐向自由迈进。同时文化也会反客为主，统治和支配人，使人受制于文化，即发生文化异化[281]。生态系统中科技型小微企业创新文化异化的演化模式，是指企业的异质文化对原质文化的否定和扬弃，产生新的文化因子并不断繁衍，使创新文化演化的方向发生偏离。企业文化异化是外来文化与企业文化发生冲突，企业文化停滞或衰退，外来文化比企业文化层次更高、更强，从而占据主导地位。异化的过程是各种异化要素长期作用的产物。当生态系统中科技型小微企业创新文化不能与企业科技创新的需要相匹配时，企业创新文化就会发生异化。文化异化是科技型小微企业创新文化不断演化的内在需要，也是社会进步的必然逻辑。科技型小微企业存在"死亡率高"的现象，其中一部分就是文化异化作用的结果。

我国部分企业受传统文化的影响，习惯于安于现状、故步自封、保持稳定，孤立地认为文化的异化会对原有文化产生破坏并存在潜在风险，不愿意接受并尽力扼制新生文化的传播。企业为了保持传统文化的稳定，而尽力减少与新生文化的冲突，避免发生文化异化。但科技型小微企业创新文化之所以发生异化，实质上是由科技型小微企业的本质特点——"创新"决定的。科技型小微企业的创新文化是企业为满足科技创新和管理创新的需要而创造的，旨在摆脱传统文化的制约和环境的控制，以追求自由和发展。在科技型小微企业创新文化的演化过程中，由于受到现实生产方式和社会环境的制约和限制，企业员工的创新实践并不能完全按照创新的需要和企业的创新战略愿望发展，所以产生文化异化。

随着国际竞争的日趋激烈和现代科技的迅猛发展，科技与文化深度融合，支撑引领科技型企业发展，成为世界科技发展的主流。这种技术理性文化使人类为满足自身需要，以理性和技术手段来改造自然和控制自然，在促使人类物质财富丰富的同时成为控制人类的文化异化力量。从科技型小微企业的视角来看，企业创新文化异化的演化模式，主要体现在以下两个方面。

一是企业为追求经济利益，技术理性文化过分泛滥，科技创新战略极度膨胀带来生态恶化。企业过度重视科技理性文化，削弱了企业研发人员的主体意识，引发科技型小微企业创新文化演化的异化。科技型小微企业创新文化异化的演化模式会带来环境污染、能源短缺、生态破坏、猎杀野生动物破坏物种多样性等问题，使人类被技术所统治，"技术至上"严重威胁人类的生存和发展。

二是企业为追求科技创新，理性科学精神膨胀，企业创新人才的价值和尊严出现滑坡。科技型小微企业一味地追求理性为核心的科技创新精神文化，而忽视了以企业创新人才为核心的人文精神文化和科技伦理文化。在经济利益的驱使下，科技型小微企业片面地追求"高""精""尖"的科学技术，忽视了中国传统文化和"真""善""美"的人文精神。科技型小微企业创新文化异化的演化模式会使理性与人性逆向而驰，如克隆技术、计算机病毒、黑客技术和核武器等。

二、渐变与突变的演化模式

在生态系统中科技型小微企业创新文化在与生态环境的适应中，在自组织、自生长和人工干预下逐渐形成具有庞大信息量的"超级有机整体"。随着时间推移和空间变化，科技型小微企业创新文化在与文化种群、文化群落的适应中进行生长、发育和繁衍，在与生态环境的交互中进行渐变演化和突变演化。

1. 创新文化渐变的演化模式

纵观科技型小微企业创新文化的生长，生态系统中各种创新文化要素之间慢慢渗透、碰撞、融合，文化生态要素逐渐呈现出多样性和复杂性，从"量变"到"质变"推动科技型小微企业创新文化呈现渐变式演化，主要通过创新文化内部的遗传过程和与外部环境的适应过程来实现。

第一，创新文化内部的遗传过程。从文化生态视角来看，创新文化的生成和发展具备了遗传性的生态意蕴。随着人们对生态环境的认识由模糊到清晰、从无意识到有意识、由不自觉到自觉，感知到需要逐渐地调整自己的文化来与生态环境和谐共进。[282]科技型小微企业是在创新文化的遗传中得以发展和延续的。文化遗传是指将前人的基因、知识和信息逐渐传授给后人，后人接受、继承前人的价值观念、精神特质、风俗习惯和道德准则等并指导自己实践活动的现象。科技型小微企业创新文化遗传不是创新文化机械地线性传递，而是人们根据自己的知识、习惯、经验和爱好等与创新文化慢慢融合，逐渐主观地确定创新文化价值的心理过程，同时还会增殖和繁衍出许多新的文化和意义[283]。

科技型小微企业创新文化的渐变演化主要通过基因的遗传、知识的遗传和信息的遗传来实现。一是基因的遗传。科技型小微企业创新文化基因作为形成创新文化内核的基础，从根本上决定着企业创新文化的性状、特征，并从根本上控制企业的成长和发展，基因遗传的过程也是逐渐吸收能量的过程，进而影响着整个企业创新文化的演化。二是知识的遗传。科技型小微企业在技术创新和管理创新的实践中，通过研发、生产、销售等认识活动进行物质的交换，转化为知识向后人传递，后人在接受和继承到知识的同时，掌握到获取知识的本领，同时提高了创新能力。知识的遗传有利于探索和衍生创新知识，从而成为引发创新文化渐变演化的潜在因素和动力。三是信息的遗传。科技型小微企业创新文化在与环境的适应中不断地进行信息的交换和遗传。创新文化信息的遗传并不是传播者与接收者的两极互动,而是多种社会互动和参与过程,是一个信息开放的体系,是无数创新文化要素参与的过程。创新文化信息的遗传使得科技型小微企业创新文化持续稳定地按照自己的轨迹渐变演化。

第二,创新文化与外部环境的适应过程。知识经济时代,企业不仅是具有"生命物性"的生命体,同时具有"生命人性"。人性是自主的,能够做出与自己的机体相符的选择,从根本上决定了企业文化的自组织性、自生长性和自适应性。[284]企业文化演化常常来自外部力量,变化的动机和变化的过程必定来自内部,体现了自发出现或者形成有序结构的过程。[285]科技型小微企业创新文化是在内在力量和外在力量的共同作用下,在竞争和协同驱动下渐变演化的。科技型小微企业创新文化在演化的过程中具有开放性、动态性、非线性、非平衡态和涨落等自组织特性,因此能够慢慢地自行复制、自行优化、自行组织、自行适应、自行演化,能够自主地由简单走向复杂、由无序走向有序、由低级有序走向高级有序,不断发展,形成具有一定结构和功能的超循环系统[286]。科技型小微企业创新文化由很多异质性和多样性的创新文化要素组成,其所存在的差异偏离了平均值就会导致偏离平衡态,差异能引发竞争,同时偏离平衡引发协同,从而使无序变成有序,自主地推动其演化。科技型小微企业创新文化形成后将相对稳定,但随着时间的推移、不同文化生态要素之间的碰撞与竞争以及所在的社会生态环境的变化,也会出现不同程度的涨落现象,以此推动创新文化进行自组织和自优化以适应不断变化的环境,从而上升为新的动态平衡。

2. 创新文化突变的演化模式

文化的演化是遗传与变异对立统一的过程,在与环境的适应中保持文化生态的平衡,从而推动文化的演化。科技型小微企业创新文化的演化具有相对的稳定性,但这种稳定不是一成不变的,也具有突变性。科技型小微企业创新文化中,各种创新文化要素在互动、交流、碰撞、融合中经常会发生随机性的变异,在与环境的适应中呈现正向的突变演化和负向的突变演化。正向突变演化,指的是环境中政治、经济、社会、技术和组织等发生变化,科技型小微企业创新文化能够及时调整并与变化的环境相适应、匹配，从而衍生出新的力量推动科技型小微企业创新文化的演化。负向突变演化，指的是环境中政治、经济、社会、技术和组织等发生变化，企业不能及时调整，从而不适应环境的发展需要和现实的企业发展需要，导致科技型小微企业创新文化的演化走向衰退，甚至终结。企业文化演化背后的核心逻辑是企业文化基因的遗传与变异。在环境持续变化的条件下，如果创新文化基因进行相应的重组和变异并克服有限的包容性和适应性，就会使企业创新观念文化保持对环境的持续适应，从而推动科技型小微企业创新文化的正向演化；如果科技型小微企业创新文化基因保持不变，就会使科技型小微企业创新文化呈现负向演化，最终被淘汰。下面结合环境中曾出现的典型事件所引起的变异，来分析科技型小微企业创新文化的正向突变演化模式和负向突变演化模式。

科技型小微企业创新文化演化的过程中，在初创阶段往往为了生存以利润为核心，"唯利是图""经济人"的特点明显，企业本位主义伦理思维深入骨髓。随着企业的成长，在与环境的适应中融入社会创新文化的程度不断提高，社会责任感不断增强。突发公共卫生事件引发部分科技型小微企业创新文化基因重组或变异。为适应环境的发展需要，企业高度重视科技伦理价值观的塑造，由科技本位主义伦理价值观向和谐共生的科技伦理价值观发生变异，推动企业合理开发利用资源、保护自然环境、尊重消费者权益和维护生态平衡等，使企业与社会在良性互动中融合发展，从而推动科技型小微企业创新文化呈现正向突变演化模式[287]。在新型冠状病毒肺炎疫情发生后，深圳眠虫科技、普晟建筑和云天励飞等企业为适应环境的发展需要，调整创新价值观，加强对健康科技的关注和医疗产品的研发。为此，眠虫科技研发出紫外线便携消毒包，随时随地为便携式手机、钥匙、磁卡等小物件消毒；普晟建筑改变传统的建筑物户型研发，融入抗病毒和健康安全的理念，研发出抗病毒通道的民用房产户型，房主入户后经由隔离通道直接进入消毒洗衣间，进行更衣、消杀、换装后才能进入其他生活区；云天励飞用AI构建疫情防控的"天网"，探索研发和利用AI设备，包括智能红外体温监控系统、AI 测温门、人脸+测温通行闸机、红外活体测温半球等，做到"出入管控+全员测温"一步到位，实现高效管控、便捷预防。

面对突发公共卫生事件，部分科技型小微企业保持创新文化基因不变或者不能及时调整来适应环境的发展需要和企业的发展需要，为了维持生存仍然固守"经济人"形象，固守本位主义伦理价值观，导致企业创新文化呈现负向演化模式，甚至走向终结。因科技伦理价值观问题引发的事件将使企业创新文化呈现负向演化模式，甚至导致企业迅速而彻底的衰亡，比如南京冠生园月饼、三鹿奶粉和长春长生疫苗等，即使是大型企业违背科技伦理价值观也将遭到全社会的唾弃与淘汰，何况承担风险能力较弱的科技型小微企业。因此，科技型小微企业应随环境的变化适时调整科技伦理价值观，以使创新文化呈现正向突变演化，避免其负向突变演化而导致衰亡。

第三节 生态系统中科技型小微企业创新文化的演化机制

犹如生物有机体的新陈代谢，通过合成及降解不断进行更新和能量交换，以维持生命进行生长和繁殖。在生态系统中，科技型小微企业创新文化的演化同样遵循新陈代谢的根本规律，其内部各要素之间遵循一定的结构关系和运行方式。深入分析其内在的各要素之间的相互关系和演化机制可以发现，科技型小微企业创新文化呈现出同化演化的重组机制和异化演化的分解机制、渐变演化的协同机制和突变演化的竞争机制。

一、同化演化的重组机制和异化演化的分解机制

犹如生物在同化的合成机制和异化的降解机制作用下，进行生长和繁衍。科技型小微企业创新文化是通过同化、异化作用，不断地从外界吸收或释放大量的不同文化元素，进行跨文化整合而实现演化的过程。企业创新文化中文化多样性的增加以及与其他创新文化要素的互动，使文化的时空结构不断变迁，从而博大精深，连绵不断[288]。科技型小微企业创新文化在同化的重组机制和异化的分解机制作用下不断演化。

1. 同化演化的重组机制

自然生态系统中，生物的合成是在生物体内或体外，由酶催化的各种化合物的同化反应过程，如糖、脂类、核酸、蛋白质等的合成。文化生态系统与自然生态系统相似，科技型小微企业创新文化的重组机制是企业内外各种创新文化要素重新组合进行同化反应的过程。同化演化的重组机制只需要看不同文化的"容忍度"和"差异度"，如果文化的"容忍度"高、"差异度"小将有利于文化的重组，否则将不利于文化的重组，出现文化冲突，制约文化的演化。文化同化演化的过程中，应高度关注文化的"容忍度"和"差异度"，要承认文化差异，允许文化多样化，在文化的碰撞中进行跨文化整合，推动文化兼容并蓄、多线演化。科技型小微企业创新文化同化演化的重组机制，主要有企业内部创新文化基因同化演化的重组机制、企业外部生态系统适应中创新文化生态要素同化演化的重组机制。

第一，企业内部创新文化同化演化的重组机制。企业内部创新文化同化演化的重组机制，深层次主要表现为创新文化基因的重组。生物基因作为遗传的物质基础是相对稳定的，但也不是一成不变的，基因重组为生物进化增添了新的内容，如DNA链的断裂和重接是最基本的重组机制。科技型小微企业创新文化基因同化演化的重组机制分为自然重组和人工重组。创新文化基因的自然重组需要开放、自由和宽容的创新文化"土壤"，在学习能力"酶"的催化下，基因自然地接合、转化和转导实现成长和进化。具有元表征能力的人将其进行复制和表达，以便在组织内达成共识并广泛传播。创新文化基因的人工重组需要利用法律、政策和制度等基因限制"酶"，抑制劣势文化基因的复制和表达；需要人工塑造开放自由、鼓励创新、包容失败的创新文化环境，推动优质文化基因的同源重组、位点特异性重组和外源重组[289]。

第二，企业外部创新文化同化演化的重组机制。企业外部创新文化同化演化的重组机制，主要表现为为了适应生态环境的平衡与协调需要，企业内部与外部的创新文化要素进行重组。自然生态系统中，生物合成是一种吸能反应，多数是朝向使分子结构复杂化的方向进行。[290]在文化生态系统中,科技型小微企业通过吸能使内部创新文化要素在互动、交流、碰撞与融合中不断进行重组、再生,这些要素将成为进化的方向的合力之一,共同左右着文化的进化。随着企业创新文化的生长,由企业内部向外部逐渐延伸并释放能量,创新文化要素在和文化种群、文化群落的适应中,与其内部的创新文化生态要素进行重组。企业外部创新文化同化演化的重组,既会丰富创新文化要素的多样性,将断裂或缺口的创新文化要素填平与重新连接,又能够使创新文化要素复杂化,推动企业创新文化多线性进化。

深圳维动自动化设备有限公司成立于2011年,创业初期,总经理于维刚不仅重视自身创新文化基因的培育,而且通过公司会议和工作细节等机会进一步强调企业的创新价值观,引导员工形成团结、上进、负责任、用心的工作态度。企业通过学习交流培训、评选"优秀员工"和营造企业创新文化氛围等,在学习能力"酶"的作用下促进优质创新文化基因的复制和表达,以此促进企业创新文化基因的重组。通过自然重组和人工重组,企业家的创新文化基因与员工的创新文化基因逐渐同化,融合成彼此认同的企业创新理念,推动企业创新文化的演化。随着维动自动化的成长和发展,企业加强与外部利益相关者的交流和互动,与德国供应商纽卡特严谨求实、精益求精的工匠精神,深圳合作商开放包容、合作共赢的创新精神等创新文化要素进行重组,形成"价值共创、市场共赢"的经营哲学,从而推动企业创新文化进一步演化。

2. 异化演化的分解机制

在自然生态系统中,生物的降解是指材料在生物体内通过溶解、酶解、细胞吞噬等作用,在组织长入的过程中不断从体内排出,修复后的组织完全替代植入材料的位置,而且材料在体内不存在残留的性质。[291]但在文化生态系统中,创新文化异化演化的分解机制与生物的降解不同,存在一些本质的区别。在生态系统中,科技型小微企业创新文化从诞生之日起,不同的文化生态要素相互交流,就存在一定价值和功能的不合理性矛盾,许多小矛盾不断摩擦、积累就可能产生文化异化。科技型小微企业在强势异质文化的分解机制作用下，将企业的原质文化削弱或分解，使企业创新文化演化的方向发生偏离，出现异化现象。科技型小微企业创新文化异化演化的分解机制，主要有企业内部创新价值观在分解机制作用下演化方向发生偏离、企业外部生态系统适应中创新文化在分解机制作用下演化状态发生失衡。

第一，企业内部创新价值观在分解机制作用下演化方向发生偏离。科技型小微企业由于规模小、人员少、抗风险能力低，企业的创新价值观比较容易受异质文化的影响和干预。企业为了生存往往以经济利益为中心，产生科技理性与人文价值的冲突、技术战略导向与市场战略导向的冲突，其中任意强势异质文化占主导将分解企业的创新价值观，出现异化演化，使企业的演化方向发生偏离。企业的发展受强势异质文化的干预，无法形成技术与市场相融合的创新战略，在分解机制作用下企业的创新价值观难以凝聚创新的力量，最终将导致企业创新文化演化的方向发生偏离。

第二，在与企业外部生态系统适应中创新文化在分解机制作用下演化状态发生失衡。企业创新文化的演化不仅受内部人才、知识和技术等创新文化要素的影响，而且受外部生态系统中文化种群、文化群落中创新文化生态要素和创新文化环境的干预。尤其是科技型小微企业受生态系统中异质文化的影响和干预更加明显。企业为了经济效益、节约成本、急于求成，产生污染环境、破坏生态、假冒伪劣、违背人性和技术异化等异质文化，使企业的创新文化发生分解，创新价值观发生扭曲。强势异质文化的影响和干预，使科技型小微企业的创新文化无法与生态环境相适应，将破坏文化圈、切断文化链，创新文化的演化方向发生偏离，最终将使生态系统发生失衡。

二、 渐变演化的协同机制和突变演化的竞争机制

自然生态系统中，生物有机体的演化遵循一定的规律，以时间为轴进行纵向演化，以空间为轴进行横向演化。创新文化的演化也遵循一定的规律，创新文化要素在协同机制作用下相互依存、交流、融合，随着创新文化多样性的增加衍生新的文化，从而推动创新文化进行渐变演化；同时，创新文化要素在竞争机制作用下相互摩擦、

碰撞和博弈，随着突发事件中异质文化的融入而进行突变演化。渐变演化的协同机制和突变演化的竞争机制使生态系统中科技型小微企业创新文化，在时间上不断延续，在空间上不断拓展，进行开放地、动态地、非线性地演化。

1. 渐变演化的协同机制

生态系统中文化不会孤立存在，文化多样性的增加会导致信息的增加以及生态网络的复杂化，多种文化的协同共生推动文化多线进化。科技型小微企业内部的创新文化，随着文化生态要素从单一到多样，从简单到复杂，从静态到动态，各种文化生态要素相互渗透、碰撞、融合、协同、共生，衍生出新的文化形态，推动文化生态层级从低级向高级渐变演化。科技型小微企业创新文化在生长中，为适应文化种群、文化群落，由企业内部的水平静态结构向外部的水平动态结构进行非线性的渐变演化。[292]科技型小微企业创新文化渐变演化的协同机制，不仅体现在企业内部创新文化要素之间的协同，而且表现在企业创新文化与文化种群的协同、企业创新文化与文化群落的协同。

第一，渐变演化中企业内部创新文化要素之间的协同。生物多样性表现在自然界中，文化多样性表现在人类社会中，两者之间似乎毫不相干，但实际上两者之间早已结成了密不可分的耦合关系，这是它们协同进化的必然产物[293]。科技型小微企业创新文化具有多样性，彼此相互依存、相互包容是创新文化稳态延续的根本保证，是创新文化与环境适应中渐变演化的重要基础。只有维护科技型小微企业内部人力资源要素、知识要素、硬支撑要素、法律制度要素等文化生态要素之间的协同共生，在文化的生存竞争和优胜劣汰中才能可持续发展，才能在与环境的适应中进行渐变演化。

第二，渐变演化中企业创新文化与文化种群的协同。随着企业的发展，科技型小微企业创新文化由内向外逐渐延伸。为适应文化种群，企业创新文化与文化种群中的竞争者文化、消费者文化，以及科研院所、高等院校、供应商等其他利益相关者文化互动交流、协同共生，"一元"文化与"多元"文化进行跨文化整合。科技型小微企业创新文化在与文化种群中多元异质文化进行博弈，推动企业产品文化、组织文化和商业文化的成长与变迁。科技型小微企业创新文化与文化种群中多元文化的协同，有利于文化圈和文化链的连续、完整以及功能的发挥，有利于生态系统的协调与平衡，从而进一步推动企业创新文化的渐变演化。

第三，渐变演化中企业创新文化与文化群落的协同。生态系统中，经过物种之间的竞争，能够适应环境、合理利用资源并在互动中共存下来的物种得到发展和进化，这种协同进化使自然资源的利用更趋有效、群落结构更趋合理、生态系统更趋稳定和平衡[294]。科技型小微企业创新文化与文化群落中的社会制度文化、市场文化、知识文化和深层次的观念文化交流互动，使文化生态要素数量增多、形态多样、功能复杂，在有限的环境和资源中，冲突更加频繁，竞争更加激烈，在优胜劣汰中推动企业创新文化渐变演化、繁衍再生。冲突与竞争使文化生态要素相互融合、优化选择，从无序向有序的结构演化，冲突逐渐被调解，互动与合作逐渐成为常态，彼此和谐统一、协同共生，推动企业创新文化渐变演化进入稳定的平衡阶段。由此可见，生态系统中科技型小微企业创新文化的演化可谓是一种自我克服与自我排序的持续、螺旋进程，在与环境的适应中进行开放地、动态地、非线性地演化。

在深圳创新氛围浓厚、科技快速发展的生态环境中，创新人才与科学技术、生产工具结合紧密，人与人之间、人与物之间结成了一个相互依赖的共同体。深圳维动自动化设备有限公司的于总充分运用深圳得天独厚的创新生态环境，在企业文化与生态环境的适应中，推动人才、知识、技术、文化和生态共同演化、协同共生。维动自动化的企业创新文化正是在与生态系统中文化种群、文化群落的互动适应、协同共生的机制作用下，在与环境的适应中进行渐变演化的。企业的创新文化在与社会文化进行物质、能量和信息的交换中不断协同共生、成长繁衍，推动企业发展、跃迁。维动自动化在快速发展的同时不断拓展，先后成立了苏州全资子公司——众信维创（苏州）智能科技有限公司和西安办事处等。

2. 突变演化的竞争机制

自然生态系统中，物种间的竞争表现在新物种侵入后生态环境发生突变,新物种能定居下来进行繁殖,而另一些物种在生存竞争中被排斥而趋于消失。物种在生存竞争中努力克服各种不利条件的影响,采取各种生存方式和策略,无限忍耐和尽力适应严苛的生存条件。在文化生态系统中,由于政治、经济、金融和市场等发生突发事件,由此产生新的文化形态。突发事件使文化生态环境发生突变,企业为了生存,需要适应文化生态环境、获取文化生态资源,不可避免地产生了竞争。企业创新文化在与文化种群、文化群落的适应中生存并繁衍,不同的文化在竞争中优胜劣汰,优势文化生存下来,而劣势文化逐渐衰弱甚至消失。科技型小微企业创新文化突变演化的竞争机制,主要表现在突变演化中企业创新文化与文化种群的竞争、突变演化中企业创新文化与文化群落的竞争。

第一,在突变演化中企业创新文化与文化种群的竞争。面对干旱、洪涝、海啸或地震等自然灾害,瘟疫、病毒等流行性疾病以及金融危机等突发事件,文化生态环境会发生突变。生态环境的突变带来生态系统中文化资源的数量减少、密度降低,在与生态系统的适应与平衡中衍生出新的文化形态。为适应新的文化生态环境,科技型小微企业创新文化进行突变演化。为了获取更多的文化资源和适应新的文化形态,科技型小微企业创新文化与文化种群中的竞争者文化、消费者文化和其他利益相关者文化等展开生存竞争。例如,新型冠状病毒在全球的大流行,给世界经济带来重创,使人们在生命健康、人际交往、购物消费、休闲旅游、出口贸易等方面的观念发生改变。逆全球化、保持社交距离、无人售货服务、云端旅游、视频会议、网络课程等现象的出现,推动科技型小微企业创新文化发生突变演化,企业创新文化与生态系统中的文化种群产生了竞争。

第二,在突变演化中企业创新文化与文化群落的竞争。面对金融危机、自然灾害和公共卫生等突发事件,文化生态环境发生突变,使国家和区域政府的制度文化、行业和产业的市场文化、科技研发领域的知识文化和深层次的观念文化都发生巨大变革,衍生出共享文化、虚拟文化、互联网文化等。为适应文化群落的需要,在生态系统中,科技型小微企业创新文化发生突变演化。随着文化群落中创新文化的突变,如果科技型小微企业创新文化能够适应文化生态环境的发展需要，属于强势创新文化，将推动企业进行科技创新并获得企业绩效；如果企业创新文化属于劣势创新文化，将制约企业的科技创新，甚至使企业走向衰退。例如，2008年的国际金融危机使美国进入经济萧条的境况，美国人通过闲置资源、闲置时间的分享，尝试恢复经济。[295]随着信息技术的飞速发展、过剩资源的优化配置和消费理念的提升，共享经济向全球扩散，呈现出快速发展的良好态势，涉及的行业和企业数量呈井喷趋势，已渗透到物质文化生活和精神文化生活的各个领域。在我国，随着共享经济的发展和共享文化的普及，生态系统中文化生态环境发生突变，科技型小微企业创新文化与文化群落中的制度文化、市场文化和知识文化产生竞争。如果科技型小微企业创新文化中拥有强势的共享文化，将能够适应生态环境的发展需要，将在文化群落中获得竞争优势，从而推动企业创新发展；否则企业将走向衰退。美国的Uber、Airbnb、eBay和Craigslist，我国的淘宝、美团、饿了么、闲鱼、58同城和货拉拉等网络公司就是顺应共享经济发展理念，在文化群落中获得竞争优势，由科技型小微企业成长为高科技企业。

第六章

中国科技型小微企业创新文化的培育

科技型小微企业创新文化作为一个开放的系统,不断与生态环境进行物质、能量和信息的交换,社会生态环境的变化使企业文化与环境的相互作用异常复杂。科技型小微企业创新文化只有适应迅速变化的环境,才能在生态系统中动态地演化,产生创新的力量,推动企业生存和发展。科技型小微企业创新文化自组织、自适应、自生长的同时,应加强人工干预。关于促进科技型小微企业创新文化生长和发育的具体对策研究,可从两方面入手:一是从其所生存的文化生态系统入手,提出具体的优化路径;二是从自身出发,提出科技型小微企业创新文化的培育原则。优化中国科技型小微企业创新文化生态系统的路径,包括培育多元融合的创新文化基因、提供企业生存和发展的文化背景及条件、发挥文化生态系统的资源整合功能、形成滋养企业创新文化成长的氛围,从而推动中国科技型小微企业创新文化在生态系统中不断生长发育、动态演化。最后,提出培育中国科技型小微企业创新文化的原则,即鼓励创新为核心原则、个体与系统嵌套共生原则、协同与竞争动态平衡原则和整体可持续发展原则。

第一节 优化中国科技型小微企业创新文化生态系统的路径

中国科技型小微企业创新文化所处的文化生态系统并不完善,针对现实存在的困境,提出具有操作性的对策,会促进科技型小微企业创新文化的生长和发育。优化中国科技型小微企业创新文化生态系统的路径是一个非常现实的问题,必须结合中国的实际。

一、培育多元融合的创新文化基因

知识经济时代,随着科技的进步和经济的繁荣,科技型小微企业创新文化缺乏和引导力不足,最根本的原因是缺少创新基因或存在不利于创新的基因。创新基因是在创新活动中具有遗传功能的因子,这些因子综合作用形成创新的力量,是创新的基础。[120]英国进化生物学家道金斯认为,基因通过模仿的过程从一个脑子转到另一个脑子,从而在基因库中进行繁殖。[296]优秀的创新文化基因应当具有海纳百川、兼容并蓄的特质。培育科技型小微企业创新文化基因就是培育一种具有开放共享、自由平等、崇尚个性、多元融合的思维方式、价值观念、信任伦理和文化心理等精神因子。

1. 推动多元优质创新文化基因的复制与遗传

我国科技型小微企业创新文化植根于传统文化的土壤,创新人才流淌着传统文化的血液。在创新活动中,各种元素犹如生物学中的基因,培育优质的创新文化基因,首先要分析创新文化基因的特性。一是创新文化基因具有复制性和变异性。创新文化基因通过自我复制,将企业创新的价值观念、思想意识和精神信仰等进行传承,内化为员工的观念共识。当创新情境发生变化时,创新文化基因会发生变异,产生新基因并优化原有的基因,从而更好地适应企业发展的需要。二是创新文化基因具有再分性和重组性。创新文化基因以开放的结构面对创新环境,通过与外界进行物质、能量和信息的交换而进行重组,进而强化优势基因,消除和修正劣势基因。三是创新文化基因具有先天性和生长性。生物自孕育之日起就以基因的形式植入生物的细胞,在基因的作用下逐渐成长。在企业的初创期,企业家精神就以创新文化基因的形式融入企业的建设中,伴随着企业的成长而不断进化。

科技型小微企业培育优良的创新文化基因,要结合创新文化基因的特性,运用科学的方法对创新文化基因进行诊断,分析基因的优良性、缺陷性和失活性,促进创新文化基因的自然重组和人工重组,具体应从以下两个方面出发。

第一,要挖掘和传承我国传统文化中的优质基因,复制我国优秀高科技企业的创新文化基因,促进创新文化基因的自然重组。正如美国文化人类学家克罗伯（Kroeber）所指出的，"文化的基本要素是传统（通过历史衍生和选择得到的）思想观念和价值，其中尤以价值观最为重要。"[297] 传统文化对培育科技型小微企业创新文化基因的影响是最深层次的。我国传统文化经过几千年的传承形成了适者生存、善于融合、不断创新的基因优势，其凝聚力量和导向作用影响着科技型小微企业创新人才的思维方式、价值观念和创新思想。改革开放后，我国高科技企业经过探索与积淀，在继承优秀传统文化基因的基础上形成了特有的开放意识、实干精神、宽容气质、冒险精神和责任担当等文化形态，产生了文化与科技融合的新业态，主要集中在新技术催生的高科技领域、新型服务领域以及新技术与传统文化产业结合的领域。创新文化基因的自然重组需要开放、自由和宽容的创新文化土壤，在学习能力"酶"的催化下，促进创新文化基因的复制和表达，以便在组织内达成共识并广泛传播。

第二，要剔除我国传统文化中的劣势基因，吸纳世界优秀创新文化基因精华，促进创新文化基因的人工重组。我们要抑制和摒弃传统文化中保守性的农耕文化、自给自足的小农意识和封闭固化的等级观念等，国家或区域政府应利用法律、政策、制度等创新措施和数字媒体、纸质媒体和教育宣传等创新载体，抑制传统文化中劣势基因的复制和表达。随着信息技术的飞速发展，东西方文化相互交流和相互渗透日益频繁，我们要加强知识、人才和技术的交流与合作，在世界舞台上积极吸纳优秀创新文化基因精华，如美国、日本、德国和以色列等国家创新文化的先天基因，如科学文化、技术文化、市场文化和工匠精神等。创新文化基因的人工重组，如生物基因的重组，可以分为同源重组、位点特异性重组和外源重组等，能够推动我国科技型小微企业创新文化基因的复制与生长。创新文化基因的人工重组需要创新人才发挥主观能动性，吸纳同源的世界优秀文化基因进行"克隆"重组，小范围同源序列的配对进行插入式"嫁接""杂交"重组和外源的新基因进行人工异常激活重组，以此建构创新的观念文化。

2. 促进不同区域创新文化基因的碰撞与融合

区域文化基因体现了一个地域和民族的特点，反映其思维水平、精神风貌、心理状态和价值取向等。不同的国家、不同的民族或者同一国家的不同区域，由于自然地理环境、人文因素及社会历史发展进程的不同，以及各地长期以来独特的不对称文化心理积淀，直接或间接地造成了不同地域内的人们拥有千姿百态而又相对稳定的传统习俗、风土人情、性格特色和心理特征等，孕育并创造了丰富多彩、形态各异的地域文化。正是这种形态各异的地域文化构筑了我国文化大厦的基础。

在我国，受自然环境、经济环境、市场环境和传统观念等影响，不同区域的创新文化发展不平衡。东北企业文化受传统"重工业文化"的影响，大部分人的观念较为保守，存在"铁饭碗""论资排辈""结果均等"等传统思维模式，缺少冒险精神，具有强人际关系性、强政策性、强保守性、弱灵活性和弱排外性等特点。中原文化受传统的"民族文化"和"历史文化"影响，其中"根文化""龙文化""柔文化"根深蒂固，大部分人一味地沿袭道家文化、儒家文化和民间文化等，不善于创新，缺乏对文化资源和科技资源的挖掘和整合。西部文化受传统的"少数民族文化""宗教文化""民俗文化"影响，文化具有多样性和独特性，但人们的创新观念淡薄，缺乏对文化资源的创意开发、技术加工和媒体传播[298]。东南部文化受海洋渔猎文化、移民文化、商业文化的影响，吸引了不同地域的可支配资源、原材料和创新力量，在东部和南部进行汇集和重新组合，人们的思想观念具有创新性、开放性、包容性、灵活性、变通性和合作性，使多元文化在交流中融合。可见，我国区域文化发展不平衡，创新观念由东部向西部、由南部向北部递减。

解决这一问题的路径可通过人才交换、企业合作、跨区域就业和政策引导等方式，积极促进南方和北方、东部和西部区域文化基因的交流与融合，让优秀的创新文化改造保守落后的文化传统。创新文化对创新要素具有滋养、整合与优化作用，创新文化这种效能的发挥需要国家和社会培育良好的创新文化生态环境，具体应从以下两个方面出发。一是将高科技企业优秀的创新文化进行复制、推广。例如，华为在我国的广东（深圳、广州）、福建、浙江、四川、山西、湖北等地已建立了18个鲲鹏生态创新中心，与800多家合作伙伴推出通过鲲鹏技术认证的产品与解决方案，在政府、平安城市、金融、运营商、电力和其他领域实现了广泛应用。[299]华为推广鲲鹏生态的开放，搭建文化圈、文化链，完善产业体系，打通行业全栈，以优质的创新文化资源赋能千行百业，构建鲲鹏创新文化生态系统，将华为创新文化进行复制和推广。二是将优质科技园区创新文化培育的模式和经验进行输出、传播。例如，深圳湾科技园区将其培育的成熟、完善的"深圳湾"品牌文化和创新经验进行跨区域传播。深圳湾科技园区将其创新文化由核心圈层向外辐射，已经与保定、江门、台州、淄博等城市的创新园区进行战略合作和协同创新，输出全方位、全链条、全要素的创新文化、创新资源和创新服务，构建开放、动态、循环的创新文化生态系统，促进创新文化资源的优势互补、互惠互利、快速双向流动。

二、提供企业生存和发展的文化背景及条件

优化中国科技型小微企业创新文化生态系统，应为科技型小微企业提供其生存和发展的文化背景和条件，这是科技型小微企业创新文化的"土壤"。

1. 提供企业生存的多元性文化背景

经济地理学家理查德（Richard）认为，富有创新性的企业和产业的发展关键在于科技（Technology）、人才（Talent）和宽容（Tolerance），他称之为经济发展的"3T"。[300]科技型小微企业选择创业的地点，很大程度上是选择那里的社会文化环境、创新要素、工作氛围和生活形态。城市文化和生活形态决定了人才的聚集。科技型小微企业更多地诞生在对文化更包容、多元、开放、灵活的地方。科技型小微企业的生存依赖技术、知识和人才等创新要素的聚集力和分散力，有利于创新要素聚集与融合、分散与流动，以及两者之间动态平衡的创新文化环境，推动科技型小微企业创新的种子得以生存。

与黑龙江、吉林和辽宁等省份各个城市的人口输出相比，深圳是个移民城市，全国各省市的人口大量涌入，南北文化、东西文化、区域文化融汇于此。深圳的创新氛围、创新观念、创新条件、创新环境等成为追求创新创业梦想的年轻人乐于选择的聚集地。深圳为

科技型小微企业提供资金、政策支持和制度帮扶的同时，还提供廉价的办公场所，因此，深圳吸引了无数家科技型小微企业，聚集了各行各业有理想和抱负的创新创业人才，而人才的聚集又决定了创新的发展。知识和创新存在空间溢出的经济环境、发展平台和文化氛围，我们要重视创意人群的区位需求，良好的创新创业环境会不断改变新知识资本创造的成本，将推动创新合作和科技型小微企业的衍生。科技型小微企业的创业者以他们的自强独立、自我表现、包容差异的文化观念加入社会，代表了社会时代的潮流，会改变区域文化的面貌。

人才选择在哪里生活和工作，是因为那个城市和地区适宜生存，只有解决了人才的聚集，文化才能生长，科技型小微企业才会雨后春笋般生长起来。创新是深圳快速发展的不竭动力，而以智识分子为代表的创新型人才是深圳创新发展的基石。不仅深圳的高等院校、科研院所和高科技企业培养了大批的高水平创新人才，而且深圳的创新创业氛围，"来了就是深圳人"的包容的创新创业文化，开放、宽松、灵活的创新创业环境以及方便快捷的交通条件、优雅宜人的居住环境和生态文明的生存环境等，吸引了全世界的创新型人才，多元文化的碰撞自然迸发创意的火花，推动科技型小微企业不断萌发。

2. 提供企业发展的联动性文化条件

区域或政府创新文化是科技型小微企业创新文化发展的生态群落之一。区域或政府创新文化的强弱会影响到种群和个体的发展。科技型小微企业聚集程度和衍生状态，与区域或政府的创新文化种群和群落的联动性和发达性不无关系。科技创新氛围浓厚、科技政策落实到位、创新精神得以扎根的区域，在文化圈和文化链的作用下将形成联动性的创新文化生态系统，将有利于创新种子的萌发以及科技型小微企业创新文化的生长。

文化在与环境的适应中逐渐生长，培育有利于科技型小微企业发展的生态环境和文化条件，企业创新文化将会自组织、自生长。科技型小微企业的发展和科技创新人才的聚集，需要健全的技术创新体系、宽松的制度创新环境、灵活的创新创业机制、高效联动的政府服务系统、开放的资源共享网络、充足的风险资本和融资渠道等。例如，与我国大部分地区的科技创新管理体制不同，深圳市将科技厅改名为科技创新委员会（简称创委会），其名称就显示了鼓励创新的观念。深圳市创委会的重点工作是高科技企业的认定、高新科技园区管理、科技奖励、科技创新政策制定以及科技发展统筹规划等。创委会每个月发布不同行业高技术产业的发展状况，如电子与信息行业、生物医药行业、先进制造行业、新能源行业、新材料行业和其他高技术行业等[301]。深圳创委会向具有潜力的科技型企业拨款，除了设立技术攻关重点项目、可持续发展科技专项之外，每年还斥巨资资助中小企业，如 2019 年资助 10263 家，最高 1000 万元，最低 1000 元。其中，资助 1000 万元的企业 11 家，500 万～1000 万元的 13 家，100 万～500 万元的 375 家，10 万～100 万元的 5628 家，1 万～10 万元的 4193 家，1000～1 万元的 43 家[302]。深圳的科技资助方案，把重点放在资助科技型中小企业，特别是刚创业的科技型小微企业。这样的资助政策反映了创委会不看低初创企业的不完善，体现出宽容失败的创新文化观念，由此才能让深圳吸引无数的创业者投奔此地。深圳市创委会缔造了一个延伸到香港的生态系统，经过几十年的发展，香港的金融企业以及深圳已经成长起来的企业又孕育出风险投资行业。针对规模较小且较为年轻的深圳证交所，与侧重大型国有企业的上海证交所形成对比，让风投资本家可以将已经成熟的科技型中小企业上市，创造一个科技型小微企业不断生长、联动合作、持续发展和良性循环的文化生态系统。这样将使得无数的科技型小微企业经过大浪淘沙，有发展前景的就留下来，在适应消费者、竞争者和市场文化环境中继续成长、发展、壮大。

三、发挥文化生态系统的资源整合功能

科技型小微企业创新文化生态系统是一个由创新文化个体、种群和群落组成的系统，其功能主要有扩展文化价值、强化生态群落、整合创新资源和带动经济发展。科技创新产业不同于传统产业，需要整合文化、技术、知识、人才和政策等方面的创新资源，才能顺畅地实现产业化。正如李克强总理在 2020 年全国"两会"的政府工

作报告中所指出的，我国科技创新能力短板仍较突出，研发投入强度与建设创新型国家的要求相比尚需提高，有利于科技创新的深层次制度障碍还没有破除，关键核心技术受制于人的状况尚未根本改观。其中，有利于科技创新的深层次制度障碍还没有破除，与文化生态系统对创新资源整合功能没有充分发挥有着密切的关系。深圳之所以快速、蓬勃发展，就因为改革开放后，其获得了大量丰富、可支配的资源和力量，并通过这些资源和力量的重新组合而产生了新的经济效益和社会效益[110]。从目前来看，发挥中国创新文化生态系统的创新资源整合功能特别重要。

　　国家和社会的创新文化生态系统是一个开放的、动态的、非线性的整体循环系统，会影响科技型小微企业创新文化的成长趋势和发展状态。国家应结合不同地区的区域文化和区位优势，构建以政府为主导，以市场为主体，各类科技创新主体与创新环境、创新资源等融通共享、优化配置的社会环境，充分为企业助力、赋能，促进创新技术不断再生。文化生态系统中资源越多、市场越大，就越有利于科技型小微企业的发展。培育国家和社会的创新文化生态系统，要分析我国资源不协调的具体问题和现实困惑，同时要落实和完善相应的措施，促进科技型小微企业创新文化生态系统的优化。

　　1. 整合海内外优质创新人才资源

　　国家创新文化生态环境的构建，关键在于创新人才。创新人才引进政策和保障机制的优劣，将影响企业的科技创新，如保障住房、配偶就业、子女教育和医疗保险等一系列现实问题。整合海内外优质创新人才资源，不是单个部门或机构的活动，是需要国家的顶层设计，政府、学研机构、企业和社会公众共同参与的一项系统工程。为此，我们要树立人才第一的观念，政府应强化政策导向，采用灵活有效的人才引进制度、人才使用方式和人才保障机制，充分发挥人才市场的资源配置优势，促进人才的良性流动与循环，激发各类创新人才的主体活力；学研机构应全面深化教育体制改革，面对信息技术的广泛应用和商业模式的不断迭代，催生出"小而精、小而专"的新行业、新业态，应形成专业教育与灵活就业、创新创业的叠加效应，实现"专创融合"的素质教育模式；企业积极参与学术交流、科研合作和创新平台建设等，打破企业与学研机构的场域界限，构建持续发展的社会创新协同系统，促进人才的合理流动；在全社会塑造以文化留住人才、以文化培育人才、以文化保障人才的创新环境，满足人才的生活保障需求和自我价值实现的需求。

2. 搭建动态耦合的知识资源平台

科技型小微企业在与文化生态系统中种群、群落的交流互动中，不断地吸收异质性知识，从而产生知识的嫁接和变异，推动知识的创新和应用。整合知识资源的诉求迫切。整合知识资源需要树立"以知为本"的创新理念，形成鼓励知识创造的创新文化，发挥创新文化对知识创造的催化作用，影响企业员工参与知识创造、知识互动和知识共享的主动性和积极性。[21]国家和区域政府首先正确认识知识资源整合对提升国家和企业技术创新能力的作用，从而制定切实可行的政策。国家和区域政府应搭建动态耦合的知识资源共享平台，建立企业核心知识库，着力培养开放的文化心理和信任的人际关系，促进各领域研发人员的交流与合作，获得更广泛的知识，以提高学习效率和知识转化率。构建政产学研"四重螺旋"创新系统、创新网络和知识集群，以此形成多节点、多边界、多层次、多形态的知识生产创新系统，从而促进知识的互补、碰撞和深度融合。[303]在学研机构的教育培养中，树立与时俱进的创新文化理念，挖掘跨学科知识的欠缺和知识与实践需求的"痛点"，新工科背景下遵循"布鲁姆教学目标分类理论"的高阶教学认知的分析[304]，培养批判性思维，靶向社会现实问题，促进知识的扩散与传导；搭建知识网络，通过筹办行业学术会议、产品交流会、轻资产分享会和学习培训会等多种方式，促进知识的动态流动与共享，以适应社会环境对知识创造的需要；推动知识产权保护的法制化和规范化，促进知识科学、动态、合理地交叉与耦合；开辟国际知识交流的通道，获得更为前沿的知识，促进知识资源的动态耦合、优势互补、协同共享和机制创新等。

3. 建设多层级开放性技术资源共享平台

多层级开放性技术资源共享平台是提升科技型小微企业创新文化生态系统技术资源整合能力的保障。技术资源中蕴含着丰富的文化，文化亦可注入多元的技术资源中，技术资源与文化资源相融合，有利于技术创新文化的进化。目前我国技术资源的整合情况不尽如人意，一方面没有充分整合现有的技术资源，使得技术的流动性和关联度不够，技术与文化融合不够，无法形成国家和区域的技术整体竞争优势；另一方面是技术的组织管理不健全、技术市场不发达，影响了创新技术的整合质量和整合效率。科技型小微企业的技术创新是一个动态变化的过程，技术是由人所掌握的文化，需要技术协同创新平台不断地整合各层级的创新文化要素，开放性地将科学技术、信息技术、产业技术和管理技术等进行融合，通过文化生态系统为技术的合作、嵌套和联动提供良好的平台和媒介。技术资源包括解决实际问题相关的软件方面知识，以及机器、设备、工具等解决实际问题的硬件方面知识，因此，促进技术资源整合的具体措施是通过技术交易所、技术服务中介、技术洽谈会、技术展示会等多种渠道，搭建技术创新中介服务平台、技术创新成果转化平台、技术创新人才交流平台、大型设备及技术设施共享平台等信息系统。运用文化生态系统推动技术资源共享平台中的技术与文化深度融合，利用无限的文化创造力突破有限的技术资源约束，使技术与文化在各层级上开放地、动态地、非线性地联动，形成嵌套关联的生态系统。同时应将高科技和创新文化相融合形成的创新产品进行分解、迁移以推进民用化，通过技术转移向外界敞开，通过技术合作打破学科边界，形成内外结合的"双循环"系统，进而造福于人类的发展所需。

4. 构建信息资源协同创新"数据中台"

"数据中台"是阿里巴巴提出的，结合数据库选型，采用批量数据装载方式整合信息资源，通过构建平行拓展表和联合视图的方式，提高数据整合实施效率，目的是更好地服务前台规模化创新，进而更好地服务用户，使企业真正做到自身能力与用户需求的持续对接。[305]信息资源协同创新"数据中台"是科技型小微企业文化大数据和信息资源协同创新的共享系统。我国的社会信息服务环境和信息资源整合不到位，科技文化教育平台、科技资源共享平台和大数据信息服务平台等建设得还不够完善，公共信息传播渠道不通畅，缺乏公共科技信息和信用信息交流、共享的有效方式和渠道，难以获得文化信息、技术信息、政策信息、融资信息和信用信息等，制约了社会创新文化生态环境的构建。信息资源整合可将科技型小微企业创新文化生态系统中分散存储的各类信息资源联结成一个结构有序、配置合理的有机系统，通过不同载体丰富、多元的信息资源整合，潜在信息价值的挖掘，全新价值链的构建和拓展，形成文化大数据生态系统[306]。在快速发展的信息技术时代，需要建立文化资源与信息资源协同创新的数据分析与共享平台，比如，在阿里巴巴的企业文化生态系统中包括淘宝、天猫、蚂蚁金服、盒马鲜生等业务板块每天都会产生大量有价值的数据，要在不同业务群间进行数据的互联互通、彼此嵌入，对数据价值进行最大化挖掘，需要整合各业务群的数据建立集团层面的"数据中台"，统一管理和应用数据。另外，整合信息资源需要政府、学研机构和企业等破除本位主义、封闭主义的观念，大力开展信息开放共享平台建设。信息资源协同创新"数据中台"使技术信息、市场信息与文化信息无缝连接，可以为科技型小微企业提供更大范围、更有深度的资源进行共享。

5. 聚集"一站式"金融资源服务平台

打通科技型小微企业的融资渠道，需要聚集"一站式"金融资源服务平台，构建多层次的资本市场并放松民间金融管制，整合全社会的金融资源，为企业提供"一站式"的金融服务和"零距离"的融资环境。目前，政府金融资源整合还不到位，在管理体制上对创新的支持还不到位，在基础性科技创新领域投入不足，缺乏风险投资、创业担保、资金融通等多渠道的科技经费支持。金融资源是科技型小微企业生存和发展必不可少的资源。文化生态系统发挥其金融整合的功能，就是要直接对接到金融机构，形成适合科技型小微企业金融需求的社会融资体系，使企业能自如灵活地获取金融资源。同时企业应依托所掌握的创新技术，结合市场需求，完善项目运营计划，提高产品竞争力，从而提升融资吸引力，以获取金融机构和民间资本的信任[34]。例如，深圳湾科技园区构建"金融超市"，充分发挥市场机制，聚集各种金融资源，搭建包括创业投资机构、科技孵化、债券融资、证券保险、银行贷款和上市辅导等"一站式"

的科技金融服务平台，推进"技术+人才+资本"的有机结合。"零距离"的融资服务平台将融资与投资相结合，针对企业不同发展阶段搭配不同的金融产品，促进科技型小微企业的科技与金融有效融合、创新发展，通过"一站式"的金融大平台和大环境，为企业全生命周期保驾护航。

四、形成滋养企业创新文化成长的氛围

目前，整个社会大环境对科技型小微企业的认同感比较低。由于科技型小微企业的规模小、人员少、创业风险高，科技创新和研发的领域公众不熟悉，导致社会对企业的发展前景缺乏信心、宽容度和认同感。我国倡导"大众创业、万众创新"，但相应的社会保障体系不健全，社会创新创业的文化氛围还未形成，"鼓励创新、包容失败"的社会舆论环境缺乏，制约了社会对科技型小微企业的认可与支持。因此，通过文化生态系统的优化，形成滋养科技型小微企业创新文化成长的氛围显得尤为重要。

1. 培育创新至上和开放共享的社会氛围

中国科技型小微企业创新文化生态系统的演化受传统文化制约和影响，培育创新的观念文化需要基于我国的现实制定相应的措施。我们要继承我国的传统文化、民族文化和区域文化中的创新文化精华，利用我国的大国外交、"一带一路"和"构建人类命运共同体"等开放合作理念，汲取世界不同国家的资源、技术和力量，在与我国现实发展需要相结合的基础上进行重新的组合、创新和优化。具体应从以下几个方面采取措施。一是营造倡导创新、激励创新、追求创新、以创新为荣的文化氛围。在全社会形成尊重和保护创新成果氛围的同时，鼓励创新精神，让创新人才的创造活力迸发、涌现，利用文化圈和文化链，加强交流和合作，突破学术场域界限，进行跨界合作以获得新的创新要素，从而推动创新观念文化的生成和传播。二是打造创新文化的同心圆，塑造创新文化结构，形成创新的文化氛围，同心圆的核心层是党政领导、学者教授和以优秀企业家为代表的社会精英，发挥创新文化的引领和示范作用；中间层是以大学生为主体的年轻人，是创新文化建设的先锋突击队、主要实施者和参与者；外围层是广大群众，在创新文化的建设中起到基础的作用[307]。三是解放思想，在开放中推进改革，在改革中扩大开放。改变传统的保守观念和中庸思维，直面区域文化发展不够均衡的问题，以文化全球化的视野，加强交流与合作。从开放网络的广度、开放联系的强度、开放流动的速度、开放联系的影响四个方面推进创新观念文化的延伸与深化。四是倡导动态耦合、生态文明、互动共享的可持续发展理念。随着网络信息技术的蓬勃发展，技术与市场形成无缝对接、同频共振，需要政府、学研机构和企业的共享理念与信息技术实现动态耦合。为减少过剩资源的浪费、倡导节约环保意识和生态文明观念，需要科技型小微企业培育协同分享的价值理念、去"物质化"的消费理念和人与人之间的信任心理，以顺应社会互动共享的可持续发展理念。

2. 培育鼓励冒险和包容失败的舆论氛围

美国教授佛罗里达指出，宽容开放、容忍多样性的社会环境，能够吸引大量技术和人才的涌入，从而推动技术创新和文化发展。[308]面对我国保守性的农耕文化和封闭性的血缘、地缘文化的现实困境，培育鼓励冒险和包容失败的舆论氛围，需要学习西方国家科技高速发展的思想理念，汲取我国改革开放四十余年的丰硕成果和有益经验。第一，培育鼓励冒险、勇于挑战、放眼未来的竞争意识。构建一种向上向善的心理机制，敢于承担风险，勇于探索未知，拥有与风险共存、与失败相伴的胆识，企业家和员工需要具有创业勇气、生存意识、冒险精神和放眼未来的前瞻性。第二，培育相互学习、彼此包容和合作共赢的思想观念和创业格局。当下，知识经济时代，需要学习型组织摆脱农耕文化的保守性、封闭性和胆怯性的制约和阻碍。社会舆论氛围倡导培养动态的竞争能力、为人的宽容心态、处事的博大胸怀和超然洒脱的人生态度，有利于与国际创新理念接轨，放眼全球市场，以求合作共赢。第三，培育勇于试错、大胆创新、包容失败的文化氛围。失败是孕育成功的基础，失败规避了未来的风险，积累了数据，为后来的创新研究探索了方向。只有勇于试错、敢于开拓、宽容失败的创新理念，才能形成成功与失败同样重要的价值取向，为技术创新提供精神动力和智力支撑。以色列是典型的技术创新国家，英特尔以色列分公司总经理艾登（Eden）表示：以色列人从小就接受"挑战权威、提出问题、百家争鸣、保持创新"的教育，他们非常尊重那些挑战权威、不畏失败并且愿意冒险的人。[309]

3. 培育科学理性和自由平等的学术氛围

科学理性和自由平等的学术氛围是科技型小微企业科技研发的基础和市场经济发展的保障。为摆脱传统文化的制约，应跳出科技型小微企业的创新文化种群，从各个群落、文化圈、文化链以及整个文化生态系统甚至全球化的视角出发培育良好的学术氛围。第一，培育崇尚科学、逻辑理性和批判反思的学术氛围。与科技型小微企业创新文化相适应的生态环境，需要具有科学理性的氛围，即在直觉式、经验式认识的基础上，运用逻辑推理能力和批判反思能力来把握事物的本质和内在规律，以超越有限性、误差性、表面性的感性思维追求科学理性的思维方式，以此来探索经验和现象背后的逻辑规律和内在秩序。将TRIZ理论和方法应用于学校的教育教学和创新创业价值观念培养的各环节中。[310]以色列提倡批评式、研讨式和现实案例对接等互动教育方式，不倡导学生单纯的记忆学习，而是引导和鼓励学生敢于提出问题、敢于挑战，这是以色列人创新思维方法养成和学术氛围形成的教育溯源[311]。第二，培育个性自由、人人平等、公开公平的学术环境。客观严谨的管理体制和文化环境使人们尊重科技工作者的科研成果，同时使关系文化失去生存的空间和操作的可能。随着经济的发展和社会的进步，技术创新文化的发展趋向于更好地服务民众，满足人民群众对美好生活的多样化、个性化和定制化的需要。为适应社会文化生态环境，我们应摆脱传统的等级意识和信奉权威的思想观念，培育个性自由、挑战权威的创新精神和人人平等、公开竞争、彰显价值的学术氛围。

4. 培育规范有序和公正法治的制度环境

规范有序的制度体系和公正法治的制度环境是中国科技型小微企业创新文化生态系统优化的保障和支撑。我国科技型小微企业创新文化生态系统的构建，面对很多现实的困惑，如传统的经验主义思维、等级意识、关系文化、迷信盲从心理和熟人信任心理等，制约和束缚了社会制度环境的塑造。为培育规范有序和公正法治的制度环境,需要采取以下措施。第一,培育创新的领导体制、组织机构和管理制度等塑造规范有序的制度环境。通过建设与创新文化生态系统相适应的体制、机制,来为科技创新保驾护航。在科技创新和经营管理中,构建集体领导、权力制衡和开放平等的领导体制,使员工拥有责任感、使命感、荣誉感和成就感,从而激发员工的创新能力;打破传统的组织机构模式,构建开放自由、平等合作、包容互动的组织机构,有效地激发组织成员的个性和才智;树立管理制度大于"人治"的思想,建立公平公正、规范有效、合理科学、以人为本的柔性动态管理制度。第二,培育诚实守信、公平严谨、公正法治的制度环境。随着共享经济、数字经济和智慧经济等新型经济形态的快速发展,经济文化环境和社会文化环境迫切需要构建人与人之间的信任心理、诚实守信的道德伦理规约与之相适应。在文化生态系统中,关联科技型小微企业之间存在高度邻近性,导致知识高度溢出和技术快速模仿,大量侵权行为频发,遏制了企业的创新活力和持续健康发展。为推动企业的规范化、常态化发展,需要公平严谨的制度体系和公正法治的法律体系给予激励和约束,完善知识产权的学科建设、司法立法和国际合作的完整性和系统性,以保护科技创新成果,使科技工作者释放创新热情、安心从事研发。

第二节 培育中国科技型小微企业创新文化的原则

科技型小微企业创新文化作为生命有机体,从企业诞生之日起就伴随着企业的发展而生长,不管人们是否意识到,创新文化都客观存在着,且不是孤立地存在于企业内部。科技型小微企业在与利益相关者交流、合作中,其创新文化与利益相关者的创新文化在不断地交流、碰撞、融合,在文化圈和文化链的作用下,在文化与环境的适应中形成文化种群和群落,进而形成一个开放、动态、非线性的创新文化生态系统。在创新文化生态系统中,基于科技型小微企业创新文化的生长发育性和动态演化性,培育科技型小微企业的创新文化应坚持鼓励创新为核心原则、个体与系统嵌套共生原则、协同与竞争动态平衡原则和整体可持续发展原则。

一、鼓励创新为核心原则

随着移动互联网、物联网、大数据、云计算和人工智能等信息技术的飞速发展,人们的生活方式和商品消费领域等方方面面发生翻天覆地的变化。这不仅影响到企业的生存环境,而且影响到企业内部的价值观念、管理理念、组织结构、组织制度和文化环境等,需要坚持鼓励创新为核心原则,让创新成为一种文化并与生态环境相适应。

1. 让创新成为一种文化

随着经济的发展、社会的进步以及创新型国家建设,我国比以往任何时候都更加需要强大的创新力量。创新不仅是技术领域和管理层面的革新,而且是在更广泛的社会领域,乃至全民族的思想意识中形成创新理念、创新习惯和创新氛围,才能够实现真正的创新,才能够推动一个国家、一个民族的创新发展。文化是时间的积累效应,是历史的延续发展,是习俗的日益积淀,是教育的潜移默化。科技型小微企业在复杂、灵活、多变的市场竞争中,逐渐认识到低端的竞争靠产品,中端的竞争靠服务,而高端的竞争一定是文化的竞争。科技型小微企业为求生存、谋发展,需要每一名员工将创新价值观和创新理念深入骨髓,融入血脉,成为员工的思维习惯和自觉行动,通过文化创新使创新成为一种文化。创新是以新思维、新发明和新描述为特征的概念化过程,是创新思维蓝图的外化、物化和形式化。结合文化生态适应论,文化与环境相适应才能使文化得以生长和发育。创新不仅是一种能力,更是一种精神,只有将创新融进一个企业的文化之中、一个区域的文化之中、一个民族的文化之中,形成创新文化,才可能真正激发一个企业的创新热情、一个区域的创新动能,进而造就一个民族的创新活力。

2. 鼓励创新文化与生态环境相适应

在文化生态系统中,文化只有适应环境才能扎根于"土壤"中,逐渐生长、发育和壮大。科技型小微企业创新文化只有随时随地适应环境,"变"成了唯一不变的因素,才能适应迅速变化的环境,才能求得生长和发育。面对纷繁复杂的环境变化,如市场环境、产业环境、技术环境和人才环境,科技型小微企业需要以创新为核心的文化与之相适应。第一，鼓励创新文化与市场环境相适应。随着经济的发展、市场容量的扩张，市场细分愈加深入，除了能源、原材料工业和机器制造等较多适合于大企业外，科技型小微企业的生存空间越来越大。随着科技的进步，消费者对产品多层次、多样化、多品种、多档次、个性化、定制化、小批量生产的需求，传统大企业的生产线难以满足。迫切需要以追求创新为核心的科技型小微企业创新文化适应快速多变的市场环境需求。第二，鼓励创新文化与产业环境相适应。在知识经济和信息技术的带动下，文化产业和服务产业快速发展，信息服务、知识产品、文化消费和包装设计等第三产业受到广泛关注，消费者的需求趋于多样化、个性化、跨界化，需要以创新为核心的科技型小微企业创新文化与之相适应。第三，鼓励创新文化与技术环境相适应。技术的分化及多元融合趋势，带动高科技领域的发展。但其技术前景和市场前景的不确定性意味着技术创新的高风险性，大企业受组织机构、制度和流程等制约不得不持谨慎态度，应变性相对迟缓。而科技型小微企业在追求技术创新上有较强的冒险性、挑战性、紧迫感和积极性，需要科技型小微企业以创新为核心的创新文化与之相适应。第四，鼓励创新文化与人才环境相适应。在经济的发展、社会的进步和对创新创业教育的高度重视下，大众文化素质提升，人们的创新创业意识增强。我国的人才结构呈现网络化、多元化，富有个性化、创造力、冒险性的人才凸显，为科技型小微企业提供大量人才资源，需要科技型小微企业以创新为核心的创新文化与之相适应。

二、 个体与系统嵌套共生原则

科技型小微企业创新文化作为创新文化个体，其与创新文化种群、创新文化群落相互联系、相互依存、相互制约，在文化圈和文化链的作用下，构成层层嵌套、和谐共生的复杂生态系统。研究科技型小微企业创新文化，需要解构其所生存的文化生态系统，分析个体与系统的叠合嵌套、和谐共生关系。

1. 文化个体与系统叠合嵌套

科技型小微企业创新文化个体为了自身的生长和发育，与文化生态系统中的创新文化种群和创新文化群落，存在着叠合、嵌套、寄生、竞争、互惠、共生、偏利和偏害等相互依存、相互制约的关系。在生态系统中，竞争、偏利和偏害等对个体和系统之间都会发生有害的影响，而叠合、嵌套、互惠、共生才是彼此最理想的状态，也是最有效率、最有凝聚力和最稳定的合作共赢状态。文化生态系统是极为开放的、动态的、复杂的有机整体，是由多角色、多要素、多变量构成的，具有丰富的生态多样性和"圈层梯度"特点的层级系统。科技型小微企业创新文化个体中包含的人才资源、知识资源、器物资源和制度资源等创新文化要素，与创新文化种群中竞争者文化、消费者文化和其他利益相关者文化的创新文化要素，以及创新文化群落中大尺度的国家和区域政府的创新文化要素之间相互作用，形成纵横交错的文化生态网络。科技型小微企业创新文化生态系统中不同层次的创新文化相互叠合、彼此嵌套，空间内的创新文化生态动态演化。因此，科技型小微企业创新文化的培育需要搭建文化大数据系统和文化共享平台，开展优势互补、资源共享、机制创新、共谋合作和高效协同的发展理念和创新模式，使创新文化个体与系统形成叠合嵌套效应，推动物质、能量和信息在其中开放流动、快速循环，以滋养企业创新文化逐渐生长。

2. 文化个体与系统和谐共生

科技型小微企业创新文化在动态形成过程中，异质性与多样性的创新文化要素相互渗透、转化、碰撞、融合与共生，文化生态各层级逐渐呈现相对的水平静态结构，推动文化生态系统趋于和谐共生的平衡稳定状态，为下一阶段的动态演化奠定基础。在文化与环境的互动中，不同层级的多元文化相互联系、优胜劣汰、动态发展，使科技型小微企业的创新文化个体与系统构成了一个由内到外、由简单到复杂、由局部到整体的多层次和谐共生体系。文化生态系统为创新文化个体的生长提供了资源供给和环境参照。科技型小微企业创新文化与文化生态系统在多样性和异质性创新文化的交流、碰撞和融合中，需要赋予其创新文化较强的适应性、包容性和冒险性，从而产生持续的创造力。文化个体与系统的和谐共生，不仅多元文化彼此需要适应，而且应采用系统观、层次观、动态观、进化观和协同观的基本观点，来审视文化与其生存环境之间的适应过程。先进的文化在与环境的适应中逐渐进化，落后的文化逐渐被淘汰，多元文化在适应与淘汰的"自然选择"过程中，逐渐实现自身的多线进化和多元发展。创新文化随着所在的创新文化种群、创新文化群落和整个创新文化生态系统各个层级的环境变化而不断复杂化，主流文化与多元文化兼容并蓄，具有跨文化的意义[312]。因此，我们应遵循和谐共生原则，立足于中华民族的优秀文化遗产，吸纳我国高科技企业的优质文化，融合世界一切优秀的文化成果。立足于区域创新文化基因，融合跨产业、跨区域的异质创新文化基因，在创新文化基因的遗传变异与和谐共生中，促进科技型小微企业创新文化多元化发展、多线性进化。

三、协同与竞争动态平衡原则

在创新文化生态系统中，科技型小微企业创新文化与创新文化种群中的竞争者文化、消费者文化和其他利益相关者文化在交流、碰撞中，横向在文化圈的作用下各个层级彼此依存、相互融合、协同共生。随着创新文化在适应创新文化种群和创新文化群落中纵向生长，在文化资源的竞争中逐渐产生冲突，在竞争与选择中刺激文化生态系统逐渐向高水平层级运行，加速了低水平层级的瓦解。文化生态系统中的协同与竞争是对立统一的矛盾体，此消彼长、彼此促进，在科技型小微企业创新文化与环境的适应过程中，协同与竞争同时存在，但随着环境的变化，协同与竞争发生转变。共生是科技型小微企业创新文化与文化生态系统适应的目标，而竞争是手段，竞争是为了引发新的共生，新的共生又引发新的竞争，在协同与竞争的动态平衡中，创新文化生态系统达到优化，科技型小微企业创新文化逐渐进化。

1. 文化个体与系统在横向协同中平衡

科技型小微企业在初创期，企业内部的创新文化要素与利益相关者的创新文化要素交流和沟通少，诸要素之间相互包容、彼此适应，文化个体与生态系统在协同中平衡。进入成长期，科技型小微企业创新文化在与创新文化种群中的竞争者文化、消费者文化以及政府相关部门文化、高科技企业文化、高校及科研机构文化、中介服务机构文化等的交流、合作中，呈现出相关性、联动性和整体性，为了彼此的创新发展，产生协同创新关系。在科技型小微企业创新文化与创新文化种群中的异质性和多样性文化要素的横向协同中，创新理念、创新行为和创新形象由模糊趋于清晰，由单一趋于多元，逐渐实现平衡。为此，科技型小微企业应与竞争者、消费者以及其他利益相关者加强合作，构建文化交流平台和协同创新网络，丰富企业的异质性和多样性文化要素，激发企业的创新创意，从而推动文化进化和技术创新。在发展期，科技型小微企业创新文化为顺应创新文化群落中的国家和区域政府的创新制度文化、行业和产业的创新市场文化、科技研发领域的创新知识文化和深层次的创新观念文化，以企业创新文化提供支撑服务和文化供给。科技型小微企业创新文化个体与文化生态系统在文化圈的作用下，横向在各层级创新文化的协同中平衡，从而形成良好的创新文化氛围，促进企业创新文化和创新文化系统的共同提升。因此，为培育科技型小微企业创新文化，应增强文化生态系统的吸引力，吸纳学研机构、中介机构和企业群体等融入生态系统，以此丰富各圈层创新文化种群和创新文化群落中的创新文化要素，发挥各圈层的辐射效用，使创新文化要素横向协同和各层级系统动态平衡，从而推动企业创新文化的生长。

2. 文化个体与系统在纵向竞争中进化

科技型小微企业经历初创期、成长期和发展期，其创新文化在适应创新文化种群和创新文化群落的过程中，由创新种子文化逐渐生长为创新标识文化和创新繁衍文化，每从一个阶段到另一个阶段都经历创新观念的博弈与创新资源的争夺，文化个体与系统在纵向竞争与选择中进化。科技型小微企业创新文化生态系统中，文化与环境进行物质、能量和信息交换，从环境中输入物质、能量和信息，向环境外输出物质、能量和信息，按一定规律构成远离热力学平衡的开放系统，其物质和能量守恒。科技型小微企业创新文化生态系统是一个制约系统，各层级的文化要素之间互相作用、互相影响、相互竞争，通过生态系统的反馈调节能够将生态系统调节至稳定、平衡的状态。科技型小微企业创新种子文化由内核逐渐向外延伸，为适应创新文化种群和群落与同行竞争企业、产业链上下游企业或大尺度国家和区域创新文化存在竞争关系,为了企业的生存和在市场上获得竞争优势,进行竞争与选择。文化生态系统中科技型小微企业创新文化的培育应遵循"能量守恒"定律,在文化与环境的互动中,促进科技型小微企业创新文化在文化生态系统的协同竞争中达到动态平衡。在竞争中,科技型小微企业的创新理念、创新行为和创新形象逐渐显性、优化、统一,促进创新思想的开放、创新资源的共享、创新潜力的挖掘、创新意识的增强和创新绩效的提升等。为此,应培育科技型小微企业的企业家精神和创新科技文化,在科技与文化的融合中推动生态系统在动态竞争中逐渐平衡,从而推动企业创新文化的进化。

四、 整体可持续发展原则

文化整体与文化多样性的辩证统一具有保持文化生态系统健康、稳定、和谐和可持续发展的功能。整体是一个相对的概念,科技型小微企业创新文化生态系统是一个整体,科技型小微企业创新文化亦是一个整体,但相对于其所生存的文化生态系统又是其中的一部分。科技型小微企业创新文化是由不同的创新文化要素构成的,彼此相互联系、相互依存、相互促进,构成一个有机整体。而文化生态系统中任意文化要素的变化亦都不是独立的,各层级中每个文化要素之间相辅相成、协同共生,在互动中形成一个生命有机整体。因此,培育科技型小微企业创新文化应坚持企业创新文化整体可持续发展原则和文化生态系统整体可持续发展原则。

1. 企业创新文化整体可持续发展

文化是人类独有的创造,是相对稳定的人为程序和为人取向的统一。科技型小微企业创新文化作为一个有机整体,不能容忍过分异化的创新文化,要自觉协调人与自然之间的关系、人与人之间的关系,以保持文化生态的平衡。科技型小微企业创新文化在内部创新主体要素、创新知识要素、创新器物要素和创新制度要素等影响和作用下形成一个有机整体。科技型小微企业在企业家精神、创新生存文化和创新科技文化的共同作用下,创新种子文化逐渐萌发,由创新文化内核逐渐向外延伸。科技型小微企业在进一步发展中,在市场竞争和经济利益驱动下,其创新文化与竞争者文化、消费者文化和其他利益相关者文化不断地交流、碰撞、融合，推动创新种子文化逐渐生长成由创新产品文化、创新组织文化和创新商业文化构成的创新标识文化。随着科技型小微企业的日趋成熟和壮大，其创新理念、创新行为和创新形象趋于统一，创新标识文化在与国家和区域政府的制度创新文化、行业和产业的市场创新文化、科技研发领域的知识创新文化、深层次的创新文化观念所构成的社会创新文化集合体的互动中形成创新繁衍文化，推动企业创新文化逐渐融合与裂变、发展与跃迁。在裂变与繁衍中，科技型小微企业创新文化个体与裂变企业创新文化和衍生企业创新文化又形成新的整体系统。因此，科技型小微企业创新文化的培育，应坚持整体可持续发展原则。在科技型小微企业创新文化生长的各环节，应加强对外交流、合作，增添异质性和多样性的创新文化，在文化的优胜劣汰中，推动企业创新文化整体生长、发育、裂变、繁衍，从而可持续地发展。

2. 文化生态系统整体可持续发展

科技型小微企业创新文化不是孤立存在的，在与环境的适应中，在与其他利益相关者创新文化的竞争和共生中不断地进行物质、能量和信息的交换，从而构成一个有机整体。随着社会的发展、经济的转型，自然环境和社会环境更加复杂、多变，迫使科技型小微企业创新文化不断地适应与改变，在创新资源的合理开发和优化配置中，实现整体的可持续发展。科技型小微企业创新文化在与生态系统的适应中，经历与其他利益相关者创新文化的竞争和共生，逐渐又引发新的竞争和共生，在相互作用、交替上升的过程中，文化生态系统实现自身的演化和整体的可持续发展。在创新文化生态系统中，科技型小微企业创新文化与其他利益相关者创新文化集合体，以及国家和区域创新文化集合体之间的竞争与共生，是文化生态系统整体和谐发展的基础与动力，同时促使生态系统整体有目的性地演化，以推动文化生态系统在更高层次、更高水平上达到井然有序的平衡状态，从而实现可持续发展。在创新文化生态系统中，科技型小微企业创新文化作为创新文化个体，与创新文化种群、创新文化群落相互影响、相互制约，在文化圈和文化链的共同作用下，在生产方式的不断修正中进行"螺旋进化",从而构成一个开放的、动态的、非线性的有机整体。科技型小微企业创新文化与其赖以生存的创新文化生态系统是个体与整体的关系,两者相互联系、相互依存、彼此嵌套。因此,我国科技型小微企业创新文化的培育应从整体出发,坚持鼓励创新、嵌套共生、协同竞争、动态平衡和可持续发展的原则。进一步提升我国创新文化的整体实力和竞争力,将"以人为本"贯彻到文化发展的各环节中,辩证处理和统筹文化与经济均衡发展,注重人民群众生活的质的变化,促进整个社会的可持续发展。

第七章

结　论

第一节　科技型小微企业创新文化是作为文化生态系统而存在的

　　科技型小微企业是集科技、创新、知识和文化于一体的复杂小微型企业，其具有丰富内涵、重要作用和社会地位。随着科学技术的飞速发展和市场竞争的加剧，创新文化在提高科技型小微企业创新能力、竞争优势和企业绩效等方面发挥着日益重要的作用。传统、线性、静态地研究科技型小微企业内部的创新文化要素，无法带动企业形成持续创造力和竞争力。知识经济时代，社会生态环境异常复杂，不能孤立地研究科技型小微企业创新文化，需要将其置于所生存的文化生态系统中。这不是一般意义上的文化生态系统，而是专门所指的科技型小微企业创新文化生态系统。对科技型小微企业创新文化的探究，需要动态地分析其与行业直接相关的部门或企业创新文化集合体、国家或区域的社会创新文化集合体之间的关系，深层次、系统性地研究企业创新文化与生态环境的适应性和交互性。

　　科技型小微企业创新文化不仅具有创新性、竞争性、冒险性和进取性特征，从文化生态的视角其还具有适应性、生态性和系统性等特征。在一定的时间和空间内，科技型小微企业创新文化与外部直接利益相关者的创新文化、国家和区域的社会创新文化不断地进行交流、碰撞、融合，形成不同的创新文化种群和群落，在物质、能量和信息的交换中进行自组织、自适应和自生长，从而构成开放的、动态的、非线性的复杂生态系统。深入研究科技型小微企业创新文化，首先要对其所存在的科技型小微企业创新文化生态系统有一个深刻的认识。本书从文化生态的视角将文化生态系统的结构分为个体、种群和群落,其中个体是指科技型小微企业创新文化,其会受到以创新人力资源呈现的主体要素、以科技成果体现的创新知识要素、以创新物化条件表现的硬件系统和以组织制度及法律法规显现的软件系统的影响;种群是指与行业直接相关的创新文化系统,主要有与科技型小微企业生存相关的消费者文化、与科技型小微企业胜出相关的竞争者文化和直接参与科技型小微企业孕育的其他利益相关者文化等的集合体;群落是指社会创新文化系统,主要包括国家和区域政府的制度创新文化、行业和产业的市场创新文化、科技研发领域的知识创新文化和深层次的创新观念文化等。科技型小微企业创新文化的个体、种群和群落三者之间相互联系、相互依存、相互嵌套,在与生态环境的适应中构成一个文化生态系统。

科技型小微企业创新文化生态系统以与科技型小微企业利益相关者的创新文化要素及相互关系为基础,以科技型小微企业文化价值发展创新为运作内容,对企业技术创新发展具有较强的促进作用,能够推动企业获得竞争优势和企业绩效。文化生态系统不仅可以增强企业、区域乃至国家的创新力和竞争力,也能够促进各利益相关者快速地发展。在创新文化与生态环境的动态交互中,科技型小微企业创新文化生态系统发挥着一定的功能,主要有文化价值扩展功能、生态群落强化功能、创新资源整合功能和社会经济带动功能等。

第二节 科技型小微企业创新文化在生态系统的滋养和适应及其整合中生长

文化生态系统是按照人类的某种或几种需求而建立起来的,文化在与生态环境的互动中生长,除了自组织、自适应、自生长,还受到人工干预的影响。对科技型小微企业创新文化进行静态研究,不能满足全面、深入和系统的研究需要,还有必要将企业创新文化置于生态系统中做动态地考察。通过对深圳湾科技园区的案例分析,归纳出良好科技型小微企业创新文化生态系统的样态、特征和形成机制。分析出科技型小微企业在不同发展阶段,其创新文化在文化生态系统的滋养、适应和整合中的生长情况和阶段特征,进而从文化生态的维度为科技型小微企业健康成长提供实现依据。

科技型小微企业在初创阶段，人们往往忽视创新文化的存在，片面地认为企业没有创新文化或者创新文化没有形成，实际上创新文化一直存在并发挥着作用，只是属于创新文化"土壤"中的隐性文化。科技型小微企业的企业家和员工带着不同的创新文化基因融入企业，彼此相互适应。在企业家和员工多元文化的交流、碰撞与融合中，创新文化由模糊趋于清晰、由隐性趋于显性、由单一趋于多元，相互之间默契程度较高。生态系统中科技型小微企业创新文化不断地吸收知识、人才、技术和信息等创新资源，来丰富企业内部的创新主体要素、创新知识要素、硬件系统要素和软件系统要素。在文化生态系统的滋养下，科技型小微企业以创新的企业家精神，使生存文化和科技文化为内核的创新种子文化逐渐萌发，呈现出创新性、吸附性、开放性、包容性、冒险性和挑战性等鲜明特征。

在成长阶段，科技型小微企业在与竞争者、消费者、合作者和产业链上下游企业等利益相关者的交往中发现，只有适应他们的需求，企业创新文化才能继续生长，因此，适应创新文化种群成为主要的发展动力。为适应生态环境，科技型小微企业创新种子文化由内核逐渐向外延伸，通过与外界利益相关者创新文化的互动，与生态环境中物质、能量、信息的交换，生长出创新产品文化、创新组织文化和创新商业文化。三者之间相互联系、相互依存、相互影响，形成创新标识文化。在创新文化种群的适应中，科技型小微企业的创新理念、创新行为和创新形象逐渐修正、完善，日益显性、多元，呈现出独特性与务实性、凝聚性与激励性、品牌性与传播性。科技型小微企业创新标识文化在社会化中逐渐成熟。这一成熟形态的创新文化内核仍然是企业家精神、创新生存文化和创新科技文化，但已经通过创新产品文化、创新组织文化和创新商业文化构成的创新标识文化来表达。

进入发展阶段，科技型小微企业在生态系统的整合中，企业内部和外部多元创新价值观交流、碰撞与融合，企业的创新理念和创新行为不断提升。科技型小微企业为了发展，会接触更多的创新文化要素，受到更大范围的创新文化系统影响。科技型小微企业成熟的创新标识文化向外传播、扩展、延伸，与创新文化群落中国家和区域政府的创新制度文化、行业和产业的创新市场文化、科技研发领域的创新知识文化和深层次的创新观念文化等进行跨文化整合。在与创新文化种群、创新文化群落的适应与整合中，科技型小微企业创新文化经过系统挖掘，创新理念、创新行为和创新形象自下而上统一并言行一致，企业成熟的创新标识文化融合、裂变、繁衍，形成系统化的创新繁衍文化，推动企业创新文化不断发展、跃迁。

第三节 生态系统中科技型小微企业创新文化不断地演化

动态研究科技型小微企业创新文化，不仅需要研究其生长过程与阶段特征，而且需要深入研究其演化过程与动力机制。纵观生态系统中科技型小微企业创新文化的生长，创新文化要素在文化圈、文化链的作用下，不断地进行适应、整合与优化，在与生态环境的互动中不断演化。开放、复杂、多变的生态环境使企业创新文化形成不同的演化规律。结合文化生态适应论和文化生态系统论，可见生态系统中科技型小微企业创新文化的演化动力，主要源于企业家自我价值实现的需求、科技文化强化与拓展的需求以及生态系统适应与平衡的需求。生态系统中科技型小微企业创新文化的演化模式为同化与异化的演化模式、渐变与突变的演化模式，其演化机制为同化的重组机制和异化的分解机制、渐变演化的协同机制和突变演化的竞争机制。通过分析科技型小微企业创新文化的演化，认识到生态系统中科技型小微企业创新文化不断地进行开放地、动态地和非线性地演化。由此可见，文化在与环境的适应中成长，环境的变化和创新主体科技创新需求的变化成为推动企业创新文化不断演化的重要力量。

在本书中，笔者提出中国科技型小微企业创新文化生态系统的优化路径：需要培育多元融合的创新文化基因、提供企业发展的文化背景和条件、发挥生态系统的资源整合功能、形成滋养创新文化成长的环境。在此基础上，提出了中国科技型小微企业创新文化的培育原则：坚持鼓励创新为核心原则、个体与系统嵌套共生原则、协同与竞争动态平衡原则以及整体可持续发展原则，这样才能促进科技型小微企业创新文化"软实力"的提升。

　　科技型小微企业是复杂的科技创新主体,处于一个广泛、复杂、动态、多变的环境之中。关于科技型小微企业创新文化研究具有多种视角,本书基于文化生态理论进行文化与生态环境的互动关系研究只是其中的一种视角。本书的研究未将宏观层面的整体性分析纳入研究重点。科技型小微企业不仅受文化环境的影响,而且还受到宏观的国家政治环境、经济环境、市场环境和政策环境的驱动,但本书没有进行深入探讨。因而,科技型小微企业创新文化研究仍具有进一步研究和拓展的空间。

参考文献

[1] 王娜,王健,赵旭.新时代技术创新文化进化探究[J].东北大学学报(社会科学版),2019,21(2):19-24.

[2] 降低小微企业融资成本是系统工程[EB/OL].(2018-06-26)[2022-02-06].https://www.yicai.com/news/5434656.html.

[3] 李森森.我国科技型小微企业成长的影响因素研究[D].济南:山东大学,2014:9-10.

[4] 吴云.企业的长生密码[J].企业文化,2015(5):71-73.

[5] 刘国荣.我国中小企业的困境[J].市场周刊(理论研究),2013(5):2-27.

[6] 杜德斌.上海建设全球科技创新中心的战略路径[J].科学发展,2015(1):93-97.

[7] 王婷婷.日本《中小企业白皮书》对企业发展推进作用的分析[J].新一代(理论版),2019(22):5.

[8] 于洋.中国小微企业融资问题研究[D].长春:吉林大学,2013:11.

[9] 张炳申.21世纪亚太国家中小企业发展与支持系统研究:中小企业亚太论坛第四届国际研讨会[M].广州:暨南大学出版社,2000.

[10] 蔡翔,宋瑞敏,蒋志兵.微型企业的内涵及其理论基础[J].当代财经,2005(12):86-88.

[11] 于声涛,王书果,丁文卿,等.浅析《小企业会计制度》对象的限定条件及其特点[J].财务与会计,2005(3):46.

[12] 工业和信息化部,国家统计局,国家发展和改革委员会,等.关

于印发中小企业划型标准规定的通知[DB/OL].(2011-6-18)
[2022-02-10].http://www.gov.cn/zwgk/2011-07/04/content_
1898747.htm.

[13] 国家统计局.统计上大中小微型企业划分办法(2017)[DB/
OL].(2018-01-03)[2022-02-10].http://www.stats.gov.cn/
tjsj/tjbz/201801/t20180103_1569357.html.

[14] 王经锡.中国高科技企业文化研究[D].沈阳:东北大学,2012:
54-55.

[15] 吴兵.高新技术企业管理基础[M].北京:经济科学出版社,
1996.

[16] 芮明杰,陈娟.高技术企业知识体系的构建与管理[M].上海:
上海财经大学出版社,2006.

[17] 覃荔荔.高科技企业创新生态系统可持续发展机理与评价研究
[D].长沙:湖南大学,2012:5.

[18] 查成伟.高科技企业员工失败学习影响机制及其能力提升研究
[D].南京:南京航空航天大学,2017:8.

[19] KAKAVA L, VETROVA E, KHAKIMOVA G, et al. Development of a mathematical model for risk assessment of a high-tech enterprise[J].International days of science,2020:37-43.

[20] 饶文英.科技型企业融资体系构建之探讨[J].农村经济与科技,2018,29(2):126-127.

[21] 齐鑫.科技型企业知识创造能力研究[D].哈尔滨:哈尔滨工程大学,2018:21.

[22] 邢青霞.科技型企业内部隐性知识共享研究[D].重庆:重庆大学,2016:9.

[23] 赵云辉.科技型企业知识创新影响因素研究:以社会资本为视角[J].科技管理研究,2014(15):144-152.

[24] CHEN Y.Private science and technology enterprise development problems and countermeasures[J].Science technology and industry,2010,10(5):45-47.

[25] 王旭,刘玉国.科技型企业生命周期及其特征分析[J].工业技

术经济,2003,22(4):79-80.

[26]　DAVENPORT T H,PRUSAK L.Government capacity and the Hong Kong civil service[M].New York:Oxford University Press,1997.

[27]　胡汉辉,萧渡.科技型企业管理特点系统研究之我见[J].科研管理,1993(1):24-28,32.

[28]　AUDRETSCH D B.New-firm survival and the technological regime[J].The review of economics and statistics,1991,73(3):441-450.

[29]　AUTRY C W,GOLICIC S L.Evaluating buyer-supplier relationship-performance spirals:a longitudinal study[J].Journal of operations management,2010,28(2):87-100.

[30]　秦瑶.商业银行如何支持科技型小微企业发展[J].现代金融,2012(3):40-41.

[31]　高新才,李炎亭.科技型小微企业发展的生态环境建设与政策支撑[J].科技进步与对策,2013,30(18):70-74.

[32]　李建林,赵玲.我国科技型小微企业金融支持体系探析[J].当代经济,2013(1):34-37.

[33]　杜丹丽,姜铁成,曾小春.企业社会资本对科技型小微企业成长的影响研究:以动态能力作为中介变量[J].华东经济管理,2015(6):148-156.

[34]　仇荣国.科技型小微企业融资模式及其机制研究[D].镇江:江苏大学,2017:31.

[35]　刘丹,衣东丰,王发明.科技型小微企业创新生态系统网络治理研究[J].科技进步与对策,2019,36(4):116-123.

[36]　ADNER R,KAPOOR R.Value creation in innovation ecosystems:how the structure of technological interdependence affects firm performance in new technology generations[J].Strategic management journal,2010,31(3):306-333.

[37]　RABELO R J,BERNU S P,ROMER O D.Innovation ecosystems:a collaborative networks perspective[C].Working Confer-

ence on Virtual Enterprises,2015:323-336.

[38] SIHU R Y.Developing optimal distinctiveness:organizational identity processes in new ventures engaged in business model innovation[J].Entrepreneurship and regional development,2016, 28(3/4):259-285.

[39] GUNDRY L K,KICKUL J R,GRIFFITHS M D,et al.Creating social change out of nothing:the role of entrepreneurial bricolage in social entrepreneurs' catalytic innovations[M].City of Bradford:Emerald Group Publishing Limited,2011.

[40] 赵立龙,魏江,郑小勇.制造企业服务创新战略的内涵界定、类型划分与研究框架构建[J].外国经济与管理,2012,34(9):59-65.

[41] DAVENPORT T H,PRUSAK L.Working knowledge:how organizations manage what they know[M].Boston:Harvard Business School Press,1998:123-125.

[42] 刘洛,陈树文.科技型小微企业贷款客户经理工作绩效结构模型的检验[J].科学管理研究,2012,30(2):75-79.

[43] 翟翠霞,蔡晓峰,郑文范.科技型小微企业"以知为本"发展模式探析[J].科技进步与对策,2013(14):77-80.

[44] 张秋月,李凯旭,初凤荣.科技型小微企业的人力资源管理保障机制研究[J].中国管理信息化,2016,19(8):86-87.

[45] 晏绪飞,陈鑫.科技型小微企业发展困境与对策研究[J].科技进步与对策,2013,30(18):116-119.

[46] 蔡娇丽,赵宏中.我国科技型小微企业发展存在的问题和对策研究[J].特区经济,2013(4):129-130.

[47] 王子林.科技型小微企业成长性及风险管理探析[J].中国商论,2017(3):123-125.

[48] SCHUMPETER J A.The theory of economic development[M]. Cambridge:Harvard University Press,1912/1934.

[49] ENOS J L.A model of the permanent revolution[J].British journal of political science,1972,2(1):69-81.

［50］ DRUCKER P F.Management:the problems of success[J].The academy of management executive,1987,1(1):13-19.

［51］ 傅家骥.技术创新学[M].北京:清华大学出版社,1998.

［52］ 许庆瑞,郭斌.中国企业技术创新:基于核心能力的组合创新[J].管理工程学报,2000,14(B12):1-9.

［53］ 金吾伦.创新文化:意义与中国特色[J].学术研究,2006(6):5-10.

［54］ 宋刚,张楠.创新2.0:知识社会环境下的创新民主化[J].中国软科学,2009(10):60-66.

［55］ 曾国屏,苟尤钊,刘磊.从"创新系统"到"创新生态系统"[J].科学学研究,2013,31(1):4-12.

［56］ 刘平峰,张旺.创新生态系统共生演化机制研究[J].中国科技论坛,2020(2):17-27.

［57］ 庄孔韶.人类学通论[M].太原:山西教育出版社,2002.

［58］ 爱德华·泰勒.原始文化[M].连树声,译.桂林:广西师范大学出版社,2005.

［59］ 史徒华.文化变迁的理论[M].张恭启,译.台北:远流出版事业股份有限公司,1989.

［60］ HURLEY R F.Group culture and its effect on innovative productivity[J].Journal of engineering and technology management,1995(12):57-75.

［61］ SCHAFER D P.Culture:beacon of the future[M].New York:Praeger,1998.

［62］ 罗伯特·F.墨菲.文化与社会人类学引论[M].王卓君,吕迺基,译.北京:商务印书馆,1994.

［63］ HOFSTEDE G H,HOFSTEDE G J.Cultures and organizations:software of the mind[J].Administrative science quarterly,1991(10):405-421.

［64］ HOFSTEDE G H.Culture's consequences:comparing values,behaviors,institutions and organizations across nations[M].California:Sage Publications Inc.,2001:36-38.

[65] 齐格蒙特·鲍曼.作为实践的文化[M].郑莉,译.北京:北京大学出版社,2009.

[66] 露丝·本尼迪克特.文化模式[M].北京:社会科学文献出版社,2009.

[67] 中国大百科全书·哲学[M].北京:中国大百科全书出版社,1991.

[68] 刘进田.文化哲学导论[M].北京:法律出版社,1998.

[69] 李少惠.中小企业文化生态的聚合与嬗变[M].北京:中国社会科学出版社,2008.

[70] 肖荣莲.新兴文化业态与文化的多元化发展[J].学术交流,2010(3):188-190.

[71] 郝立新,路向峰.文化实践初探[J].哲学研究,2012(6):117-121.

[72] 李仁杰.中国文化与马克思主义的融合[J].人民论坛,2017(9):108-109.

[73] THORNBERRY C M.Fostering a culture of innovation[J].Proceedings of the United States naval institute,2003,129(4):44.

[74] ROBINSON T T,COUSINS J B.Internal participatory evaluation as an organizational learning system:a longitudinal case study[J].Studies in educational evaluation,2004,30(1):1-22.

[75] KHAZANCHI S,LEWIS M W,BOYER K K,et al.Innovation-supportive culture:the impact of organizational values on process innovation[J].Journal of operations management,2007,25(4):871-884.

[76] HU M L M,HORNG J S,SUN Y H C.Hospitality teams:knowledge sharing and service innovation performance[J].Tourism management,2009,30(1):41-50.

[77] JASMINKA L.Dimensions of national innovation culture in Croatia.Content validity of Hofstede's dimensions[J].Društvena istraživanja-Časopis za opća društvena pitanja,2011,20(114):1015-1038.

[78] CASTRO M G, MIRIAM D V, JORGE C G, et al. The moderating role of innovation culture in the relationship between knowledge assets and product innovation[J]. Technological forecasting and social change, 2013, 80(2): 351-363.

[79] 水常青, 许庆瑞. 企业创新文化理论研究述评[J]. 科学学与科学技术管理, 2005(3): 138-142.

[80] 杜跃平, 王开盛. 创新文化与技术创新[J]. 中国软科学, 2007(2): 155-158.

[81] 连冬花. 论创新文化[J]. 科技管理研究, 2013(6): 19-22.

[82] 王平聚, 曾国屏. 创新文化系统分析的一个理论框架[J]. 自然辩证法研究, 2015(1): 65-69.

[83] 高锡荣, 胡小娟, 柯俊. 基于文献编码分析的创新文化概念体系构建[J]. 软科学, 2016, 30(1): 129-134.

[84] 康海轩. 构建引领新时代发展的创新文化模式[J]. 中学政治教学参考, 2019(21): 53-55.

[85] 厉无畏. 创意产业促进经济增长方式转变: 机理·模式·路径[J]. 中国工业经济, 2006(11): 5-13.

[86] 赵建英, 梁嘉骅. 影响企业创新力的内部生态因子分析[J]. 中国软科学, 2006(11): 146-150.

[87] 陈红兵, 吴萍. 生态文化视域中的创新文化建设[J]. 长春市委党校学报, 2009(4): 34-39.

[88] 丁承学. 系统观视角下的企业创新文化体系逻辑结构研究[J]. 商业经济研究, 2014(34): 110-111.

[89] 何群. 构建创新生态系统: 我国文化产业提质增效的路径[J]. 学习与探索, 2018(2): 108-116.

[90] 顾美玲. 企业创新文化对IT-业务融合的影响机制研究[D]. 长春: 吉林大学. 2018: 62.

[91] TROMPENAARS F, TURNER C H. Riding the waves of culture[J]. Turner, 1993, 60(1): 123-124.

[92] BUCKLER S A. The spiritual nature of innovation[J]. Research technology management, 1997, 40(2): 43-47.

[93]　FROHMAN A L.Building a culture for innovation[J].Technology management,1998,41(4):9-12.

[94]　DENNIS J D.Understanding Silicon Valley:the anatomy of an entrepreneurial region[J].Yearbook of the association of pacific coast geographers,2001,63(1):155-158.

[95]　宋培林.论企业创新文化:兼析我国企业创新文化的营造[J].当代经济科学,2000,22(5):60-64.

[96]　张朗峰,李耀士.基于传统文化的企业创新文化:以海尔创新文化为例[J].特区经济,2005(9):351-352.

[97]　王方烈.创新文化与文化创新[J].商业文化,2006(4):24-25.

[98]　穆健康.企业创新文化的科学测评研究[J].河南师范大学学报(哲学社会科学版),2015,42(3):51-55.

[99]　吕玉辉.企业创新的文化要素构成及其机理分析[J].商业时代,2016(10):89-91.

[100]　盛亚.企业文化与技术创新[J].科学管理研究,1995(5):88-91.

[101]　张钢,许庆瑞.文化类型、组织结构与企业技术创新[J].科研管理,1996,17(5):26-31.

[102]　李海军,刘先涛,乔德民.谈企业文化与技术创新[J].技术经济与管理研究,2005(1):116.

[103]　束军意.论创新管理视角下的"企业创新文化建设"[J].科学学与科学技术管理,2010,31(10):108-111.

[104]　张莉.供应链核心企业知识获取、创新文化与创新绩效关系研究[J].统计与决策,2014(13):48-50.

[105]　陈衍泰,何流,司春林.开放式创新文化与企业创新绩效关系的研究:来自江浙沪闽四地的数据实证[J].科学学研究,2007,25(3):567-572.

[106]　王玉芹,张德.创新型文化与企业绩效关系的实证研究[J].科学学研究,2007(A2):475-479.

[107]　刘锦英.创新文化特征与企业创新绩效的实证研究:基于我国光电子产业的分析[J].科技进步与对策,2010,27(13):85-

88.

[108] 张炜.创新文化与组织绩效关系实证研究:以浙江中小企业为样本[J].科技管理研究,2010(24):160-163,168.

[109] 胡赛全,詹正茂,钱悦,等.企业创新文化、战略能力对创业导向的影响研究[J].科研管理,2014,35(10):107-113.

[110] 王平聚,曾国屏.创新文化系统演进与结构研究:基于深圳的案例分析[J].科技进步与对策,2015(3):40-43.

[111] 丁宇.创新型企业文化对企业成长的影响:基于3家创新领先企业案例的研究[J].科技导报,2020(15):138-148.

[112] 朱其昌.何谓"小微企业"[J].四川统一战线,2012(5):20.

[113] SERVON L J,VISSER M A,FAIRLIE R W.The continuum of capital for small and micro enterprises[J].Journal of developmental entrepreneurship,2010,15(3):301-323.

[114] ARPA C,TIERNAN S,O'DWYER M.Entrepreneurial orientation,market orientation and internationalisation in born global small and micro-businesses[J].International journal of entrepreneurship and small business,2012,16(4):455-470.

[115] REIS P R C,CABRAL S.Public procurement strategy:the impacts of a preference programme for small and micro businesses[J].Public money and management,2015,35(2):103-110.

[116] 陈华巍,万兴亚,姜力丹.我国小微企业发展困境及破解对策[J].经济纵横,2016(2):13-16.

[117] 阿伦·拉奥,皮埃罗,斯加鲁菲.伟大的科技创新与创业历程:硅谷百年史[M].闫景立,侯爱华,译.北京:人民邮电出版社,2014.

[118] 刘长明.硅谷之路[J].学术界,2001,90(5):183-202.

[119] 薛虎圣.硅谷和斯坦福创新体系发展历程及启示[J].全球科技经济瞭望,2015,30(4):48-51.

[120] 覃世利,张洁,杨刚,等.基于"双螺旋"的企业创新文化基因模型构建[J].科技进步与对策,2019,36(2):96-101.

[121] 冯静,孟庆强.科技型小微企业在产业集群中的协同创新模式

[J].合作经济与科技,2015(8):54-56.

[122] 李万,常静,王敏杰,等.创新3.0与创新生态系统[J].科学学研究,2014(12):3-12.

[123] 黄育馥.20世纪兴起的跨学科研究领域:文化生态学[J].国外社会科学,1999(6):19-25.

[124] 朱利安·H.斯图尔特.文化生态学[J].潘艳,陈洪波,译.南方文物,2007(2):107-112.

[125] 陈兴贵,王美.文化生态适应与人类社会文化的演进:人类学家斯图尔德的文化变迁理论述评[J].怀化学院学报,2012(9):21-24.

[126] 李超,张冰心.文化生态学视角的英美剧共生互补关系[J].中国电视,2017(12):100-103.

[127] 石奕龙.斯图尔德及其文化人类学理论[J].世界民族,2008(3):62-71.

[128] 罗康隆.文化适应与文化制衡:基于人类文化生态的思考[M].北京:民族出版社,2007.

[129] 徐建.国内外文化生态理论研究综述[J].山东省青年管理干部学院学报,2010(5):6-10.

[130] 王东昕.环境与文化互动关系的文化生态学反思:以怒江峡谷为例[J].云南民族大学学报(哲学社会科学版),2007,24(6):23-27.

[131] DENEVAN W M.Adaptation,variation,and cultural geography[J].The professional geographer,1983,35(4):399-407.

[132] J·H·斯图尔德,王庆仁.文化生态学的概念和方法[J].世界译丛,1983(6):27-33.

[133] 李汉林.民族文化自我发展的变迁分析[J].湖南社会科学,2001(3):20-22.

[134] STEWARD J H,JULAI H.Theory of culture change:the methodology of multilinearevolution[M].Chicago:Chicago Illinois University Press,1955.

[135] D.凯普兰,R.曼纳斯,王庆仁.当代进化论[J].民族译丛,

1983(3):30-37.

[136] 陈春花,朱丽,刘超,等.文化协同的三重影响路径探索[J].管理学报,2020,17(4):475-486.

[137] 张新胜,王援,杰夫·拉奈尔,等.国际管理学[M].北京:中国人民大学出版社,2002.

[138] 罗康隆,谭卫华.对斯图尔德"跨文化整合"理论的再认识[J].世界民族,2010(3):39-44.

[139] 王晓真.当代中国文化生态问题研究[D].济南:山东大学,2016:26.

[140] STEWARD J H.Theory of culture change[M].Urbana:University of Illinois Press,1979.

[141] 唐炎钊,陆玮.国外跨文化管理研究及启示[J].管理现代化,2005(5):25-28.

[142] 木内多知,舍尔曼.企业的自然课:从雨林中寻找持续盈利的商业法则[M].北京:机械工业出版社,2003.

[143] ELIOT T S.Notes towards the definition of culture[M].London:Faber and Faber,1948.

[144] 汉斯·萨克塞.生态哲学[M].文韬,佩云,译.北京:东方出版社,1991.

[145] ELIOT T S.Christianity and culture:the idea of a christian society and notes towards the definition of culture[M].New York:Harcourt,Brace and Company,1949.

[146] 孙兆刚.论文化生态系统[J].系统科学学报,2003,11(3):100-103.

[147] JORGENSEN S E,FATH B,BASTIANONI S,et al.A new ecology:systems perspective[M].Amsterdam:Elsevier,2007.

[148] S.E.约思森.生态系统生态学[M].曹建军,赵斌,张剑,等译.北京:科学出版社,2017.

[149] Sven Erik Jorgonsen.系统生态学导论[M].陆健健,译.北京:高等教育出版社,2013.

[150] 蔡晓明.生态系统生态学[M].北京:科学出版社,2000.

[151] 牛凯伦,赵方珂.中国传统体育文化输出的价值取向与输出模式[J].体育成人教育学刊,2016,32(2):42-44.

[152] 李建华,夏莉莉.文化生态层级理论下的西南聚落形态:以大理喜洲聚落为例[J].建筑学报,2010(S1):55-57.

[153] 余道游.工程哲学的兴起及当前发展[J].哲学动态,2005(9):71-75.

[154] 熊彼特.经济发展理论[M].何畏,译.北京:商务印书馆,1990.

[155] MALCOLM S.The development of an innovation culture[J].Management accounting:magazine for chartered management accountants,1998,76(2):22.

[156] 傅世侠.创新、创造与原发创造性[J].科学技术与辩证法,2002,19(1):39.

[157] 托马斯·哈定.文化与进化[M].韩建军,商戈令,译.杭州:浙江人民出版社,1987.

[158] 李德顺.文化是什么?[J].文化软实力研究,2016(4):11-18.

[159] 上海市科技党委课题组.创新文化建设的内涵、特征和意义[J].科学新闻,2003(8):32-33.

[160] 德鲁克.大变革时代的管理[M].上海:上海译文出版社,1999.

[161] 西尔瓦诺·阿瑞提.创造的秘密[M].钱岗南,译.沈阳:辽宁人民出版社,1987.

[162] 韦伯.新教伦理与资本主义精神[M].桂林:广西师范大学出版社,2010.

[163] 王睿.论技术创新文化[D].沈阳:东北大学,2008:28.

[164] 吴金希.自主创新 文化建设重于资源投入[J].企业文明,2012(5):22-23.

[165] 余谋昌.生态观与生态方法[J].生态学杂志,1982(1):40-43.

[166] 张存信.中国古代生态学思想源远流长[J].华夏文化,2013(4):15-18.

[167] 黄银晓.国外关于生态系统研究的概况[J].环境科学研究,1977(1):27-31.

[168] 潘剑英,王重鸣.生态系统隐喻在组织研究中的应用与展望

［J］.自然辩证法研究,2014,30(3):65-69.

［169］ 潘剑英,王重鸣.科技园区创业生态系统特征与企业行动调节机制研究［D］.杭州:浙江大学,2014:13-14.

［170］ 陈瑾.生态位视角下文化产业集群发展构想:以江西省为例［J］.南昌大学学报(人文社会科学版),2012,43(6):57-62.

［171］ 黎德扬,孙兆刚.论文化生态系统的演化［J］.武汉理工大学学报(社会科学版),2003(2):97-101.

［172］ 王莉萍,卢斌.科技型小微企业的企业文化建设研究［J］.时代经贸,2016(12):56-58.

［173］ 罗玲玲,张嵩.按空间分布形态分类的创意产业［J］.产业经济评论,2007(6):71-82.

［174］ S.E.约恩森.生态系统生态学［M］.曹建军,赵斌,张剑,等译.北京:科学出版社,2011.

［175］ 曹凑贵.生态学概论［M］.北京:高等教育出版社,2006.

［176］ 李兆前.论 T.S.艾略特的文化本体生态观［J］.外语与外语教学,2011(6):86-89.

［177］ SANDRA S W. Interpreting our "cultural ecosystem"［J］. Cultural resources management national park service,1990(13):3.

［178］ 李子贤.存在形态、动态结构与文化生态系统:神话研究的多维视点［J］.云南师范大学学报(哲学社会科学版),2006(3):58-66.

［179］ 曾晶.如何打造企业文化的生态系统［J］.企业改革与管理,2015(3):42,12.

［180］ 王珍珍,鲍星华.产业共生理论发展现状及应用研究［J］.华东经济管理,2012(10):131-136.

［181］ 胡晓鹏.产业共生:理论界定及其内在机理［J］.中国工业经济,2008(9):118-128.

［182］ 张洪潮,雒国彧.科技型小微企业集聚式发展研究［J］.企业经济,2014(6):86-90.

［183］ 黎德扬.文化是人化和化人的实践过程:文化的实践唯物主义解读纲要［J］.江汉论坛,2013(4):128-132.

[184] JOHN W, CHARLES G. Corporate culture and cultural genes [J]. Foreign social science abstracts, 2002(2):37-40.

[185] 杰夫·戴尔,赫尔·葛瑞格森,克莱顿·克里斯坦森.创新者的基因[M].曾佳宁,译.北京:中信出版社,2013.

[186] 陈华峰.培养和提高分析及解决问题能力的策略[J].21世纪:理论实践探索,2010(4):290-291.

[187] URBANCOVA H. Competitive advantage achievement through innovation and knowledge [J]. Journal of Competitiveness, 2013,5(1):82-96.

[188] 刘希宋,李玥,王辉坡.科技成果转化知识对接的机理研究[J].情报理论与实践,2009,32(1):44-47.

[189] 张清华,郭淑芬,黄志建.我国自主创新技术赶超战略与路径研究[J].科学管理研究,2014,32(2):1-4,46.

[190] 刘庆红,王晰巍.知识链创新协同要素及创新模式研究[J].情报科学,2011,29(4):511-514,519.

[191] 费利君.论中国传统器物的文化意蕴[J].宿州学院学报,2015(3):83-85.

[192] 陈立彬,武琪,张永.传统文化生态理念对企业品牌塑造的影响研究[J].商业经济研究,2019(7):99-101.

[193] 弗朗斯西·福山.政治秩序的起源:从前人类时代到法国革命[M].毛俊杰,译.桂林:广西师范大学出版社,2014.

[194] 陈锟.消费者文化差异对创新扩散的影响机制研究[J].科研管理,2011(7):70-78.

[195] 刘开云.企业文化方略与消费者文化需求的契合:兼析文化价值是市场竞争中博弈各方关注的焦点[J].中国流通经济,2013(2):86-91.

[196] 刘彤,郭鲁刚,时艳琴.以新型科研机构为导向的科研院所创新发展评价指标体系研究[J].科技管理研究,2014(1):98-102.

[197] 张巍.浅析国有企业文化建设存在的问题及对策[J].山东社会科学,2014(S1):190-191.

[198] 邬亮,戴伟辉,孙涛.我国生物医药产业自主创新的生态群落模式研究[J].研究与发展管理,2007,19(2):42-49.

[199] 산업연계교육활성화선도대학(PRIME)사업기본계획[EB/OL].(2016-05-03)[2022-03-04].http://www.moe.go.kr/web/100024/ko/board/view.do?bHbsld=333&boardSeq.=61822.

[200] 王娜.韩国高等教育与区域产业需求协同发展的政策设计:基于PRIME项目的考察[J].外国教育研究,2017(4):78-90.

[201] 米哈伊·奇凯岑特米哈伊.创造性:发现和发明的心理学[M].夏振平,译.上海:上海译文出版社,2001.

[202] 楼宇烈.中国的品格[M].成都:四川人民出版社,2015.

[203] 刘兴明,刘长明.易学视野下的传统文化创新基因探析[J].理论学刊,2010(4):69-72.

[204] 王前.中国传统文化的创新功能[J].东北大学学报(社会科学版),2000(4):40-43.

[205] 任俊华,王奕琳.中国传统文化中的创新元素[J].南昌航空大学学报(社会科学版),2011(4):16-22.

[206] 何道宽.论美国文化的显著特征[J].深圳大学学报(人文社会科学版),1994(2):85-96.

[207] 迈克尔·波特.国家竞争优势[M].李明轩,邱如美,译.北京:华夏出版社,2002.

[208] 韩凤芹,于雯杰.德国"工匠精神"培养及对我国启示:基于职业教育管理模式的视角[J].地方财政研究,2016(9):101-106.

[209] 张仁开.上海创新生态系统演化研究:基于要素·关系·功能的三维视阈[D].上海:华东师范大学,2016:25.

[210] 赵传海.论文化基因及其社会功能[J].河南社会科学,2008(2):50-52.

[211] 刘寿吉,戴伟辉,周缨.创意产业的生态群落模式及专业性公共服务平台研究[J].科技进步与对策,2009(17):49-53.

[212] 潘思静.高技术产业创新生态系统的知识共享机制研究[D].

重庆:重庆工商大学,2020:16.

[213] 李恒毅,宋娟.新技术创新生态系统资源整合及其演化关系的案例研究[J].科技创新导报,2014(26):7-10,14.

[214] 马丁·海德格尔.存在与时间[M].陈嘉映,王庆节,译.北京:生活·读书·新知三联书店,2013.

[215] 张柱山.解读"智慧深圳湾":从深圳湾科技园区创新运营实践出发[J].湾区产经,2020,173(2):18-22.

[216] 深圳湾园区,以创新脚印致敬深圳精神[EB/OL].(2020-09-03)[2022-03-08].https://www.szbay.com/newsdetail_914_19.html.

[217] 深圳市南山区人民政府.科技创新:科技成果[EB/OL].(2020-6-30)[2022-03-08].http://www.szns.gov.cn/bsfw/ztfw/kjcx/index.html.

[218] 鲁元珍,冯蕾,严圣乐,等.深圳"引领式创新"背后的核心密码[N].光明日报,2017-12-07(7).

[219] 深圳国家级高新技术企业超过1.7万家,仅次于北京[EB/OL].(2020-01-08)[2022-03-15].http://finance.sina.com.cn/roll/2020-01-08/doc-iihnzhha1191143.shtml.

[220] 乐正,夏春涛.深圳创新文化基本要素与内部循环分析[J].马克思主义研究,2008(3):103-109.

[221] 邵汉青,查振祥,郭万达,等.创新文化:深圳成功企业的最重要基因[J].开放导报,2010(5):15-18.

[222] 风笑天.社会学研究方法[M].北京:中国人民大学出版社,2001.

[223] 陈庆德.人类学中的观察与理论预设[J].思想战线,2005(1):14-21.

[224] 拉德克利夫·布朗.社会人类学方法[M].夏建中,译.北京:华夏出版社,2002.

[225] YIN R K.Case study research:design and methods[M].Thousand Oaks:Sage Publications,1994.

[226] 余菁.案例研究与案例研究方法[J].经济管理,2004(20):24-

29.

[227] N.R.汉森.发现的模式[M].邢新力,周沛,译.北京:中国国际广播出版社,1988.

[228] 邢新力.观察和实验活动中的理论渗透性[J].社会科学,1987(9):48-52.

[229] 约翰·洛克.教育漫话[M].傅任敢,译.北京:人民教育出版社,1985.

[230] 邢以群,叶王海.企业文化演化过程及其影响因素探析[J].浙江大学学报(人文社会科学版),2006,36(2):5-12.

[231] 吴小兰.一组与"种子"有关的生物学命题解析[J].生物学教学,2005(7):68-71.

[232] 贾捷,李志强.基于演化经济学的企业文化演化解释[J].经济问题,2006(8):12-13.

[233] 辛杰,兰鹏璐,李波.企业家文化价值观的双元影响效应研究:以企业家精神为中介[J].中央财经大学学报,2017(4):74-82.

[234] 面临生存的小企业,也需要企业文化?[EB/OL].(2018-07-25)[2022-03-15].http://www.sohu.com/a/243156115_399754.

[235] 沃尔特·艾萨克森.史蒂夫·乔布斯传[M].北京:中信出版社,2014.

[236] 爱因斯坦.爱因斯坦文集:第三卷[M].许良英,赵中立,张宣三,编译.北京:商务印书馆,1979.

[237] 杨怀中.科技文化进化及其伦理价值认同[J].武汉科技大学学报(社会科学版),2018,20(4):369-373.

[238] 新浪财经.常住人口平均年龄32.5岁 后浪们为什么留在深圳?[EB/OL].(2020-05-07)[2022-03-20].http://finance.sina.com.cn/china/gncj/2020-05-07/doc-iircuyvi1836588.shtml.

[239] 王京生.改革创新:深圳精神的根与魂[J].求是,2012(1):54-55.

[240] MINGUZZI A,PASSARO R.The network of relationships be-

tween the economic environment and the entrepreneurial culture in small firms[J].Journal of business venturing,2000(16):181-207.

[241] 靳涛.关于演化经济学思想的比较:凡勃伦、熊彼特、哈耶克[J].经济科学,2002(4):122-128.

[242] GLAESER E L.Entrepreneurship and the city[R].NBER Working Paper No.13551,2007.

[243] WHITTON J,CRONK Q.The origin of species[J].New phytologist,2010,172(3):390-392.

[244] 苏苗.标志文化内涵初探[J].黑龙江科技信息,2009(3):159,187.

[245] 王伯军,谭朴珍.《史蒂夫·乔布斯传》的启示[J].中国人才(上半月),2012(10):60-61.

[246] 艾萨克森.史蒂夫·乔布斯传[M].管延圻,译.北京:中信出版社,2011.

[247] NICKOLSON G C.Keeping innovation alive[J].Research technology management,1998,4(3):34.

[248] 赵东辉,李斌,刘诗平,等.任正非:28年只对准一个城墙口冲锋[J].中国中小企业,2016(6):40-44.

[249] 肖尧春,肖涵."狼性文化"的是与非:华为的企业文化解析[J].企业家信息,2014(9):56-57.

[250] 宋砚清,孙卫东.中国商业复兴和商业文化改良[J].技术经济与管理研究,2012(10):125-128.

[251] 李茜.商业文化对现代企业可持续发展的作用机理[J].商业经济研究,2016(17):215-217.

[252] 李保东.企业组织文化对组织认同影响的实证分析[J].统计与决策,2013(15):185-187.

[253] 章辉美,孙莉.文化进化的可能及其内在逻辑[J].天府新论,2009(4):109-113.

[254] PATRIC K F.The ABCs of changing corporate culture[J].Management review,1995(7):57-61.

[255] 施俊杰.基于共生理论的企业孵化衍生研究[D].杭州:浙江工商大学,2013:1-2.

[256] RAGNAR A S. Entrepreneurial spin-offs: do we understand them? [R]. Paper prepared for the 44th ICSB World Conference in Naples, Italy, 1999.

[257] 苏晓华,张书军.衔玉而生:衍生与裂变创业研究[M].广州:暨南大学出版社,2013.

[258] 李志刚,韩炜,何诗宁,等.轻资产型裂变新创企业生成模式研究:基于扎根理论方法的探索[J].南开管理评论,2019(5):117-129.

[259] 史蒂文·克莱珀.创新的演化[M].林冬阳,骆名暄,译.南昌:江西人民出版社,2018.

[260] 马君,殷红.员工文化价值观导向的代际差异及不同绩效控制下的匹配性研究[J].经济管理,2011(2):95-102.

[261] BUENSTORF G, FORNAHL D. B2C-bubble to cluster: the dotcom boom, spin-off entrepreneurship, and regional agglomeration[J]. Journal of evolutionary economics, 2009, 19(3):349-378.

[262] KLEPPER S, THOMPSON P. Disagreements and intra-industry spin-offs[J]. International journal of industrial organization, 2010, 28(5):526-538.

[263] AGARWAL R, ECHAMBADI R, FRANCO A M, et al. Knowledge transfer through inheritance: spin-out generation, development, and survival[J]. Academy of management journal, 2004, 47(4):501-522.

[264] RAGNAR A S. Entrepreneurial spin-offs: do we understand them? [R]. Paper prepared for the 44th ICSB World Conference in Naples, Italy, 1999.

[265] WANG N, WANG J. Research on strategic choice of enterprise innovation under the shared economy[J]. The frontiers of society, science and technology, 2019, 1(10):21-32.

[266] MCKENDRICK D G,WADE J B,JAFFEE J.A Good riddance? Spin-offs and the technological performance of parent firms[J]. Organization science,2009,20(6):979-992.

[267] KLEPPER S,SLEEPER S.Entry by spin-offs[J].Management science,2005,51(8):1291-1306.

[268] 埃德加·H.沙因.初创企业的文化缔造、演进和变迁[J].IT时代周刊,2004(12):79-80.

[269] 理查德·纳尔逊,悉尼·温特.经济变迁的演化理论[M].北京:商务印书馆,1997.

[270] 康慧,王兆宾,李志强.企业文化演化及其动力机制初探[J].理论探索,2006(2):95-97.

[271] MASLOW A H.A theory of human motivation[J].Readings in managerial psychology,1989,20:20-35.

[272] 程璇.从马斯洛需求层次理论分析企业家在技术创新中的灵魂作用[J].理论导报,2012(10):41-42.

[273] 蔡贤军.论创新的科学精神和人文精神[J].理论月刊,2005(7):34-36.

[274] 张相林.我国青年科技人才科学精神与创新行为关系研究[J].中国软科学,2011(9):100-107.

[275] 李正风.科学知识生产方式及其演变[M].北京:清华大学出版社,2005:129-130.

[276] 计彤,夏园园,张凤帆.论科技成果的文化生产力功能[J].才智,2013(23):299-300.

[277] 钟荣丙.科技型小微企业技术创新的文化驱动和传承:基于文化科技融合创新的角度[J].改革与战略,2013,29(9):101-105.

[278] 孙冰,张为峰.技术创新与创新环境之间的非线性关系研究[J].统计与决策,2013(6):173-176.

[279] 薛捷.区域创新环境对科技型小微企业创新的影响:基于双元学习的中介作用[J].科学学研究,2015(5):144-153.

[280] MILLER D,SHAMSIE J.The resource based view of the firm in

two environments: the hollywood film studios from 1963 to 1965[J]. Academy of management journal, 1996, 39(1): 519-543.

［281］ 张莉华.文化异化的症状及其超越取向:基于历史唯物主义的视角[J].社会科学家,2012(11):147-150.

［282］ 王晖.文化生态学视野中红色文化研究[J].求索,2011(3):104-106.

［283］ 孙兆刚.论文化生态系统的演化及启示[J].中国石油大学学报(社会科学版),2003,19(5):35-37.

［284］ 王丽娟.企业文化变革的自组织分析框架[J].管理世界,2006(6):161-162.

［285］ NICOLIS G, PRIGOGINE I. Self-organization in nonequilibrium system, from dissipative structures to order through fluctuations[M]. New York: Wiley, 1977.

［286］ 马晓苗.基于自组织理论的企业文化5S[J].科技管理研究,2012(8):214-217.

［287］ 田奋飞.企业文化基因的持续复制与正向变异[J].社会科学家,2011(9):96-100.

［288］ 黎德扬,孙兆刚.论文化生态系统的演化[J].武汉理工大学学报(社会科学版),2003(2):97-101.

［289］ 王娜,王健.共享经济下企业战略导向的创新文化诉求与建构[J].科技进步与对策,2020,37(8):19-26.

［290］ 程晨.人类与进化关系的哲学思考:以合成生物学为例[D].合肥:中国科学技术大学,2013:66.

［291］ 张晓珂.生物降解的应用及发展前景[J].东西南北·教育,2017(20):146.

［292］ 刘畅,李建华.五重螺旋创新生态系统协同创新机制研究[J].经济纵横,2019(3):122-128.

［293］ 谭卫华,杨庭硕.论民族文化多样性与生物物种多样性的耦合关系[J].怀化学院学报,2009,28(10):10-12.

［294］ 白露,马晓苗.基于演化过程的企业文化生态系统和谐共生机

理[J].企业经济,2015(4):27-31.

[295] 杨敬凯.席卷全球的分享经济[J].宁波经济:财经视点,2016(11):43-45.

[296] 理查德·道金斯.自私的基因[M].北京:科学出版社,1981.

[297] 宋春艳,陈士俊.从观念文化层面看我国技术发展的社会条件[J].科技进步与对策,2008(7):135-137.

[298] 万书辉,祝新艳."全球化"视野下的西部文化资源开发[J].当代文坛,2012(2):101-104.

[299] 华为巨资推动鲲鹏计算产业[EB/OL].(2020-08-13)[2022-04-12].http://szsb.sznews.com/PC/content/202008/13/content_903347.html.

[300] 理查德·佛罗里达.创意新贵[M].邹应瑗,译.台北:实鼎出版有限公司,2003.

[301] 深圳科技创新委员会.深圳市高新技术产业发展情况[EB/OL].(2019-03-01)[2022-04-12].http://stic.sz.gov.cn/zx-bs/kjtj/content/post_6730578.html.

[302] 齐鑫.科技型企业知识创造能力研究[D].哈尔滨:哈尔滨工程大学,2018:135-136.

[303] 卓泽林.大学知识生产范式的转向[J].教育学报,2016,12(2):9-17.

[304] 万齐鸣,王思宁,何鑫.数据中台SG-CIM模型应用方法[J].电信科学,2020,36(3):136-143.

[305] 周耀林,刘晗.数据3.0思维下的文化大数据应用研究[J].学习与实践,2019(9):118-127.

[306] 仇荣国.科技型小微企业融资模式及其机制研究[D].镇江:江苏大学,2017:135-136.

[307] 王娜,罗玲玲.辽宁企业创新文化建设促进经济转型的实证研究[J].社会经济发展研究,2017,16(2):11-25.

[308] 张军.文化强省与深圳创新文化[J].南方论丛,2012(2):7-13.

[309] 李治国.以色列创新文化值得借鉴[N].经济日报,2015-10-29(12).

[310] LUO L L,WANG N,ZHANG P,et al.A comparative study on teaching effects of different innovative methods for curriculum system:students'self-evaluation study[C].Proceedings of the 2016 International Seminar on Education Innovation and Economic Management,2016(75):408-412.

[311] 刘文勇,刘玉峰.以色列创新创业生态环境与高校育人的经验借鉴[J].继续教育研究,2019(2):69-73.

[312] 王焕丽,叶陈毅,吴国斌.民营企业国际化进程中的文化"软实力"研究[J].企业经济,2013(8):104-107.

附 录

附录 A　科技型小微企业创新文化调查问卷 Q1（管理者专用）

您好！我是东北大学科学技术与社会研究中心的一名博士研究生，主要从事科技型小微企业创新文化研究。我的研究需要对科技型小微企业的管理者进行问卷调查，目的是了解科技型小微企业创新文化的现状与特征，感谢您的支持与合作。

填写说明：

（1）科技型小微企业作为我国重要的创新主体之一，在经济社会发展中发挥着日益重要且不可替代的作用。创新是发展的不竭动力，文化是企业生存的深层"土壤"，因此我将对科技型小微企业创新文化的现状进行调查，希望能够为科技型小微企业的成长与发展做些有益的探究。

（2）作为企业的管理人员，您对企业的创新文化培育具有重要影响。为此，邀您参与本次的问卷填写活动，恳请您在百忙之中填写问卷。

（3）在这个问卷中，有的题目是单选，有的题目是多选，有的题目是逐项评价。请您按照题目要求答题。

（4）本次研究仅是学术目的，调查问卷完全采用匿名方式填写，您的回答不涉及是非对错，仅作为统计学意义上的数据分析，希望得到您的参与！

基本信息（请画"√"）

性别： 男（ ） 女（ ）	年龄： （ ）	受教育程度： 初中（ ） 高中或中专（ ） 大专（ ） 大学本科（ ） 硕士（ ） 博士（ ）
企业类别	\multicolumn{2}{l	}{A. 初创期的科技型小微企业（ ） B. 成长期的科技型小微企业（ ） C. 发展期的科技型小微企业（ ）}
企业年限	\multicolumn{2}{l	}{1~3 年（ ） 4~6 年（ ） 7~10 年（ ） 11~15 年（ ） 16~20 年（ ） 21 年及以上（ ）}

1. 您当初为什么选择这家企业？（ ）[单选]

   A. 响应国家"大众创业、万众创新"的号召

   B. 喜欢科技创新并富有挑战性的工作

   C. 被企业家的个人魅力吸引

   D. 有创业想法，想学习经验

   E. 企业小而灵活，能体现个人价值

2. 您所在企业的企业家个性特征是（ ） [任选三项画"√"]

   包容性 [ ]   创新性 [ ]   奉献性 [ ]

   挑战性 [ ]   灵活性 [ ]   内向性 [ ]

   外向性 [ ]   保守性 [ ]   理　性 [ ]

   感　性 [ ]   竞争性 [ ]   开放性 [ ]

   冒险性 [ ]   不自私性 [ ]   幽默性 [ ]

3. 初创期，企业为谋生存、求发展，需要（ ）[任选三项]

   A. 引进科技人才

   B. 学习新的知识

   C. 开展科技创新

   D. 更新价值观念

   E. 获得资金支持

   F. 加强团队合作

   G. 开通信息渠道

   H. 适宜的创新环境

4. 您对企业研发创新产品的评价（ ）［单选］

   A. 研发的产品始终在行业中处于领先地位

   B. 研发的产品经常在行业中处于领先地位

   C. 研发的产品偶尔在行业中处于领先地位

   D. 研发的产品鲜有创新

5. 您所在企业的创新战略规划主要侧重于（ ）［单选］

   A. 面向国际，打造品牌，发展成全球高科技企业

   B. 面向本土，向外拓展，发展成高科技大中型企业

   C. 抓住机遇，重在业绩，发展成优质的科技型小微企业

   D. 注重质量，向内挖潜，维持科技型小微企业的发展

6. 企业主导产品中，对外部创新技术的依赖程度是多少？（ ）［单选］

   A. 无

   B. 5%～30%

   C. 31%～50%

   D. 51%～70%

   E. 70%以上

   F. 100%

7. 如果有机会跳槽或创业，您会选择（ ）［多选］

   A. 如果给我高薪，我毫不犹豫直接跳槽

   B. 如果给我高薪，我会认真考虑后才跳槽

   C. 如果给我高薪，我会犹豫不决

   D. 如果给我高薪，我会直接拒绝

   F. 如果时机成熟，我会自主创业

   G. 如果有机会，我会尝试创业

   F. 我从没想过自主创业

8. 您所在的企业与国际上的同行（ ）［单选］

   A. 几乎没有联系

   B. 联系不多

   C. 有些联系

   D. 联系较密切

E. 联系非常密切

9. 您所在的企业与国内非同行（ ）［单选］

   A. 几乎没有联系

   B. 联系不多

   C. 有些联系

   D. 联系较密切

   E. 联系非常密切

10. 您的企业与哪些机构或企业的科技创新交流或合作多一些？（ ）［单选］

    A. 科研院所

    B. 高等院校

    C. 政府相关部门

    D. 同行企业

    E. 产业链上下游企业

11. 企业生存中曾遇到过哪些困难或挑战？（ ）［多选］

    A. 技术创新困境

    B. 产品创新困境

    C. 文化创新困境

    D. 市场创新困境

    E. 融资困境

12. 在企业科技创新和转型升级问题上，您的最大希望是（ ）［单选］

    A. 希望中央给予更多的资源和政策

    B. 希望地方政府给予更多的资源和政策

    C. 希望企业引进先进的技术设备

    D. 希望企业更加重视并引进科技创新人才

    E. 希望加强对外开放与科技创新合作

    F. 其他

13. 您所在的企业在创新中引入外部资源的做法主要有哪些？（ ）［任选不少于三项］

    （1） 获取外部资金的途径

A. 引进国内非政府投入资金、银行贷款或企业贷款等

B. 争取政府的资金支持

C. 所有权融资

(2) 创新技术或人才

A. 引入高校和科研院所的科技创新成果

B. 邀请高校和科研院所创新人才加入企业研发团队，吸引技术持有者加入

C. 购买他人成熟科技成果或有前景的科技成果

D. 引进其他企业的创新技术或技术合作

E. 向海内外高薪聘请高层次人才，给予很高年薪等待遇

(3) 营销市场网络平台

A. 借用他人已有的营销网络，用公共营销网络

B. 自建营销网络与他人营销网络相结合

C. 利用其他领域的网络平台

D. 其他

14. 您所在的企业采取科技创新的路径主要有哪些？（　　）［多选］

A. 产品创新

B. 生产工艺创新

C. 市场创新

D. 组织管理创新

E. 文化创新

F. 金融创新

G. 研发创新（指与外部研发结合，组织虚拟研发团队等）

H. 政府关系创新

15. 在企业创新文化的形成与延续中，您的自我定位是（　　）［多选］

A. 掌控者

B. 倡导者

C. 组织者

D. 参与者

E. 其他

16. 您愿意选择下列哪些作为企业创新文化传播的物质载体？
（ ）［多选］

    A. 员工手册

    B. 企业宣传片、广告等

    C. 通过海报、报纸、杂志等

    D. 建筑环境、文化雕塑

    E. 微信公众号、微博、H5等新媒体线上途径

17. 您所在的企业对于创新文化的培养主要侧重于哪一方面？
（ ）［多选］

    A. 对全体员工创新价值观的培养

    B. 企业创新物质设施和环境的建设

    C. 相应的激励与鞭策措施营造氛围

    D. 创新带头人和模范的塑造

    E. 创新制度的设置和激励措施的完善

    F. 与其他利益相关者的交流、学习与合作

    G. 社会创新环境影响和政府政策扶持

    H. 其他

以下针对深圳湾科技园区科技型小微企业：

18. 您认为深圳湾科技型小微企业在科技创新方面存在的主要问题有哪些？（ ）［多选］

    A. 科技创新水平有待提高

    B. 技术成果与市场需求脱节

    C. 科技创新的效率低、节奏慢

    D. 缺乏资金和政策支持

    E. 缺乏知识产权战略

    F. 科技人员流动大

    G. 其他

19. 您认为深圳湾科技型小微企业的创新发展在哪些方面有改善的余地？（ ）［任选三项］

    A. 品牌不鲜明，创新点不突出

B. 创新意识弱，市场观念不强
C. 文化视角较窄，文化观念保守
D. 依赖政府支持，等靠要思想严重
E. 企业制度不完善，工作效率低下
F. 交流合作较少，缺乏国际视野
G. 缺乏创新资源，没有良好的创新环境

20. 您认为深圳湾科技型小微企业文化具有的主要特点是（ ）[任选三项画"√"]

包容性（ ）　　创新性（ ）　　奉献性（ ）
高效性（ ）　　灵活性（ ）　　排外性（ ）
保守性（ ）　　独特性（ ）　　狭隘性（ ）
继承性（ ）　　竞争性（ ）　　政策性（ ）
人际关系性（ ）

21. 请你对深圳湾科技园区在科技型小微企业创新文化发展中发挥的作用进行评价。[逐项评价画"√"]

评价内容	满意	基本满意	不满意	难以判断
为人才引进和培养创造条件	3（ ）	2（ ）	1（ ）	0（ ）
帮助新产品普及、推广	3（ ）	2（ ）	1（ ）	0（ ）
促进技术交流合作	3（ ）	2（ ）	1（ ）	0（ ）
提供科技信息服务	3（ ）	2（ ）	1（ ）	0（ ）
提供知识产权服务	3（ ）	2（ ）	1（ ）	0（ ）
提供融资服务和资金支持	3（ ）	2（ ）	1（ ）	0（ ）
推动企业孵化和创新发展	3（ ）	2（ ）	1（ ）	0（ ）
总体满意度	3（ ）	2（ ）	1（ ）	0（ ）

22. 您对您所在企业的创新文化培育和创新环境优化有什么好的建议？[选答]

23. 您对科技型小微企业创新文化培育和创新环境优化有什么好的建议？[选答]

附录B 科技型小微企业创新文化调查问卷Q2(员工专用)

您好!我是东北大学科学技术与社会研究中心的一名博士研究生,主要从事科技型小微企业创新文化研究。我的研究需要对科技型小微企业的员工进行问卷调查,目的是了解科技型小微企业创新文化的现状与特征,感谢您的支持与合作。

填写说明:

(1)科技型小微企业作为我国重要的创新主体之一,在经济社会发展中发挥着日益重要且不可替代的作用。创新是发展的不竭动力,文化是企业生存的深层"土壤",因此我将对科技型小微企业创新文化的现状进行调查,希望能够为科技型小微企业的成长与发展做些有益的探究。

(2)作为公司的员工,您是公司的重要组成个体,您的想法和意识对于公司的发展有着重要作用。为此,特邀您参与本次问卷填写活动,恳请您在百忙之中填写问卷。

(3)这个问卷中,有的题目是单选,有的题目是多选,有的题目是逐项评价。请按照题目要求答题。

(4)本次研究仅是学术目的,调查问卷完全采用匿名方式填写,您的回答不涉及是非对错,仅作为统计学意义上的数据分析,感谢您的参与!

基本信息(请画"√")

性别: 男( ) 女( )	年龄: ( )	受教育程度: 初中( ) 高中或中专( ) 大专( ) 大学本科( ) 硕士( ) 博士( )
企业类别	A. 初创期的科技型小微企业( ) B. 成长期的科技型小微企业( ) C. 发展期的科技型小微企业( )	
工作年限	0~3年( ) 4~6年( ) 7~10年( ) 11~15年( ) 16~20年( ) 21年及以上( )	

1. 您在选择目前企业时考虑到的因素有( )[多选]

A. 岗位专业符合

B. 工作创新、灵活

C. 知名度和口碑

D. 企业规模

E. 科技含量高

F. 工作具有挑战性

G. 有吸引力的薪资待遇

H. 企业发展前景

I. 工作环境和地域因素

J. 对个人成长和职业发展有帮助

2. 如果别的企业给您较优厚的待遇让您跳槽，您会（ ）［单选］

A. 毫不犹豫直接跳槽

B. 会认真考虑后才跳槽

C. 犹豫不决

D. 直接拒绝

3. 目前企业里同事之间、各团队之间几乎没有竞争。您认为（ ）［单选］

A. 非常符合

B. 比较符合

C. 一般

D. 不太符合

E. 完全不符合

4. 工作过程中，您常常因"发号施令"太多而感到无所适从。您认为（ ）［单选］

A. 非常符合

B. 比较符合

C. 一般

D. 不太符合

E. 完全不符合

5. 您所在的企业研发的创新产品，比较注重（ ）［多选］

A. 科技含量

B. 新颖性

C. 个性化

D. 文化内涵

E. 产品质量

F. 产品外观

6. 您对企业新产品的了解程度怎么样？（　）[单选]

A. 经常能够看到新产品、新业务的展出和宣传

B. 偶尔能看到几次新产品、新业务的广告和宣传

C. 很少，新产品、新业务出来压根不知道

D. 对此很少关注

7. 您对企业宣传体系（如宣传片、媒体推广、标志、标语等）的评价（　）[单选]

A. 企业的宣传体系不但新颖，而且付诸实践

B. 企业的宣传体系流于形式

C. 企业压根没有宣传体系

D. 对此很少关注

8. 您所在的企业是否有随时交流想法的空间和时间？（　）[单选]

A. 有空间，如咖啡厅、茶歇室、休息室等，也有时间交谈

B. 有空间，但没有时间过多停留

C. 没有空间也没有时间，但有交流板

D. 什么也没有

9. 您所在企业办公室或办公空间的环境氛围是（　）[单选]

A. 轻松、生动、幽默、新潮、有朝气

B. 安静、投入，井井有条

C. 严肃、古板，多是口号和管理制度

D. 消极、散漫，各忙各的，互相推诿

E. 压抑、沉闷，有种被压迫的感觉

10. 您的企业对员工创新提案或建议的处理办法（　）[单选]

A. 及时反馈和奖励，奖励高于月工资

B. 及时反馈和奖励，奖励只是象征性的

C. 及时反馈，但没有奖励

D. 既没有及时反馈，也没有奖励

E. 没有创新提案或建议的平台

11. 您所在企业科技研发人员的知识、技术、知识产权获利比例为（　　）［单选］

A. 收益的 50% 可直接分配

B. 收益的 30%~40% 可直接分配

C. 收益的 10%~20% 可直接分配

D. 收益的 5% 以上可直接分配

E. 收益少于 5% 的比例可以直接分配

F. 没有任何获利分配

G. 不清楚

12. 您近年来参加过什么类型的培训？（　　）［多选］

A. 市场前沿分析培训

B. 行业专业技术培训

C. 行业通用素质培训

D. 行业业务职能培训

E. 企业文化培训

F. 心态激励培训

G. 无培训

13. 在工作中，您曾做过一些尝试吗？（　　）［多选］

A. 尝试过开发新的产品

B. 尝试过改进生产工艺和方法

C. 尝试过改进生产工具

D. 尝试过学习新的课程

E. 尝试过改进管理模式和营销宣传模式

F. 从不轻易尝试

14. 如果有创业的技术和知识，您是否愿意去创业？（　　）［单选］

A. 会立即去做，机不可失，时不再来，遇到困难再说

B. 会考虑一切可能性，等到时机成熟后再做

C. 只是想想，很期待但是会担心未知的困难

D. 不会去做，现在的工作就挺好的

15. 如果自主创业，您会面临的最大的困难是什么？（　　）［单选］

A. 缺乏创业的技术和知识

B. 不了解市场

C. 难以得到资金支持

D. 风险大，家庭生活无法保障

E. 缺乏团队或合作伙伴

F. 其他

16. 在目前企业里哪种人容易受到领导赏识？（　　）［多选］

A. 有工作能力

B. 具有实干精神

C. 有创新精神

D. 严格执行领导指令

E. 善于表现自己

F. 投领导所好

G. 是亲属或有特殊关系

17. 您所在企业的企业家最主要的特质是（　　）［多选］

A. 有眼光，能看到市场潜在的商业利益

B. 有胆略，敢冒经营风险，取得尽量多的市场利润

C. 有能力，善于吸附和利用各种创新资源，最终获得利润

D. 有创新，能够灵活地捕捉科技前沿信息

E. 有胸怀，能够容纳不同的意见和理念不同的人

F. 有人脉，善于和政府相关部门搞好关系，拿到项目和资助

G. 有财商，善于从公司运营中压缩成本，包括建立惩罚制度和提高业绩门槛，使员工拿不到许诺的工资

H. 严肃保守，维持原有运营模式，不愿进行新的尝试和改变，以规避风险

I. 不太确定

18. 您所在企业是否拥有具有自主知识产权的核心技术？（　　）［单选］

A. 拥有自主知识产权的核心技术，技术水平仍然很高

B. 拥有自主知识产权的核心技术，但是技术水平已落后了

C. 拥有部分知识产权的核心技术，不能自主支配这个技术

D. 没有自主知识产权的核心技术，完全依赖其他国家和企业

以下为针对深圳湾科技园区科技型小微企业的问题：

19. 您认为深圳湾科技型小微企业文化具有的主要特点是（   ）[任选三项画"√"]

包容性（   ）　　　创新性（   ）　　　奉献性（   ）

高效性（   ）　　　灵活性（   ）　　　排外性（   ）

保守性（   ）　　　独特性（   ）　　　狭隘性（   ）

继承性（   ）　　　竞争性（   ）　　　政策性（   ）

人际关系性（   ）

20. 您认为深圳湾科技型小微企业创新发展在哪些方面有改善的余地？（   ）[多选]

A. 品牌不鲜明，创新点不突出

B. 创新意识弱，市场观念不强

C. 文化视角较窄，文化观念保守

D. 依赖政府支持，等靠要思想严重

E. 企业制度不完善，工作效率低下

F. 交流合作较少，缺乏国际视野

G. 缺乏创新资源，没有良好的创新环境

21. 您对您所在企业的创新文化环境是否满意？[逐项评价画"√"]

评价内容	满意	基本满意	不满意	难以判断
进行产品或者技术创新的知识培训	3（ ）	2（ ）	1（ ）	0（ ）
提供设备、资金等物质支持	3（ ）	2（ ）	1（ ）	0（ ）
提供科研项目和专利申请帮助	3（ ）	2（ ）	1（ ）	0（ ）
组织机构设计便于创新想法的交流	3（ ）	2（ ）	1（ ）	0（ ）
进行创新人物评选等考核制度	3（ ）	2（ ）	1（ ）	0（ ）
定期举办团建活动	3（ ）	2（ ）	1（ ）	0（ ）
进行行业或产业的交流、合作	3（ ）	2（ ）	1（ ）	0（ ）
总体满意度	3（ ）	2（ ）	1（ ）	0（ ）

22. 您对您所在企业的鼓励创新机制是否满意？［逐项评价画"√"］

评价内容	满意	基本满意	不满意	难以判断
成就激励（榜样激励、荣誉激励）	3（ ）	2（ ）	1（ ）	0（ ）
能力激励（培训激励、工作内容激励）	3（ ）	2（ ）	1（ ）	0（ ）
环境激励（政策环境、工作环境）	3（ ）	2（ ）	1（ ）	0（ ）
物质激励（补贴、奖金、股权）	3（ ）	2（ ）	1（ ）	0（ ）
总体满意度	3（ ）	2（ ）	1（ ）	0（ ）

23. 请您对深圳湾科技园区在企业创新文化发展中的作用进行评价。［逐项评价画"√"］

评价内容	满意	基本满意	不满意	难以判断
为人才引进和培养创造条件	3（ ）	2（ ）	1（ ）	0（ ）
帮助新产品普及、推广	3（ ）	2（ ）	1（ ）	0（ ）
促进技术交流合作	3（ ）	2（ ）	1（ ）	0（ ）
提供科技信息服务	3（ ）	2（ ）	1（ ）	0（ ）
提供知识产权服务	3（ ）	2（ ）	1（ ）	0（ ）
提供融资服务和资金支持	3（ ）	2（ ）	1（ ）	0（ ）
推动企业孵化和创新发展	3（ ）	2（ ）	1（ ）	0（ ）
总体满意度	3（ ）	2（ ）	1（ ）	0（ ）

24. 您对您所在企业的创新文化培育和创新环境优化有什么好的建议？［选答］

---

25. 您对科技型小微企业创新文化培育和创新环境优化有什么好的建议？［选答］

附录 C　科技型小微企业企业家访谈提纲

您好！我是东北大学科学技术与社会研究中心的一名博士研究生，主要从事科技型小微企业创新文化研究。我的研究需要对科技型小微企业企业家进行开放式访谈，访谈时间约为 1 个小时，目的是了解科技型小微企业创新文化的现状与特征。感谢您百忙中，与我就"科技型小微企业创新文化"这个话题进行交流。再次感谢您的支持与合作。

1. 请问您当初为什么选择创业？请介绍一下您的创业历程？主要有哪几个阶段，各个阶段的特征是什么？

2. 您所在企业的价值观和文化核心是什么？发展目标是什么？员工之间是个体发展还是团队合作发展？

3. 您所在企业所处的环境对企业有什么样的影响？竞争者、消费者、供应商和合作商等的思想意识、个人偏好、风俗习惯和工作作风等对企业发展影响大吗？

4. 您认为什么样的环境下人的创造力最强，更有利于科技创新？您的企业内部和外部的环境和氛围怎么样？

表(续)

5. 您的企业有规章制度或鼓励创新的措施吗？社会或政府的政策、服务等有激励作用吗？请举例说明。

6. 企业发展好了，您想成立分公司吗？还是把这个企业做大、做强？

7. 您对企业的创新文化培育有什么建议？对创新环境建设有什么好的建议？

后 记

无数次期盼写此后记，如今起笔回忆该书的撰写过程收获与感恩并存。在东北大学的求学经历是短暂的，但带给我的人生启发和精神力量是长久的，回想起来，感激之情油然而生！

首先，衷心感谢第一任导师罗玲玲教授，多年来亦师亦母、谆谆教诲、不离不弃，细腻精准地指导我，从书稿的选题、构思、修改到定稿，倾注了恩师大量的心血。老师年逾70岁，牺牲安享天伦之乐的时间，克服重重困难指导我。恩师为人正直、学识广博、胸怀宽广，我不仅收获了丰硕的学识，更收获了为人处世的道理。我默默地告诉自己："我未来也要做这样的师者！"

其次，特别感谢我的第二任导师王健教授，老师的悉心教导和鞭策激励使我顺利完成书稿的撰写，从论文到书稿，从整体到细节离不开老师的指导与付出。几次在老师家讨论到半夜，透着灯光看着老师逐渐增多的白发，心里五味杂陈。恩师学识渊博、治学严谨、真诚豁达、温情儒雅，不仅传授我做学问的方法，而且潜移默化地感染我做人做事的态度，引导我阳光乐观地面对生活和学习！

再次，真诚感谢东北大学马克思主义学院和东北大学科技哲学研究中心治学严谨的诸多良师，他们是令我敬佩的陈凡教授、田鹏颖教授、包国光教授、文成伟教授、朱春艳教授、陈红兵教授和郑文范教授，他们的言传身教使我受益匪浅，如获至宝。感谢陈佳副教授、崔盼盼老师、汪洋老师的大力支持和默默付出。感谢志同道合、患难与共的挚友谷晓丹、魏春艳、张娇、焦宗元、张慧、李良敏、王义、王磊、蔡易坤等莫大的理解、支持与帮助，拥有这样挚友是何其的幸运。感谢工作单位领导和同事们的大力支持和鼓励，不断给予我前行的力量。

　　最后，要感谢我的家人，是他们的默默付出、包容理解，鞭策我不断向前，激励我无问西东。

　　书稿撰写结束，将意味着开启"知行合一"修身学习的新旅程。无论昨天、今天和明天，我一直都会怀念过往，感恩师友，不忘初心，砥砺前行！

作　者

2022 年 7 月